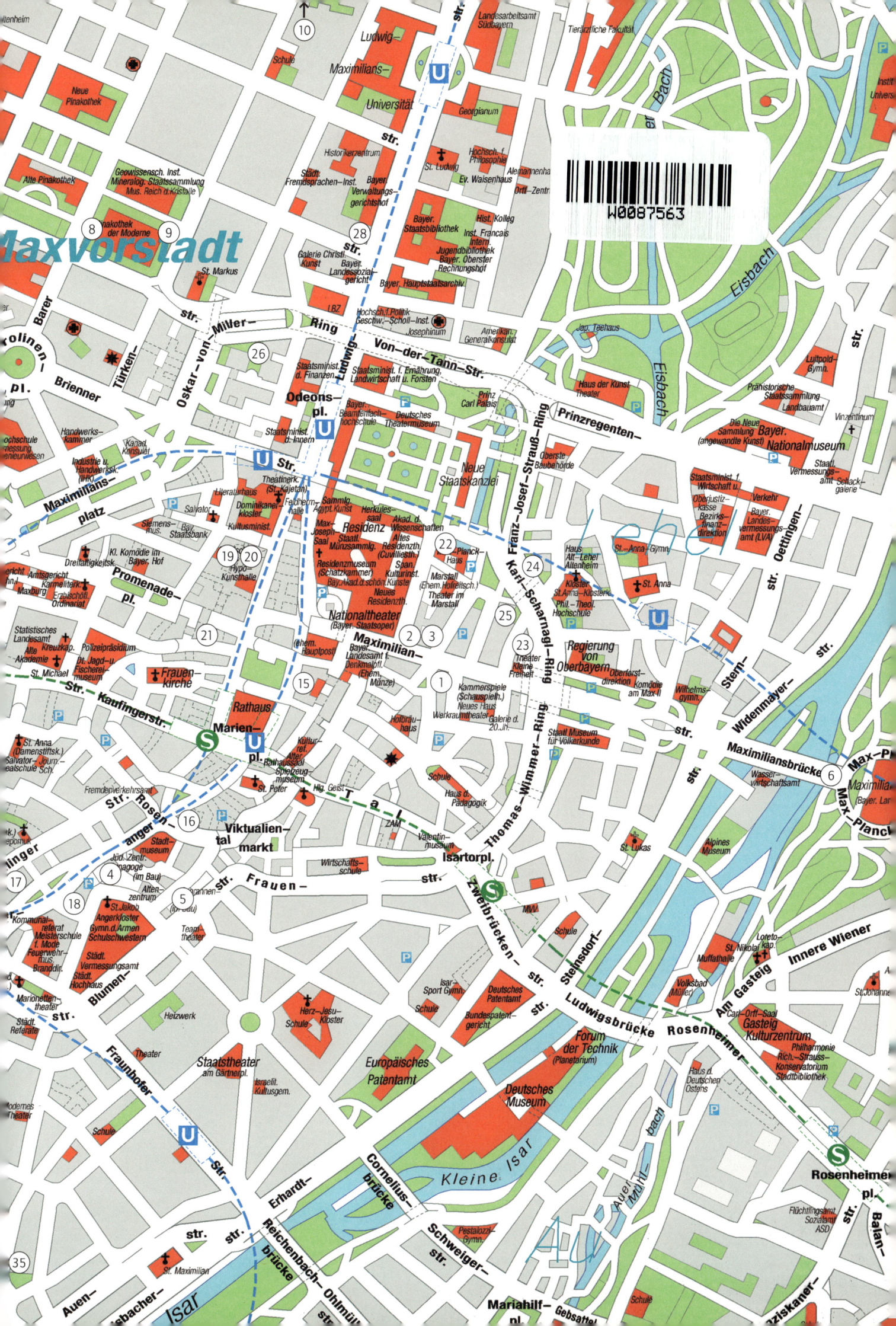

Neue Architektur in München

Christina Haberlik

Neue Architektur
in München

nicolai

Inhalt

Hochhausprojekte

Der Norden

Der Osten

Der Westen

Neue Stadtquartiere

Zentrumsnähe

Einzelprojekte (von Nord nach Süd)

Vorwort

München wird weiter gebaut und bleibt dabei doch Dank der Liebe zur Tradition und dem gleichzeitigen Streben nach Fortschritt sich selbst treu.

Der 1993 auf den Weg gebrachte und 1997 beschlossene Stadtentwicklungsplan mit seinem Motto: »kompakt-urban-grün« bildet mit seinen sieben strategischen Leitlinien die Grundlage für alle in diesem Buch gezeigten wichtigen städtebaulichen Projekte.

Hohe Dichte (»kompakt«), die Mischung der Nutzungen mit unterschiedlichen Wohnformen, Arbeitsplätzen und Freizeitangeboten (»urban«) und ausreichend Grünflächen für die Freizeit und Erholung aller Altersgruppen (»grün«) sind die Kennzeichen der neuen Baugebiete, die vorher fast ausschließlich »brown fields« waren. Mit der Globalisierung und dem politischen Wandel in Europa standen auch in München in den 90er Jahren große Veränderungen an und zusammenhängende Flächen für neue Entwicklungen zur Verfügung, die in der immer sehr flächenknappen Stadt dankbar unter den Planer(innen)stift genommen wurden.

Auf Industriegebieten, Bahnflächen, Kasernen, der Alten Messe oder dem Flughafen entstehen neue lebhafte Stadtquartiere. Auch wenn in den beiden letzten Jahren die Realisierungsschritte etwas langsamer geworden sind, ist die Vielzahl und Größe der Projekte und die Schnelligkeit der Fertigstellung doch eindrucksvoll.

Viele Planungen in München nehmen jetzt vor Ort konkrete Formen an. In der Messestadt Riem wie auf der Theresienhöhe, dem ehemaligen Messegelände, auf der Nordheide, an dem Naturschutzgebiet der ehemaligen Panzerwiese, am Ackermannbogen unmittelbar am Olympiapark ebenso wie etwa am nördlichen Rand von Schwabing mit der Parkstadt Schwabing. Nach einer äußerst intensiven und über lange Zeit leidenschaftlich geführten Diskussion steht nun der Rohbau des neuen Fußballstadions. Nachdem bereits das Olympiastadion München über seine Grenzen hinaus bekannt gemacht hat, wird auch die Allianz-Arena ein Meilenstein der modernen Stadion-Archi-

tektur sein. Gleichermaßen spektakuläre Ergebnisse lässt der Neubau der BMW-Welt erwarten, der eine gelungene Abrundung des Hochhausensembles von BMW am Olympiagelände darstellt und aus einem Internationalen Wettbewerb hervorging. Im Süden Münchens laufen nach dem erfolgreichen Abschluss des Wettbewerbs die Planungen für ein weiteres städtebauliches Großprojekt auf Hochtouren. Hier plant der Siemens-Konzern auf etwa 75 Hektar Fläche eines der größten privaten Projekte der Stadtgeschichte. Auf dem bisherigen Betriebsgelände werden neben einem Büropark für die High-Tech-Branche Wohnungen, Läden, Restaurants um eine große Grünfläche entstehen.

Schließlich werden im Laufe der nächsten Jahre entlang der Bahnachse Hauptbahnhof-Laim-Pasing Gebäude für 11 000 Arbeitsplätze und Wohnungen für 17 000 Menschen entstehen. Für den 1. Bauabschnitt der »Neuen Münchener Adressen«, dem ehemaligen Containergelände an der Arnulfstraße in unmittelbarer Nähe des Bahnhofes, wurde bereits mit dem Bau begonnen.

Aber auch im Herzen Münchens, in der Altstadt, wurden in den letzten Jahren baukulturell wichtige Projekte abgeschlossen und damit die Modernisierung der Innenstadt erfolgreich fortgesetzt. Es ist geglückt, in innerstädtischen Projekten wieder neue Wohnungen zu bauen und wichtigen kulturellen Stätten, der Oper und den Kammerspielen, moderne Probengebäude zu verschaffen. Mit den neuen Einkaufspassagen Fünf Höfe und Maximilianshöfe ist ein gemeinsam und zusammenhängend gemanagter hochwertiger und attraktiver Einzelhandel entstanden, der der »grünen Wiese« sogar mit den Öffnungszeiten Paroli bieten kann. Von besonderer Bedeutung sind die auf der Grundlage mehrerer Wettbewerbe abgeschlossenen Planungen für das Jüdische Museum und das Jüdische Gemeindezentrum am St.-Jakobs-Platz, dessen Grundstein am 9. November 2003 gelegt wurde. Hier hat der Zufall oder das Schicksal einen Platz, der eine jahrelange Planungswüste und ein Ärgernis war, für eine neue spirituelle Nutzung freigehalten und ermöglicht, dass mitten in der Stadt wieder eine Synagoge mit dem Gemeindezentrum einen angemessenen Ort findet.

Meinen Dank möchte ich an dieser Stelle an die Bauherren, Investoren und Architekten richten, die durch ihre aktive Beteiligung auf dem Subskriptionsweg dieses Projekt erst ermöglicht haben.

Dieses Buch soll auch die Rolle der Bauherrinnen und Bauherren in München deutlich machen. Manchen – zum Glück den Wenigsten – genügt ihr Gebäude als reine Funktionshülle eines Investments. Die Gestaltung des Gebäudes, die Beachtung der Umgebung und die Verantwortung für die Menschen, die darin leben und arbeiten, sowie die ökologische und volkswirtschaftliche Bedeutung, die sich

in Sparsamkeit, Konstruktion und Bewirtschaftung zeigt, sind für die Stadt und ihre Baukultur ebenso wichtig und die Schönheit der Architektur und des Städtebaus ist ein Grund für die Liebe zur Stadt.

Ziel des Buches ist es, einen Überblick und Vergleich über die aktuellen und bedeutsamen Bauprojekte Münchens zu liefern. Es soll gezeigt werden, wo und wie sich München verändert. Wir wollen nicht nur die Fachwelt, sondern auch die Bürgerinnen und Bürger als Nutzer, Verbraucher und Liebhaber Münchens ansprechen und allen zukünftigen Bauherrschaften zeigen, dass es sich lohnt, einen schönen Baustein hinzuzufügen.

Professor Christiane Thalgott
Stadtbaurätin der Landeshauptstadt München

»Neues Haus«, Probengebäude der Kammerspiele

Architekten: Gustav Peichl, Walter Achatz,
Stefan A. Schumer, Wien/München
Bauherr: LHS München, Kulturreferat

Adresse: Neptun-, Hildegard-, Falckenbergstraße
Bruttogrundrissfläche: 8190 qm
Bauzeit: 1997–2001

Ende der 1970er Jahre waren die Räumlichkeiten der Kammerspiele endgültig unzulänglich geworden und die Arbeitsbedingungen ernsthaft beeinträchtigt. Werkstätten und Probenräume mussten an den Stadtrand verlagert werden und dergleichen Imponderabilien mehr. Ende der 1980er beschloss die Stadt den Neubau und lobte einen Wettbewerb aus, bei dem der ursprünglich mit dem zweiten Preis ausgezeichnete Entwurf von Peichl, Achatz und Schumer nach einer Überarbeitung favorisiert wurde.

Der quaderförmige Theaterneubau entstand auf einer Grundstücksfläche von knapp 1000 qm; mehr als die Hälfte der Baumasse von 36 000 Kubikmetern liegt unter der Erde. Das Haus hat – zusammen mit der für Peichl typischen gläsernen Pyramide auf dem Dach – eine Höhe von 31 Metern mit sechs Geschossen und reicht circa 8 Meter unter Straßenniveau mit weiteren vier Geschossen. Der Bauplatz war eine Bombenlücke aus dem Zweiten Weltkrieg und jahrelang als Parkplatz genutzt worden. Dass für ein solch mächtiges Gebäude hier genug Platz sein würde, war diesem Unort zwischen Parkhaus, Hotel und altem

Werkraum nicht anzusehen. Der Neubau ist zwar zwischen seine Nachbarn eingezwängt – wirkt aber nicht so –, und er birgt im Innern eine enorme Vielzahl von Räumen und Nutzungsmöglichkeiten: drei Bühnen, davon zwei Probebühnen und eine Theaterbühne; ein rundum verglaster Besprechungsraum direkt unter dem Dach, Pausenräume, Requisitenlager, Licht- und Tonregieräume, Haustechnikzentrale und Sprinklerreservoire. Das unterste Stockwerk ist eine Zisterne, in der sich 480 000 Liter (Lösch-)Wasser befinden. Eine »Haus-im-Haus«-Konstruktion löst die drei Bühnen schalltechnisch von den übrigen Räumlichkeiten des Hauses ab. Eine spezielle Klimaanlage wälzt für das menschliche Ohr nicht wahrnehmbar 110 Millionen Liter Luft in der Stunde um. Die Bühnenräume verfügen über ein mobiles Podestbausystem und flexible Bestuhlungsmöglichkeiten, und die Schalt- und Technikregie-Räume sind mit innovativster Theatertechnologie ausgestattet.

2003 waren alle Bauvorhaben abgeschlossen. Das Schauspielhaus von Riemerschmid wurde nach der Sanierung wieder in Betrieb genommen, die Intendanz konnte in das Dall'Armi-Schlösschen einziehen, die Werkstätten und das Probengebäude sind inzwischen als »Neues Haus« zur neuen Theateradresse Münchens geworden.

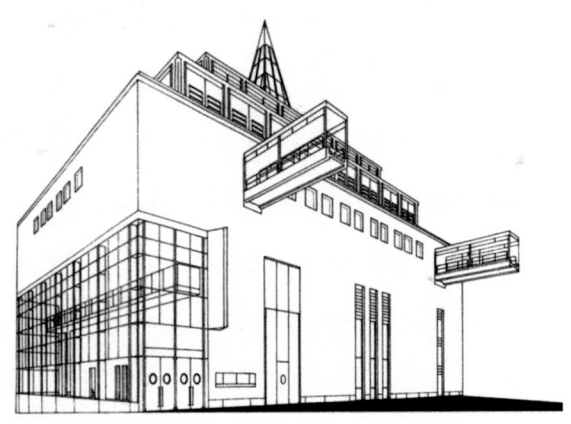

Perspektive, Blick von der Hildegardstraße

Besprechungsraum mit Lichtpyramide (6. Obergeschoss)

Blick von der Falckenbergstraße

Marstallplatz

Architekten: Gewers Kühn und Kühn, Berlin
Investor: Doughty Hanson & Co, England
Bauherr: Palos Immobilien & Projektentwicklungs GmbH, München; Gisbert Dreyer Planungsgesellschaft mbH

Adresse: Marstallplatz / Maximilianstraße
Bruttogeschossfläche: 49 000 qm
Bauzeit: 2001–2003

Auf dem Marstallplatz, einer der letzten Baulücken, die von den Bombennächten des Zweiten Weltkriegs mitten in der Innenstadt herrührt, entsteht nun auf der Grundlage eines Wettbewerbs eines der größten Neubauprojekte der Stadt: Die neuen »Maximilianhöfe« werden eine ›Gebäudefamilie‹ umfassen, die unterschiedlichste ›Mitglieder‹ hat, so Architekt Oliver Kühn aus Berlin über sein Projekt. Was bisher ein innerstädtischer Hinterhof war, wird nun mit urbanem Leben erfüllt. Zwei Nutzungsbereiche sind zu unterscheiden – ein öffentlicher mit dem neuen Probengebäude für die Bayerische Staatsoper und ein privater mit Büro- und Geschäftshäusern. Drei separate und individuell gestaltete Baukörper füllen das bisher als Parkplatz genutzte, 13 000 qm große Gelände: der historische Bürkleinbau an der Maximilianstraße, ein dahinter liegendes Büro- und Geschäftshaus und das neue Probengebäude.

Der öffentliche Bereich umfasst neben dem Probengebäude den gesamten Platz, der sich bis zum Gebäude der Max-Planck-Gesellschaft erstreckt. Die Gestaltung des Platzes übernahm das Berliner Landschaftsarchitektur-Büro »ST Raum a«; er wird im Süden durch das neue Probenge-

bäude, im Norden vom Max-Planck-Gebäude und im Westen vom historischen Marstallgebäude Leo von Klenzes begrenzt. Im Boden eingelassene Lichtelemente akzentuieren die Konturen des Platzes, der als öffentlicher Festplatz, für Open-Air-Veranstaltungen, aber auch für Live-Übertragungen aus der Oper oder einfach nur zum Flanieren gedacht ist. Die zwischen Oper und Marstall verlaufende Straße bleibt zwar weiterhin für Autos befahrbar, kann aber für solche Anlässe gesperrt werden, wodurch sich der Platz auf die andere Straßenseite zu den Höfen der Residenz hin erweitert. So entsteht ein völlig veränderter Stadtraum mit neu geschaffenen Außenräumen und Platzsituationen.

Das neue Probengebäude der Oper umfasst vier große Säle, Bibliothek, Werkstätten und einen Verwaltungsbereich. Um die für die Probenzwecke nötige Akustik zu gewährleisten, ist das Gebäude von einem Glasmantel umhüllt, der das Innere durchschimmern und erahnen lässt. Ein Verbindungssteg über die Straße hinweg verbindet das Probengebäude mit dem Operngebäude.

So erweist sich der Marstallplatz inmitten der Innenstadt als neues kulturelles Zentrum, umgeben von den wichtigsten Münchener Kulturbauten.

Probengebäude der Bayerischen Staatsoper (Schnitt)

Rechte Seite:
Marstallplatz von der Hofgartenstraße aus gesehen

Marstallplatz / Maximilianhöfe

Architekten: Gewers Kühn und Kühn, Berlin
Investor: Doughty Hanson & Co, England
Bauherr: Palos Immobilien & Projektentwicklungs-GmbH, München; Gisbert Dreyer Planungsgesellschaft mbH

Adresse: Marstallplatz / Maximilianstraße
Bruttogeschossfläche: 49 000 qm
Bauzeit: 2001–2003

Die »Maximilianhöfe« sollen eine der ersten Adressen für luxuriöse Geschäfte, gehobene Gastronomie und moderne Büroräume werden. Das Ensemble verdankt seine Realisierung einer ungewöhnlichen und äußerst konstruktiven Kooperation von Land, Stadt und Investor. Dem Bauherrn Palos und der Dreyer Planungsgesellschaft wurde das Grundstück zur Nutzung im Erbbaurecht überlassen.

Zu den privaten Gebäuden des neuen Ensembles auf dem Marstallplatz gehören der historische Bürkleinbau an der Maximilianstraße und das Geviert eines dahinter liegenden Neubaus.

Vom Bürkleinbau, 1858 vom Baumeister Friedrich Bürklein errichtet, wurde nur die historische Fassade zur Maximilianstraße wiederhergestellt und historisch rekonstruiert. Dahinter befindet sich ein komplett neu errichtetes nobles Laden- und Geschäftsgebäude. Die Rückseite des Bauwerks ist voll verglast. Durch die großzügige, zweigeschossige Passage in der Mitte des Bürkleinbaus gelangt man in den »Salpeterhof«, der die Gebäude in altstadttypischer Weise miteinander verbindet. Um den neu angelegten Brunnen setzen sich in der historischen Säulenhalle und dem Maximilianhof junge, avantgardistische Gastronomie- und Shopkonzepte in Szene.

In das dritte Gebäude des Ensembles, dem eigentlichen sechsgeschossigen »Maximilianhof« mit seinem quadratischen Grundriss, wurde eine bei den Bauarbeiten freigelegte historische Säulenhalle (56 Meter lang und 13 Meter breit) aus dem 17. Jahrhundert integriert: Es handelt sich um das älteste Gebäude der Hofreiterei, das nun von einer Glashülle ummantelt ist. Aus dem raumhoch verglasten, hellen Büroräumen des Gebäudes schaut man in einen begrünten Innenhof.

Noch vor Fertigstellung des Ensembles wurde es mit dem Immobilien Award 2003 als beste Immobilie des Jahres ausgezeichnet. Die Jury hob in ihrer Begründung insbesondere die beispielhafte architektonische und inhaltliche Verbindung von kulturellen und kommerziellen Themen sowie die städtebauliche Einbindung der Maximilianhöfe hervor. Nicht alle Bürger Münchens sahen das so: Lange wurde um die Art der Bebauung des Marstallplatzes gefochten: zu viel, zu hoch, zu dicht – lauteten die Vorwürfe.

Zwischen den Gebäuden entstehen neue Wege, die eine durchgehende Fußgängerverbindung vom Englischen Garten über die Staatskanzlei und den Marstallplatz bis zur Innenstadt schaffen.

Maximilianhöfe mit Bürkleinbau im Hintergrund (Modell)

Jüdisches Gemeindezentrum

Architekt: Wandel Hoefer Lorch, Saarbrücken
Bauherr: Israelitische Kultusgemeinde; Landeshauptstadt München, Kulturreferat
Adresse: St. Jakobsplatz

Gesamtfläche: 1,4 Hektar
Bruttogeschossfläche des Gemeindezentrums:
12 300 qm
Bauzeit: 2003–2006

Die Jüdische Gemeinde wird mit dem geplanten Bau wieder mitten im Herzen Münchens präsent sein: auf einer der letzten freien Bauflächen, einer ›Kriegswunde‹ am St. Jakobsplatz gegenüber dem Stadtmuseum.

Überraschenderweise gewann ein junges Architektenteam aus Saarbrücken den 1. Preis, obwohl es noch nicht einmal am international ausgeschriebenen Ideenwettbewerb beteiligt gewesen war: Die Architekten Wandel Hoefer Lorch hatten sich jedoch bereits beim Bau der Synagoge in Dresden und bei einem Mahnmal für die deportierten Juden im Berliner Grunewald mit derartig schwierigen Bauaufgaben befasst. Hier ist es ihnen gelungen, Synagoge, Museum und Gemeindezentrum als drei unabhängige Gebäude so zu konzipieren und auf dem Platz zu verteilen, dass dieser erhalten blieb und nicht durch eine große Baumasse, die alle drei Funktionen in sich aufgenommen hätte, erschlagen wurde. Der Jakobsplatz wird in drei unterschiedliche Bereiche gegliedert: in einen großen steinernen Platz, einen kleinen Vorplatz, der als Eingang für Synagoge und Museum dient, sowie einen baumbestandenen, als Spielfläche und zur Rast benutzbaren Platz.

Die Synagoge wird den Mittelpunkt des Ensembles bilden. Sie setzt sich aus zwei übereinander gesetzten Kuben zusammen, einem massiven Sockel und einem transparenten Würfel darüber, der mit einer golden schimmernden Haut aus Metallgewebe ummantelt ist – die Synagoge »Ohel Jakob« bekommt ein goldenes Kleid, wodurch das Haus eine spirituelle Wirkung nach außen haben wird.

Das etwas kleinere Museum liegt dahinter an der Corneliusstraße und bildet das Bindeglied zwischen Synagoge und Gemeindehaus, welches zwischen dem heutigen Parkhaus (das aber auch bald einem Neubau weichen wird) und dem Ignaz-Günther-Haus steht. Das Museum öffnet sich wie ein Guckkasten zum Jakobsplatz und schafft einen Bezug zum Stadtmuseum. Gemeindezentrum, Verwaltung und Schule bilden ein Gegenüber zur Synagoge.

Am 9. November 2003 erfolgte die Grundsteinlegung. Bevor mit den Bauarbeiten begonnen wurde, hat man auf dem Areal archäologische Grabungen zur mittelalterlichen Stadtgeschichte durchgeführt. Zudem werden unter dem Jakobsplatz liegende Bunkeranlagen aufgelassen, um für den Neubau Platz zu schaffen.

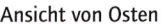

Ansicht von Osten

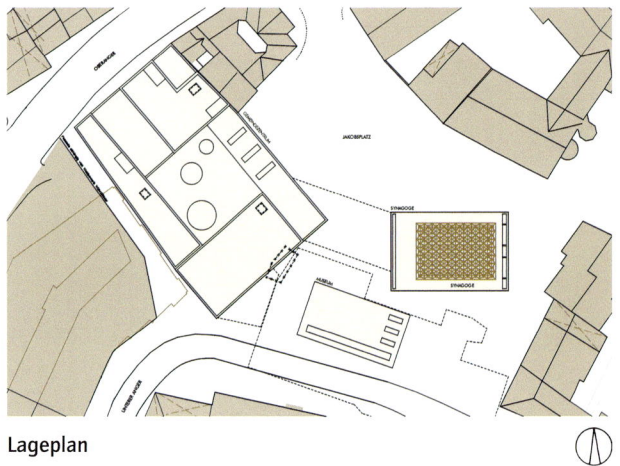

Lageplan

Ansicht des Jüdischen Gemeindezentrums von Nordwesten (Modell)

Ansicht der Neubebauung am St. Jakobsplatz von oben (Modell)

»Schrannenhalle«

Architekt: Stefan A. Schumer, Wien
Bauherr: DBVI, Deutsche Beamtenvorsorge
Immobilien, München

Bauzeit: 2003–2005
Adresse: Prälat-Zistl-Straße / Blumenstraße
Bruttogeschossfläche: 14 350 qm

Schon am 15. September 2003, zu ihrem 150. Geburtstag, sollte die Schrannenhalle wieder auf ihrem historischen Platz zwischen Blumen- und Prälat-Zistl-Straße stehen – so zumindest sahen es die Pläne des Architekten Schumer aus Wien und des Investors Deutsche Beamtenvorsorge Immobilien vor. Am 25. Juli 2003 wurde nun wenigstens der Grundstein gelegt, doch noch ist nichts weiter als eine Baugrube zu sehen. Querelen über das Wie und Was, schwierige Bauplatzverhältnisse und explodierende Kosten führten immer wieder zu Bauverzögerungen. Das Projekt »Wiederaufbau der Schrannenhalle« ist nun schon über zwanzig Jahre alt.

Die Schrannenhalle, von Maximilian II. als »Maximilians-Getreidehalle« in Auftrag gegeben, wurde zwischen 1851 und 1853 von Karl Muffat – einem Schüler Eduard Gaertners – erbaut. Am 15. September 1853 hat man sie feierlich eröffnet. Aufgrund rückläufiger Umsätze wurde die südwestliche Hälfte der Halle von 1913 bis 1928 abge-

baut. Im Jahr 1932 zerstörte ein Brand den nordöstlichen Teil. Ein 110 Meter langes und 25 Meter breites Teilstück lag seitdem vergessen und verstaubt auf einem Gaswerksgelände an der Dachauer Straße.

Die Schrannenhalle gilt wegen ihrer Eisen-Glas-Konstruktion als eines der bedeutendsten Bauwerke aus den Anfängen der Industrialisierung. Die Halle war ursprünglich 430 Meter lang und bestand aus zwei 164 Meter langen Hallen, einem Mittelteil und zwei Kopfbauten. Das Bauwerk erstreckte sich einst vom Viktualienmarkt bis zur Blumenstraße, wo heute das Hochhaus des Planungsreferates steht.

Das Bauvorhaben umfasst die Restaurierung der erhaltenen Freibank, dem nördlichen der beiden Kopfbauten, und den Wiederaufbau eines Teils der historischen Halle; darüber hinaus soll am südlichen Ende ein Kopfgebäude neu errichtet werden.

Schon 1980 wurde im Stadtrat der Wiederaufbau beschlossen. Da die Halle jedoch für neue Funktionen – Gastronomie, Veranstaltungen, Verkaufsflächen – genutzt werden sollte, entschied man sich, sie zeit- und funktionsgemäß wieder zu errichten. Ausgangspunkt der architektonischen Überlegungen des Architekten Schumer ist, »den Charakter der historischen Halle zu verstärken, gleichzeitig die Physiognomie zu verändern, ohne dabei den Geist oder die Erscheinung zu verletzen«. Die Schrannenhalle soll also einerseits als historisches Monument, andererseits aber als zeitgenössischer Zweckbau wieder errichtet werden – und nicht zuletzt ihre städtebauliche Funktion an dieser Stelle, die jahrzehntelang als Parkplatz genutzt wurde, wieder übernehmen.

Historische Ingenieurbaukunst und zeitgemäße Architektur heißt die Zauberformel, um dem Bauwerk eine heute stimmige Identität zu verleihen. Die Herausforderung liegt darin, Elemente einer Eisenhalle aus dem Jahr 1853 mit der Technik des 21. Jahrhunderts zu vereinen.

Innenansicht der historischen Halle

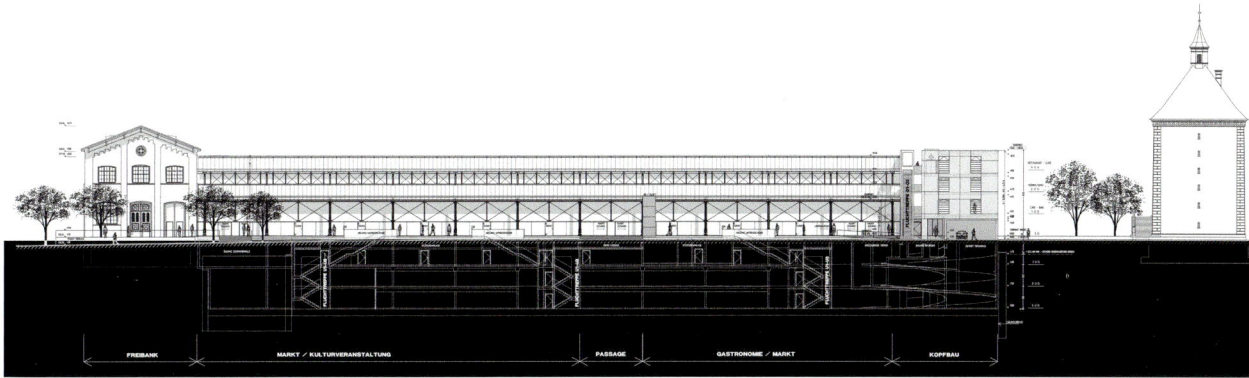

Gesamtansicht Prälat-Zistl Straße

Städtebauliche Situation

Ausschnitt südlicher Kopfbau

Historische Eisenhalle mit südlichem Kopfbau

Erweiterung des Maximilianeums

Architekten: Volker Staab und Jürgen Pleuser, Berlin
Bauherr: Freistaat Bayern / Bayerischer Landtag
Adresse: Max-Planck-Straße

Hauptnutzfläche: Landtag: 2080 qm /
Stiftung: 745 qm
Bauzeit: 1993–1994

Ludwig I. beauftrage 1857 den Architekten Friedrich Bürklein mit dem Bau des Maximilianeums. Schwierige Terrainverhältnisse, Abänderungen und sonstige Probleme verzögerten das Baugeschehen, sodass die Fertigstellung bis 1874 dauerte. Das prachtvolle Gebäude ist ob seiner beeindruckenden Fernwirkung ein Paradebeispiel für Kulissenarchitektur. Nachdem die Kriegsschäden zwischen 1946 und 1948 behoben worden waren, dient der Bau seit 1949 als Sitz des Landtags und der »Stiftung Maximilianeum« für begabte Studenten.

Anfang der 1990er Jahre wurde das Gebäude zu klein. Den Wettbewerb für einen Erweiterungsbau konnte das Berliner Büro von Volker Staab für sich entscheiden. Die Erweiterung des Maximilianeums umfasste eine Planungs- und Bauzeit von nicht einmal zwei Jahren. 1995 erhielt das junge Architektenteam für dieses Gebäude den BDA-Preis Bayern. Die beiden Flügel zur Rechten und zur Linken des Altbaus erhielten einen modernen Anbau, der sich in einer eigenständigen und modernen Architektursprache präsentiert. Dieser Anbau, der an der rückwärtigen und stadtabgewandten Seite des Altbaus liegt, ist mit einer zweischaligen Klimafassade versehen. Im Innern wechseln massive Wandteile und großzügige Glasflächen. Die Fassade erhält auf diese Weise eine Art ›Gesicht‹, eine Struktur mit wechselnden opaken und transparenten Flächen. Indem die Achse der Max-Planck-Straße offengehalten wird, gelingt es, den Mittelrisalit des alten Maximilianeums einzurahmen. Er bleibt somit das optische Zentrum der Anlage. Der Farbton der Terrakottafassade wurde der des Altbaus angepasst. Im Innern werden farbliche Akzente durch großflächige rostrote Einfärbungen der Wände gesetzt.

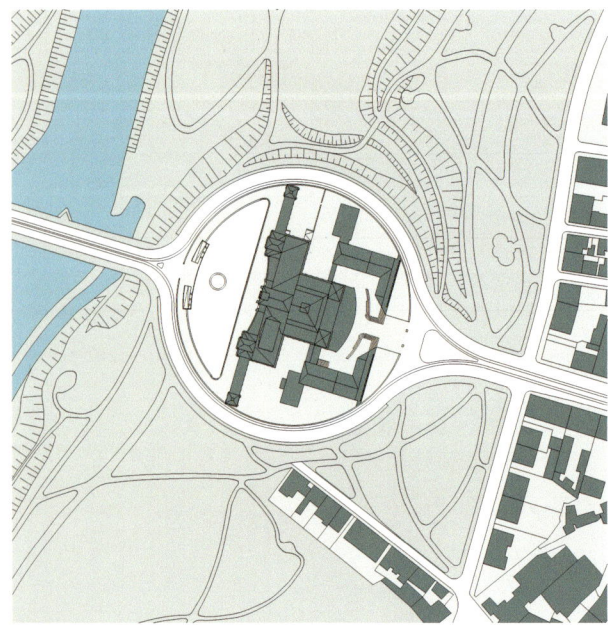

Lageplan

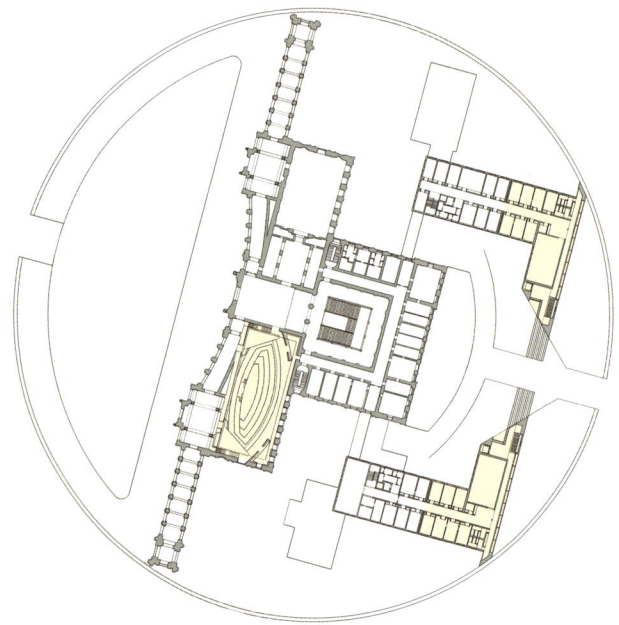

Grundriss

Luftaufnahme des Maximilianeums (Anbau im Vordergrund)

Ziviljustizzentrum

Architekten: Dohle + Lohse Architekten BDA, Braunschweig
Bauherr: Freistaat Bayern
Adresse: Ecke Seidl-/Karl-/Denisstraße

Bruttogeschossfläche: 29 000 qm (ohne Tiefgarage)
Baubeginn: 2005 (Stand Juli 2003)

Das neue Ziviljustizzentrum zeigt zu den Straßenräumen ein klares, streng geometrisches Fassadenbild aus Glas und hellem Naturstein. Diese Materialien unterstreichen die staatstragende Funktion des Gebäudes.

Zentrale städtebauliche Idee des Entwurfs ist die »Gerichtsgasse«, die Denisplatz und Seidlstraße verbindet. Sie teilt den Entwurf in zwei Gebäudeteile; im L-förmigen ist das Schulungszentrum und im O-förmigen sind die Landgerichte und der Sitzungsbereich untergebracht.

Die Gerichtsgasse, die als Schnittstelle zwischen öffentlichem Raum und den Einrichtungen des Ziviljustizzentrums fungiert, wird von den beiden transparenten Fassaden der sich hier gegenüberstehenden Gebäude gebildet. Es entsteht ein spannungsreiches Stück öffentlicher Raum in der Stadt, der als Treffpunkt dienen kann oder zum Verweilen einlädt. Dem Passanten eröffnet sich auf Seiten des Gerichtsgebäudes ein Einblick in die Halle und die Wartegalerien. Im gegenüberliegenden Schulungsgebäude sind Bibliothek, Kantine und Cafeteria zu sehen.

Im Erdgeschoss befinden sich die zentralen Einrichtungen wie die Eingänge zu Schulungs- und Gerichtsgebäude, Pforte und der Zugang zu den Wartebereichen vor den Gerichtssälen. Großzügige Verglasungen stellen weiträumige Sichtbeziehungen dieser Raumzonen untereinander her und ermöglichen dem Besucher eine gute Orientierung.

Im 1. Obergeschoss sind alle Sitzungszimmer und Sitzungssäle über die große Eingangshalle und die sich daran anschließenden Wartebereiche auf den Galerien erreichbar. Ihre Innenräume orientieren sich zum natürlich begrünten Innenhof des Gerichtsgebäudes. Holzvertäfelungen der Wände und der Parkettboden verleihen den Räumen einen angenehmen und repräsentativen Charakter.

Im 2. Obergeschoss liegen die Richterbüros entlang der Straße. Sie sind durch Schallschutzfenster vor Lärmemissionen geschützt. Die Büros der Vorsitzenden Richter liegen zum Innenhof. Die durchgehende Verwendung von Parkett als Bodenbelag stellt einen raumübergreifenden Zusammenhang der Einzelbereiche her.

Die Halle des Gerichtsgebäudes ist der zentrale Innenraum, der sich über seine sechsgeschossige Glasfassade der Öffentlichkeit und der Stadt präsentiert. Hier können Ausstellungen gezeigt werden und kleine Veranstaltungen stattfinden. Eingestellte, verglaste Aufzüge und eine frei hängende Treppenanlage machen die starke Vertikalität der Halle erlebbar. Raumhohe Fenster in den Büros dienen einer ausreichenden Versorgung mit Tageslicht.

Im 4. Obergeschoss des Schulungsgebäudes befindet sich der Multifunktionsraum. Hier können große Gerichtsverhandlungen abgehalten werden, zu denen Medien, Presse und Publikum erwartet werden.

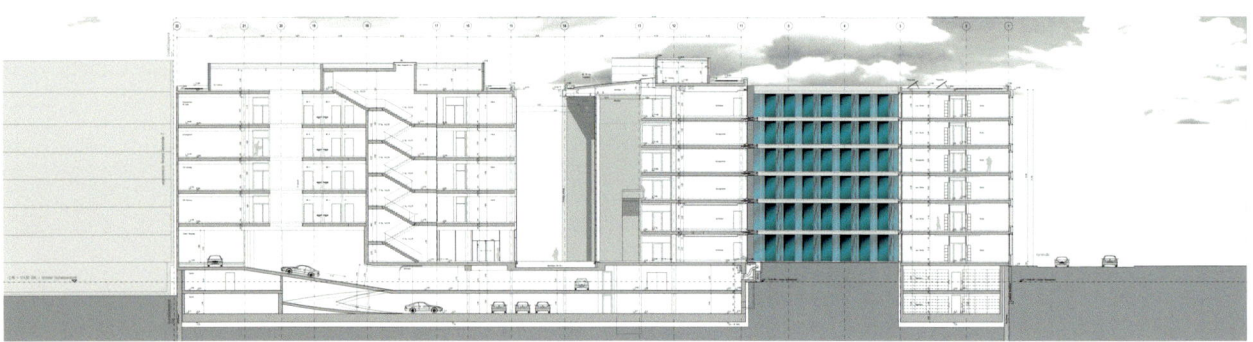

Schnitt

Rechte Seite:
»Gerichtsgasse«

Pinakothek der Moderne

Architekt: Stephan Braunfels, München
Bauherr: Freistaat Bayern
Lage: Karree Türkenstraße/Theresienstraße/Barer Straße/Gabelsberger Straße

Bruttogeschossfläche: 33 284 qm
Ausstellungsfläche: 12 000 qm
Bauzeit: 1996–2002

Wie kaum ein anderer Architekt hat sich Stephan Braunfels schon früh und intensiv mit der Topographie ›seiner Stadt‹ München befasst, wie u. a. eine Ausstellung 1987 am Deutschen Architekturmuseum in Frankfurt mit dem Titel »Entwürfe für München« belegte. Nun ist sein Verständnis von Stadtstruktur gebaute Realität geworden. Und er sagt nach Fertigstellung des hoch gelobten Museums, das ihm im Vorfeld so viel Ärger, Denunziationen und Streitereien einbrachte: »Ich komme mir vor wie ein Komponist, der jahrelang eine riesige Symphonie geschrieben hat und sich immer vorgestellt hat, wie sie wohl klingen würde.« Entstanden ist eines der größten Museen der Welt, eine Studie über Licht

Große Treppe und Rotunde

und Schatten, ein Kunstort für vier verschiedene Abteilungen, eine perfekt durchkomponierte und inszenierte Abfolge von Innenräumen, Treppen, Terrassen, Lichtblicken und unterirdischen Parcours. Wie auch Braunfels' Paul-Löbe-Haus in Berlin überragt ein auskragendes Betonflachdach den Eingangsbereich, gestützt von für ihre Aufgabe viel zu schwach wirkenden Säulen. Durch das großzügige Foyer der »Pinakothek der Moderne« gelangt man wahlweise unterirdisch zur Neuen Sammlung und den umfangreichen Beständen des Design-Museums, im Erdgeschoss untergebracht ist die Graphische Sammlung und das Architekturmuseum. In den oberen Stockwerken kann man in einer Abfolge einzelner Räume die Kunstsammlung betrachten – hier wird deutlich, wie riesig die Bestände sind, die bisher aus Platzgründen nicht zusammen zu sehen waren.

Im Erdgeschoss liegen das Café, die Buchhandlung, ein großer Veranstaltungssaal und Räume für aktuelle Wechselausstellungen. Um den Mittelpunkt einer gewaltigen von einer Glaskuppel überdachten Rotunde ist das riesige rechteckige Gebäude organisiert. Es ist ein nüchterner Bau im Vergleich etwa zu Gehrys Museum in Bilbao, aber wiederum fast ein verspieltes und mit theatralischen Gesten aufwartendes im Vergleich zu rein funktionalen containerartigen anderen neuen Museen: die Geste der großen Treppe, die Rotunde, eine Arena wie in einem antiken Theater, die Säulen, die Querteilung durch eine Diagonale, ein großer Vorplatz, das elegante Weiß der Wände, die Glaskuppel im Mittelpunkt, immer wieder neue überraschende Einblicke – all dies sind spielerische Elemente, mit denen sich das Gebäude selbst inszeniert. Ein offener und großzügiger Museumsbau, dessen diagonale Erschließung auf die städtebauliche Situation hinweist und gleichzeitig eine Wegführung ist: Der kürzeste Weg von der Alten und Neuen Pinakothek zur Innenstadt führt quer durch das neue Museum auf dem ehemaligen Areal der Türkenkaserne. Ein ›Gelenk‹ zwischen dem rechtwinkligen Raster der Maxvorstadt und dem unregelmäßigen Rund der Altstadt.

Eingangsloggia mit Blick zur Alten Pinakothek

Luftaufnahme der drei Pinakotheken

Sammlung Brandhorst

Architekt: Sauerbruch Hutton Architekten, Berlin
Bauherr: Freistaat Bayern, Staatliches Hochbauamt
Adresse: Ecke Türken-/Theresienstraße

Bruttogeschossfläche: 8770 qm
Bauzeit: geplante Eröffnung 2007

Selten verlief ein Wettbewerb so zäh und langwierig – 24 Büros waren am Start, schließlich gab es ein Kopf-an-Kopf-Rennen der Büros Zaha Hadid/London und Sauerbruch Hutton/Berlin um den ersten Preis. Hier ging es um einen vom Freistaat Bayern ausgelobten Wettbewerb für ein Münchener Renommierprojekt, das Museum für die »Sammlung Brandhorst«: eine Kollektion bedeutender Arbeiten zeitgenössischer Kunst, die u.a. umfangreiche Werkgruppen von Cy Twombly und Andy Warhol umfasst. Udo Brandhorst hat dem Freistaat Bayern seine repräsentative Sammlung geschenkt, dies aber mit der Auflage, im Gegenzug ein eigenes Haus dafür zu bekommen. Das Museum sollte in das Ensemble der Pinakotheken eingefügt werden und ein Bestandteil des zweiten Bauabschnitts der Pinako-

thek der Moderne von Stephan Braunfels sein. An der Nordostecke des Grundstücks, an der Ecke Theresien-/Türkenstraße, gewissermaßen auf einem Restgrundstück, wird das neue Museum entstehen. Eine problematische Lage nicht nur wegen der Größe des Grundstücks, sondern auch, weil die danebenliegenden drei Gebäude der TU langfristig zur Disposition stehen.

Eine vielleicht ganz reizvolle Idee wurde von der Jury verworfen: Ähnlich wie schon Ortner und Ortner, die in Dresden eine Bibliothek mit einem Glasdach versahen und die Funktionen unter die Erde ›vergraben‹ haben, wollten die Nürnberger Architekten Bär Stadelmann Stöcker das Museum in einen unterirdischen ›Canyon‹ verlegen. Anders die Wettbewerbssieger Sauerbruch Hutton aus Berlin. Sie schlagen einen den Blockrand schließenden Winkel vor – 90 Meter lang, 18 Meter breit – mit einem exponierten Kopfbau an der Ecke Türken-/Theresienstraße, wo sich auch der Eingang befinden wird, der in die drei Ausstellungsgeschosse führt. In drei Viertel aller Ausstellungsräume bis in das Untergeschoss wird direktes oder indirektes Licht gelenkt. Die Fassade des Museums ist analog zur Struktur des Hauses in drei Farbbereiche gegliedert. Ihre Oberfläche besteht aus farbig bedrucktem Glas, das vor einem anders farbigen Hintergrund angeordnet ist. Die Mehrschichtigkeit des Fassadenaufbaus wird der Fassade eine physische und visuelle Räumlichkeit geben, die dem Haus, aus der Nähe bzw. aus einiger Entfernung betrachtet, ein sehr unterschiedliches Erscheinungsbild verleihen wird. Die Farbigkeit soll einerseits die Unabhängigkeit des Hauses gegenüber den benachbarten Museen unterstreichen (bei gleichzeitiger Einordnung in die städtebauliche Disziplin des Museumsareals) und andererseits das Wesen des Museums – ein Behältnis lebendiger Kunst zu sein – kommunizieren. Der Entwurf von Sauerbruch Hutton schafft mit einem ruhigen und klar strukturierten Gebäude ideale Bedingungen für die museale Präsentation der Sammlung. Die Eröffnung des Museums ist für 2007 vorgesehen.

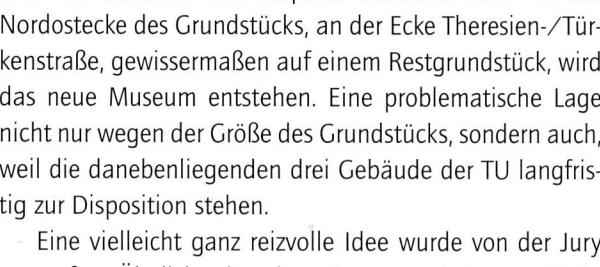

Lageplan

Modellfoto

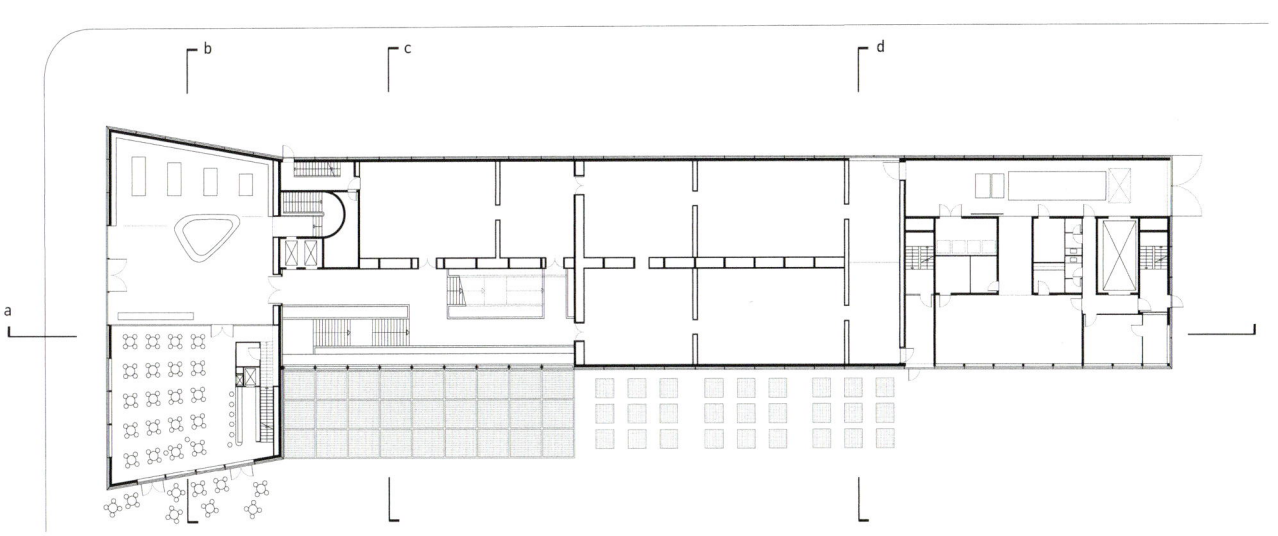

Grundriss (Erdgeschoss)

Erweiterung Akademie der Bildenden Künste

Architekt: COOPHIMMELB(L)AU, Wien
Bauherr: Freistaat Bayern vertreten durch das
Staatshochbauamt München 1

Adresse: Ecke Akademiestraße/Türkenstraße
Bruttogeschossfläche: 9909 qm
Baujahr: 2003–2005

Nach zehnjähriger Planungs- und Genehmigungszeit fand im Juli 2003 endlich die Grundsteinlegung für den Erweiterungsbau der Münchener Akademie der Bildenden Künste statt. Dass sich alles so in die Länge zog, lag vielleicht nicht nur an finanziellen Nöten, sondern ein wenig auch daran, dass der Entwurf damals bei Vielen noch gewirkt haben mag wie ein Angriff auf die guten Sitten. Da die Architekten COOPHIMMELB(L)AU auch für die BMW-AG in München äußerst prominent bauen, sind sie nun wohl auch hier ›salonfähig‹ geworden. Dennoch verstummen die kritischen Stimmen nicht, die es degoutant finden, dem altehrwürdigen Gebäude von Gottfried von Neureuther aus dem Jahr 1876, das aus allen Nähten platzt, ein solches ›Ungetüm‹ beiseite zu stellen. Die alte Akademie war ursprünglich für 300 Studenten geplant, heute bevölkern

1000 Menschen täglich die viel zu engen Räumlichkeiten – es fehlt an Ateliers, Werkstätten und Verwaltungsräumen. Die für ihre so genannten dekonstruktivistischen Entwürfe berühmt-berüchtigten Architekten Wolf D. Prix und Helmut Swiczinsky gaben schon vor Jahrzehnten die Parole aus: »Architektur muss brennen.« Nun könnte der Neubau an der Akademiestraße zum Brennpunkt für Streitgespräche werden.

Das Entwurfskonzept von COOPHIMMELB(L)AU basiert auf der Idee, die drei vorgefundenen unterschiedlichen stadträumlichen Systeme zu adaptieren und zu transformieren – das achsiale System Leopoldstraße/Akademiestraße mit seinen repräsentativen Bauten, die gewachsene Struktur von Schwabing mit ihrer kleinräumlichen, differenzierten Bebauung sowie die Grünräume Leopoldpark und Akademiegarten mit ihren historischen und geschützten Baumbeständen. Die sich daraus ergebende offene Figuration ineinander verschränkter Baukörper erzeugt eine Sequenz transitorischer Binnenräume zwischen Stadt- und Parkraum – die Glasfassade als Medienmembran, das Tor zur Akademie, der Innenhof, die Atelierterrassen als Gelenk zum Park und das Tor zum Park – und nimmt differenzierte Beziehungen zu den Außenräumen auf.

Diagonale Rampen und Stege vernetzen die einzelnen funktionalen Bereiche der verschiedenen Gebäudeteile und dadurch auch die unterschiedlichen Fachbereiche zu einem Komplex – Maler-, Bildhauer- und Fotoateliers sowie Kunststoff-, Medien-, und Druckwerkstatt. Durch die Aufhebung klassischer Stockwerke ergeben sich diagonale Wege zwischen den einzelnen Gebäudeteilen. Ein überdachter zentraler Innenhof fungiert als halböffentlicher Raum. Hier liegt auch das Café zur Akademiestraße hin, und von hier aus sind alle anderen Gebäudeteile erreichbar.

Die zwei- bis viergeschossigen Baukörper sind in Stahlbetonbauweise gebaut, die auskragenden Bauteile als Stahlfachwerkkonstruktion konzipiert.

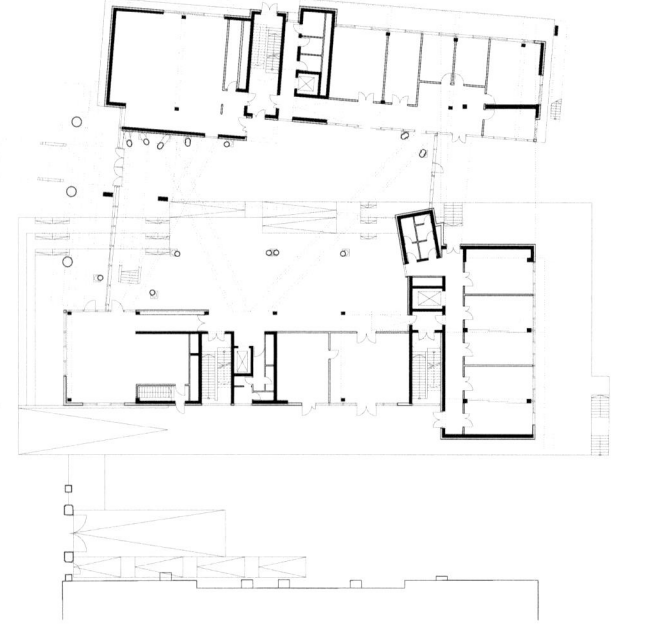

Lageplan

Modell

ZOB / Zentraler Omnibusbahnhof

Architekt: Auer + Weber + Architekten, München
Bauherr und Grundstückseigentümer: Landeshauptstadt München, Kommunalreferat

Lage: An der Hackerbrücke, nördlich der Bahntrasse
Bruttogeschossfläche: 28 800 qm
Fertigstellung: circa 2006

Der neue Zentrale Omnibusbahnhof zwischen Hauptbahnhof und Hackerbrücke wird vorrangig dem innerdeutschen und grenzüberschreitenden Linienverkehr als zentrumsnahe Umsteigestelle zu den öffentlichen Verkehrsmitteln und zur Deutschen Bahn dienen. Neben dem eigentlichen Busbahnhof ist geplant, auf dem Gelände hochwertige Büros einschließlich Tiefgarage, Hotels sowie Restaurants und Freizeiteinrichtungen zu integrieren.

Eine Gebäudehülle fasst die verschiedenen Funktionen in einer objekthaften Großform zusammen, welche die Dynamik des überregionalen Reiseverkehrs symbolisiert. Alle Bahnsteige sind querungsfrei erreichbar und über das darüber liegende Promenadendeck mit dem S-Bahnhof und der Hackerbrücke verbunden. Diese obere Erschließungsebene bietet einerseits Schutz gegenüber den Emissionen des darunter liegenden Verkehrs und ist gleichzeitig der Zugang zu den verschiedenen Dienstleistungsangeboten, die zu offenen Innenhöfen orientiert sind.

Die karosserieartige, transparente, metallisch glänzende Gebäudehülle kann – entsprechend den unterschiedlichen Anforderungen – vom einfachen Wetterschutz bis hin zur hochwertigen Fassade ausgebildet werden. Sie legt sich wie eine Hülle um das viergeschossige Gebäude. Die dynamisch geformte Gebäudehülle trägt aufgrund ihrer Unverwechselbarkeit dazu bei, dass hier ein Bauwerk mit Zeichenwirkung entsteht – der Entwurf wurde im Vorfeld schon als High-Tech-Highlight apostrophiert. Die Architekten haben die Verkehrsführung zur Anfahrt der 20 Terminals und 38 Busstellplätze optimal gelöst, sie sind für Fußgänger und Zubringerverkehr mit Taxis und Privat-Pkws auf kurzem und direktem Weg erreichbar. Zudem sind behindertengerechte Zugänge zum S-Bahnsteig vorgesehen. Die hier liegenden Büroflächen werden auf einen begrünten Innenhof hin orientiert sein.

Mit der Fertigstellung ist bis 2006 zu rechnen – wie bei vielen der neuen Projekte Münchens –, pünktlich zur Fußball-Weltmeisterschaft.

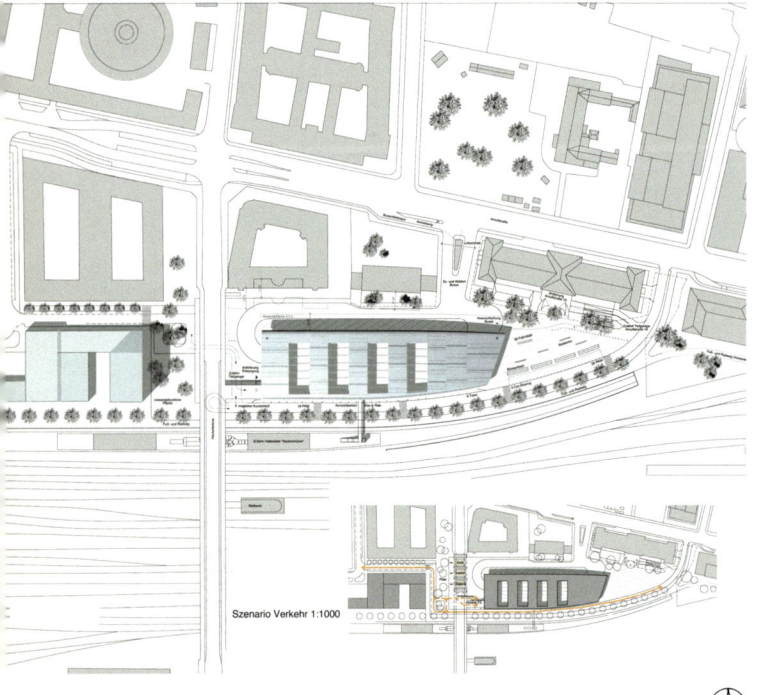

Städtebaulicher Entwurf

Querschnitt

Ansicht von Süden (Fotomontage)

Modellfoto

Haus der Architektur

Architekten: Manfred Drescher und Dieter Kubina, München
Bauherr: Bayerische Architektenkammer, München

Adresse: Waisenhausstraße 4
Nutzfläche: 1400 qm
Bauzeit: 1999–2002

1996 schrieb die Bayerische Architektenkammer einen öffentlichen Wettbewerb aus, um ein neues Seminar- und Veranstaltungsgebäude in München-Neuhausen zu errichten. Unter 128 Teilnehmern konnte das Münchener Architekturbüro Drescher und Kubina den Wettbewerb für sich entscheiden. Die Aufgabe bestand darin, der neobarocken Villa des Architekten Littmann aus dem Jahr 1924, dem Sitz der Verwaltung der Architektenkammer, einen Neubau zur Seite zu stellen. Hier sollte ein Treffpunkt für alle, die sich für Architektur interessieren, dazulernen und diskutieren wollen, entstehen. Wie sich bei diversen Veranstaltungen mit prominenten Gästen bereits gezeigt hat, findet dieses Angebot regen Zuspruch.

Der Entwurf der Architekten besticht durch seine schlichte Eleganz: Er besteht im Wesentlichen aus zwei übereinander liegenden großen Räumen. Das Foyer im Erdgeschoss sowie der große Raum im Obergeschoss können für verschiedenste Arten von Veranstaltungen, wie Empfänge und Ausstellungen, genutzt werden. Der große Saal im Obergeschoss ist darüber hinaus flexibel teilbar und mit technischem Equipment wie Scheinwerfern und einer Tonanlage ausgestattet. Für Film- oder Diavorträge ist der Raum abdunkelbar. Auf beiden Etagen befinden sich zusätzlich Büroräume.

Alle tragenden Teile der Gebäudekonstruktion bestehen aus Sichtbeton; Stahl und Glas wurden für die Fassaden verwendet; die Böden bestehen aus Gussasphalt. Bei einer Institution wie dieser, die den Dachverband der Zunft repräsentiert, musste selbstverständlich auf ökologisches und ressourcensparendes Bauen geachtet werden. Die Orientierung des Gebäudes, die eine Wärmegewinnung über die Sonneneinstrahlung ermöglicht, der sommerliche Wärmeschutz durch die Glaslamellen an der großen Südfassade und das System der Tag- und Nachtauskühlung leisten ihren Beitrag dazu.

Die Schlichtheit und Modernität der Architektursprache, die Klarheit der Beton- und Glasfronten überzeugen. Der Kontrast zwischen Alt und Neu – der Villa und ihrem neuen Nachbarn ist ein reizvolles Spiel mit der Vergänglichkeit von architektonischem Geschmack.

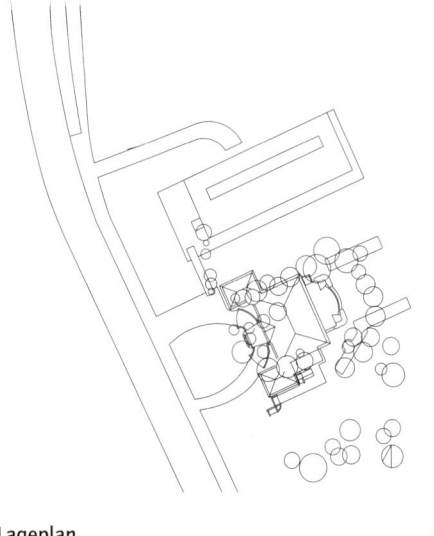

Lageplan

Treppenhaus (Nachtansicht)

Fassadenansicht Süd

Herz-Jesu-Kirche

Architekten: Allmann, Sattler, Wappner, München
Bauherr: Katholische Pfarrkirchenstiftung Herz Jesu/Erzbischöfliches Ordinariat, München

Adresse: Lachnerstraße, München-Neuhausen
Bauzeit: 1997–2000
BRI: 18 825 cbm
Sitzplätze/Maximalbestuhlung: 396

Kaum ein Neubau Münchens ist in den letzten Jahren so kontrovers diskutiert worden wie dieser: Die einen – Fachleute zumeist – überschlugen sich vor Begeisterung; die anderen – die Gemeinde der Gläubigen – waren entrüstet. Nachdem die alte Kirche, ein provisorischer Holzbau, 1994 einem Brand zum Opfer gefallen war, wurde 1995 ein offener Realisierungswettbewerb ausgelobt, bei dem das junge Architektenteam Markus Allmann, Amandus Sattler und Ludwig Wappner den ersten Preis gewann. Seit die fertig gestellte Kirche überregional als einmaliger »Wurf« in der Fachpresse gefeiert wurde, ist das junge Büro in aller Munde.

Es entstand ein offener, transparent wirkender Kirchenbau aus zwei ineinander gefügten Hüllen, einer inneren aus Holzlamellen und einer äußeren aus Glas. Sie soll einem Bergkristall gleichen, soll Inbegriff der Metamorphose eines Materials sein, das von transparent zu opak wechselt. Von außen betrachtet hat die zunehmende Blickundurchlässigkeit, hervorgerufen durch eine immer stärkere Satinierung, ihren ganz besonderen Reiz: Das Glas wirkt kristallin.

Das große Eingangstor im Süden kann je nach Jahreszeit und Anlass ganz oder teilweise geöffnet werden. Bei vollständiger Öffnung verschmelzen Kirchenvorplatz und Kircheninneres zu einem Ort. Dann wird die innere Hülle aus Holz zur Außenfassade. Normalerweise wird jedoch das kleine Tor im Außentor als Eingang benutzt.

Das künstlerische Konzept für die Kirche erarbeiteten die Architekten gemeinsam mit verschiedenen bildenden Künstlern. So schmücken den Kreuzweg, der sich zwischen Glas- und Holzhülle befindet, heutige Schwarzweißfotografien der Via Dolorosa von Matthias Wähner. Die Außentore gestaltete Alexander Beleschenko. Sie haben eine intensive blaue Farbe – erst beim Näherkommen erkennt man die vielen kleinen Nägel, die aus der Ferne nur als keilschriftartiges Muster wahrzunehmen sind. Das große Außentor findet sein Pendant in einem hinter dem Altar liegenden kleineren Tor nach einem Entwurf von S. und B. Lutzenberg. Es ist aus einem metallischen Gewebe angefertigt, aus Tombak, das golden schimmert.

Im Boden des Kirchenschiffs sind fünf kleine verglaste Öffnungen eingelassen, in denen die fünf Wunden Jesu zu sehen sind (Künstler: M. Weiss und M. de Mattia). Der frei stehende Glockenturm rückt als Zeichen nah an die Lachnerstraße heran. Er ist karg in seiner Gestaltung, ein wie roh belassener quadratischer schmuckloser Turm, verkleidet mit sich nach oben verdichtendem Metallgewebe.

Ansicht mit Glockenturm

Eingangstor mit Nagelmuster

Ansicht von der Lachnerstraße

Bayerisches Forschungs- und Technologiezentrum für Sportwissenschaften

Architekten: Hild und K, München
Bauherr: Bauamt der TU/München, Freistaat
Bayern

Adresse: Zentrale Hochschulsportanlage beim
Olympiadorf
Bruttogeschossfläche: 3100 qm
Bauzeit: 2003–2004

Das Zentrum für Sportwissenschaften der Technischen Universität München, für das am 24. März 2003 der erste Spatenstich erfolgte, wird derzeit als Erweiterungsbau der bereits bestehenden Hochschulsportanlage in unmittelbarer Nachbarschaft der Olympiaanlagen errichtet. Das Bauprojekt wird aus den Mitteln der Zukunftsoffensive Bayern finanziert und soll den Wissenschaftsstandort Bayern fördern. Das BFTS setzt sich zum Ziel, hochspezialisierte Forschungsarbeiten auf dem Gebiet der Gesundheits-, Sport- und Materialwissenschaften zu unterstützen sowie ein weitreichendes Ausbildungsprogramm im Bereich der Medienwissenschaften anzubieten.

Die besondere Herausforderung bei diesem Projekt liegt für die Architekten darin, innerhalb eines festgelegten Kostenrahmens ein umfangreiches, heterogenes Raumprogramm mit aufwändiger technischer Ausstattung zu realisieren. Das Gebäude muss sich jederzeit den jeweiligen Bedürfnissen anpassen können und flexibel auf Veränderungen reagieren.

Zwischen zwei Kopfbauten mit festinstallierten Nebenbereichen liegt ein nutzungsneutral konzipierter Mittelbau.

Er wird lediglich von der Außenwand und den vertikalen Trassenschächten getragen. In diesem Bereich kann die Raumeinteilung über alle Geschosse hinweg frei erfolgen. Auch die Lochfassade des Stahlbetongebäudes stört durch die Reduzierung auf zwei Fensterformate die frei teilbare Struktur nicht.

Die Varianz der Fassade wird ausschließlich über die unterschiedliche Geschossigkeit des Gebäudes erzeugt und durch eine Lasur-Maltechnik auf der Außenhaut unterstützt. Wie ein feines Gespinst werden unterschiedliche Lasurlagen miteinander verwoben; sie erzeugen eine transparente Erscheinung des Massivbauwerks. Um das Gebäude in das Olympiapark-Gelände einzupassen, orientiert sich die Farbgestaltung an der Umgebung: einen Anstrich in Braun und Weiß auf der Seite zur Zentralen Hochschulsportanlage hin; Grün-Weiß harmoniert dagegen mit der Landschaft – in einer Art Tarnbemalung verschwindet die Befensterung oder stellt sich als Muster dar.

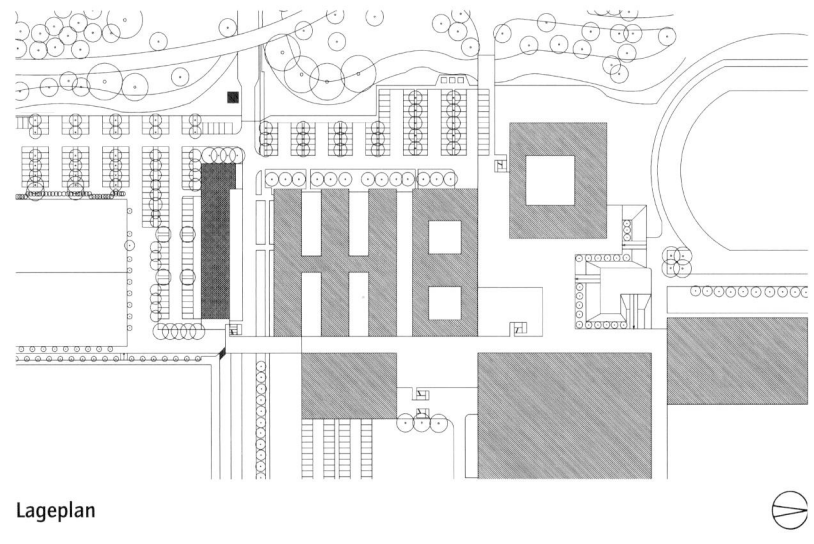

Lageplan

Modellansicht

Alter Hof – Wettbewerbsergebnis

Architekten: 1. Preis: Auer + Weber + Architekten; Prof. Kulka / 2. Preis: Hild und K, München
Bauherr: Bayerische Hausbau, München

Adresse: Hofgraben-, Pfister- und Sparkassenstraße
Bruttogeschossfläche: 19 400 qm
Bauzeit: 2003–2005

Zu seinem 750. Geburtstag im Sommer 2003 sollte die Renovierung und der Umbau des Alten Hofes im Zentrum der Altstadt bereits abgeschlossen sein – nun ist das Geburtstagsgeschenk gewissermaßen das Wettbewerbsergebnis. Es gibt drei prämierte Vorschläge.

Gemäß den Vorgaben des Wettbewerbs sollen der »Burgfrieden« erhalten und keine architektonischen Experimente gewagt werden.

Die festungsartige Anlage des Alten Hofes, der ehemaligen Kaiserresidenz (erbaut 1253), ist eines der traditionsreichsten und historisch bedeutendsten Areale der Stadt. Es besteht aus insgesamt fünf Gebäudeteilen, wie es auch im Sandtner-Modell von 1570 dargestellt ist. Die beiden denkmalpflegerisch besonders wertvollen Bauten – Burgstock und Zwingerstock – werden von staatlichen Institutionen benutzt. Die nördlichen und östlichen Flügel der Anlage – Lorenzistock, Pfisterstock und Brunnenstock – werden nun einer Neugestaltung unterzogen. Das Areal soll durch eine Mischung aus Läden (14 Prozent), Büros (60 Prozent) und Wohnungen (26 Prozent) revitalisiert werden.

Eine Ost-West-Verbindung von der Dienerstraße durch den Alten Hof zur Sparkassenstraße ist zusätzlich zu der bereits vorhandenen Nord-Süd-Verbindung geschaffen.

Alle drei Arbeiten wurden grundsätzlich für umsetzungsfähig befunden. Zwei Gestaltungsvarianten hat man gleichrangig bewertet und favorisiert: zum einen das Gesamtkonzept des Münchner Büros Auer + Weber; zum anderen eine Kombination des Entwurfs von Prof. Kulka, Köln/Dresden für den Lorenzistock mit jenem von Auer + Weber für den Pfisterstock und Brunnenstock. Nur mit einer Stimme Abstand bewertete das Preisgericht das Gesamtkonzept von Hild und K, München. Mit einer endgültigen Entscheidung und dem Baubeginn soll noch 2003 nach der 750-Jahr-Feier begonnen werden.

Der Lorenzistock soll in ein attraktives Büro- und Geschäftshaus umgebaut werden. Die nach dem Zweiten Weltkrieg in den 50er und 60er Jahren wieder aufgebauten Gebäude Brunnenstock und Pfisterstock werden abgerissen und neu errichtet und Büros, Läden und Wohnungen enthalten. Unter diesen beiden Neubauten – in einer angemessen historisierenden Architektursprache – entsteht eine Tiefgarage mit 95 Stellplätzen.

So wird aus einem der Öffentlichkeit bisher kaum zugänglichen Ort nun ein öffentliches Terrain mit teils bewahrter historischer Bausubstanz und maßvoller moderner Erweiterung.

Wettbewerbsmodell (Kombination Auer + Weber mit Prof. Kulka)

Lorenzistock vom Marienhof (Gebäudeteil Prof. Kulka)

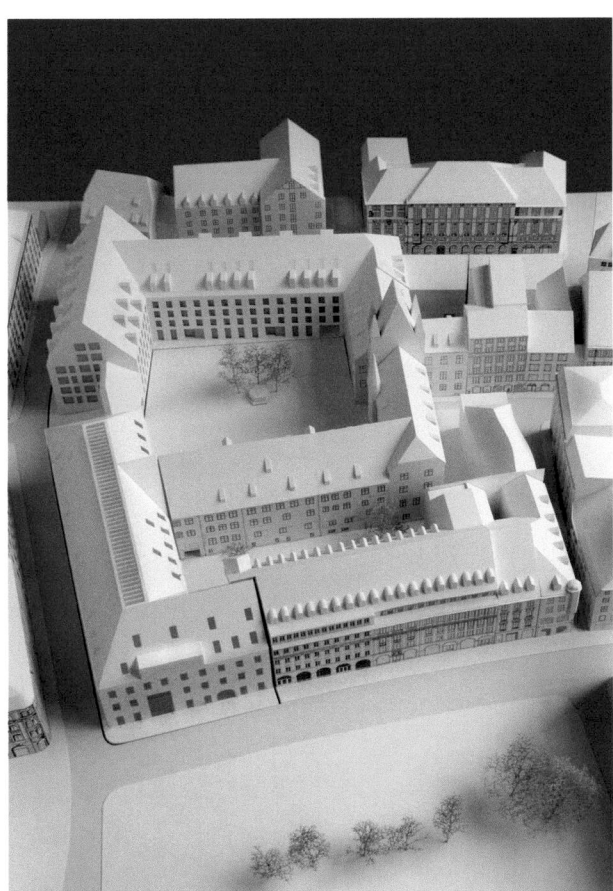

Pfister- und Brunnenstock vom Burghof (Gebäudeteil Auer + Weber)

Büro- und Geschäftshaus am Löwenturm

Architekt: Architekturbüro von Seidlein, München
Bauherr: Deka-Immobilien Investment GmbH,
Frankfurt
Rechtsberatung: Glock, Liphart, Probst, München

Adresse: Rosental 3–4
Bruttogeschossfläche: 6550 qm
Bauzeit: 1999

In unmittelbarer Nachbarschaft zum spätmittelalterlichen Löwenturm mit seinen trutzigen Zinnen schließt sich südlich davon ein neu erbautes Büro- und Geschäftshaus an. Durch die veränderte Straßenführung nach dem Zweiten Weltkrieg steht der Turm, der ursprünglich den Mittelpunkt eines Häuserblocks gebildet hatte, erstmals frei und alleine am Rande des Rindermarkts. Der Neubau verdeckt ihn nicht, sondern macht ihn im Gegenteil besonders gut sichtbar, weil seine zum Rindermarkt hin gelegene gerade und leicht zurückversetzte Glasfassade den Blick auf den historischen Turm freilässt. Die am Rosental gelegene, ebenfalls verglaste Fassade folgt der Krümmung der Straße zum Viktualienmarkt hin. Für die Neubebauung wurden die beiden Grundstücke Rosental 3 und 4 zusammengelegt. Dabei musste ein Höhenunterschied von 1,7 Metern aus-

geglichen werden – die Geschäfte im Erdgeschoss liegen daher nicht immer auf derselben Höhe. Vermutlich war der Löwenturm Bestandteil der alten Stadtbefestigung, und das neue Gebäude liegt nun auf der Hangkante des ehemaligen Stadtgrabens. Durch die Zusammenlegung ergibt sich die Grundstücksform eines Kreissegments – einer konkaven Form zum Hof hin und einer konvexen zur Straße hin. Bedingt durch die Krümmung entstehen annähernd tortenstückartige Büroflächen im Innern. Die nach individuellen Erfordernissen aufteilbaren Büroflächen sind um einen inneren Kernbereich herum gruppiert. Dabei ergeben sich durch die spezifische Gebäudeform und den unterschiedlichen Pfostenabstand nach innen und außen verschiedene Möglichkeiten, Trennwände einzuziehen. Sie variieren in ihrer Höhe von 1,15 Metern an der Hofseite bis 1,55 Metern zur Straße hin. Über dem Ladengeschoss sind auf den fünf darüber liegenden Stockwerken Büros untergebracht. Den oberen Abschluss des Gebäudes bildet ein zurückgesetztes Dachgeschoss mit drei luxuriösen Wohnungen, die einen weiten Ausblick bieten. Das Tragwerk ist ein Stahlbeton-Skelettbau mit unterzugsfreien Decken. Die geschosshohe Verglasung ist durch vertikale und horizontale Pfosten gegliedert. Vor der Glasfassade sind Wartungsstege und Sonnenschutzvorrichtungen installiert.

Lageplan

Ansicht vom Rindermarkt mit Löwenturm

Gerundete Fassade am Rosental

Büro- und Geschäftshaus am Oberanger

Architekt: Hilmer & Sattler und Albrecht, München
Bauherr: Bauwert GmbH, Berlin
Adresse: Oberanger 34–36/Schmidstraße 2

Bruttogeschossfläche: circa 5100 qm
Bauzeit: 2003–2004

Unter dem klingenden Namen »Palais am Jakobsplatz« entsteht dieses exklusive Büro- und Geschäftshaus mitten in der Innenstadt. Es trägt die für das renommierte Münchener Büro Hilmer & Sattler typische klassisch-repräsentative Handschrift.

Der Oberanger liegt innerhalb des Altstadtrings in einem Stadtbereich, der schon seit dem Mittelalter von wirtschaftlichen und kulturellen Aktivitäten geprägt ist. Mit einer starken Betonung der Vertikalen erhebt sich der Neubau aus der Ecksituation an der Einmündung der Schmidstraße in den Oberanger.

Das Gebäude ist mit hellem Naturstein verkleidet, wobei zum großräumigen Oberanger die Fassade durch Profilierung plastisch ausgebildet ist, zur engen mittelalterlichen Schmidstraße dagegen flächig.

Im Erdgeschoss des Hauses sind Läden, in den Normalgeschossen Büros und in einem zurückgesetzten Staffelgeschoss mit einem prächtigen Blick über die Altstadt Wohnungen angeordnet. Der architektonische Aufbau der Fassade spiegelt diese Nutzungen wider.

Der Hauptzugang, über den die Büros und Wohnungen erschlossen werden, erfolgt vom Oberanger über ein zweigeschossiges Portal. Diese großmaßstäbliche Zweigeschossigkeit ist eine Reaktion auf die räumliche Dimension des Oberangers.

Über eine Durchfahrt erreicht man den Innenhof des Gebäudes. An gleicher Stelle erfolgt auch die Zufahrt in die Tiefgarage.

Während das Gebäude zum Stadtraum sich durch profilierte Natursteinverkleidung verfeinert und kostbar zeigt, ist im bewussten Gegensatz hierzu der Innenhof flächig hell verputzt.

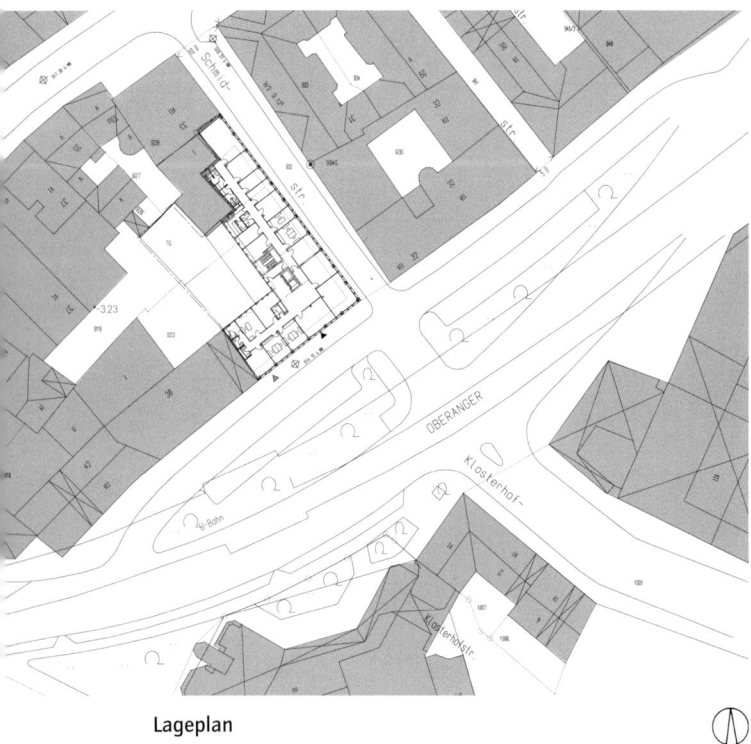

Lageplan

Ansicht Oberanger

Oberanger

Architekt: Steidle + Partner, München
Bauherr: Wöhr und Bauer GmbH, Bauen und Planen
Rechtsberatung: Glock, Liphart, Probst, München

Adresse: Oberanger
Bruttogeschossfläche: circa 18 600 qm
Baubeginn: 2004

Am Oberanger, wo heute noch ein Parkhaus aus den späten 1960er Jahren wie ein grober Klotz steht, wird in unmittelbarer Nachbarschaft zum Jakobsplatz und dem Jüdischen Gemeindezentrum ein neues Wohn- und Geschäftshaus entstehen. Eine große Chance zur Stadtreparatur an dieser jahrzehntelang problematischen Stelle.

Das Büro Steidle + Partner, München, gewann den 1. Preis des Architektenwettbewerbs vor neun anderen Mitstreitern, u. a. weil ihr Vorschlag einen städtischen Block vorsieht, der eigenständig ist und nicht versucht, mit der neuen Bebauung auf dem Jakobsplatz in Konkurrenz zu treten.

Der Block umschließt einen Innenhof und wird gesäumt von Oberanger, Klosterhofstraße und Unteranger. An der vierten Seite des Gebäudes fügt sich ein Fußgängerweg zwischen das Haus und das benachbarte Jüdische Gemeindezentrum. Unterirdisch sind 450 Tiefgaragenplätze eingeplant. Von den 18 600 qm Bruttogeschossfläche wird ein Viertel für Wohnungen reserviert sein.

Die Typologie des Gebäudes entspricht dem »Münchener Block«; es weist ein nobles Erscheinungsbild auf und ähnelt einem vornehmen städtischen Palais: Ein Arkaden-

gang entlang des Oberangers gehört zur »Schauseite« – hier werden Läden ins Erdgeschoss einziehen. Die beiden oberen Geschosse springen getreppt zurück. Das Gebäude weist an drei Seiten unterschiedliche Traufhöhen auf; es reagiert damit auf die unterschiedlichen Höhen der Nachbargebäude. Die Verkleidung der Fassaden ist aus Keramik.

Den oberen Abschluss bildet ein nahezu flaches Dach. Das Blockinnere ist durch den großen Hof geprägt, der die äußere Gebäudelinie im Innern nachvollzieht und daher eine konische, fast perspektivische Form hat. Mit der vorgesehenen wohl dosierten Bepflanzung kann sich hier eine städtische Oase entwickeln: ein nahezu idealer Ort für ein Restaurant mit innen liegendem Garten.

Damit die unterschiedlichen Nutzungen – wie Büros und Wohnungen – einander nicht behindern, werden sie getrennt erschlossen. Dies geschieht über je zwei Treppen in den Innenecken der Gebäude. Über den Läden, dem Café und Restaurant im Erdgeschoss liegen die Bürogeschosse; die Wohnungen befinden sich jeweils in den oberen beiden Geschossen, mit großzügigen Terrassen.

Lageplan

Modell

Oberanger

Unteranger

Fünf Höfe

Architekten: Herzog & de Meuron, Basel;
Hilmer & Sattler, München; Ivano Gianolo,
Mendrisio
Bauherr: Fünf Höfe GmbH & Co. KG – vertreten
durch HVB-Immobilien AG, München
Rechtsberatung: Glock, Liphart, Probst, München

Adresse: Maffei-, Theatiner-, Salvator- und
Kardinal-Faulhaber-Straße
Grundfläche: 24 000 qm: Einzelhandel 14 048 qm,
Gastronomie 2632 qm, Kunsthalle 2809 qm, Büro
23 945 qm, Wohnungen 2990 qm
Baujahr: 1999–2003

Im Februar 2003 war es soweit: Nach vierjähriger Bauzeit war das größte Innenstadtprojekt Deutschlands fertig gestellt. Überdachte öffentliche Räume statt Häuser, eine moderne Variante der Passagen, Räume zum Flanieren, zum Einkaufen, für Cafépausen und für Museumsbesucher bei Tag oder für einen Drink am Abend. Man gibt sich mondän und weltstädtisch im sonst eher heimeligen München. Aus dem ehemaligen, fast geschlossenen Bankenviertel, dem »Kreuzviertel«, ist ein öffentlicher Raum geworden. Die Architektur hat für dieses Projekt ebenfalls ihr feinstes Kleid angezogen, und die Besucher und die Mieter passen sich an.

Die Fünf Höfe – Viscardihof, Amirahof, Portiahof, Maffeihof und Perusahof – sind keine typischen Einkaufspassagen, sondern bieten einen Mix aus Handel, Gastronomie und Kunst: gleichsam eine »Stadt in der Stadt«. Die Aufgabe der Architekten bestand nicht zuletzt darin, attraktive moderne Innenhöfe zu gestalten und sie mit der gewachsenen Struktur zu verbinden. Über 60 Prozent der alten Bausubstanz wurden erhalten, die historischen Fassaden konnten gerettet werden, das vertraute Stadtbild blieb unverändert – und trotzdem wurde hier etwas völlig Neues und Einmaliges geschaffen. Drei Architektenteams waren

an der Gestaltung der Höfe beteiligt: Neben Herzog & de Meuron aus Basel, die das Gesamtkonzept verantworteten, das Münchener Büro Hilmer & Sattler, die die Wohngebäude in der Salvatorstraße entwarfen, und Obermeyer Planen und Beraten, die für die Tiefgarage zuständig waren. Pierre de Meuron: »Die fünf Höfe stellen ein Gegenstück zu den historischen Höfen der Residenz dar und können als europäische Antwort auf die amerikanischen Shopping Malls verstanden werden.«

Das gesamte Projekt setzt sich wie ein Puzzle aus seinen Einzelteilen zusammen und ist gewissermaßen die Füllmasse der Hohlräume, die im Bestand erzeugt wurden. Die Wege durch das Areal der Fünf Höfe werden von Osten nach Westen gegliedert von Perusahof und Prannerpassage, von Norden nach Süden durch Viscardihof, Salvatorpassage und Maffeihof.

Das Herzstück der Gesamtanlage ist die Salvatorpassage, neunzig Meter lang, zehn Meter breit und vierzehn Meter hoch – ein gläserner Innenraum. Sie ist die Verbindungspassage zwischen allen fünf Höfen. Ihr Dach erinnert an hängende Gärten: Schlingpflanzen wachsen von einem baldachinartig unter der Decke schwebenden Gitterrost herab. Betritt man von der Theatinerstraße her das Geviert,

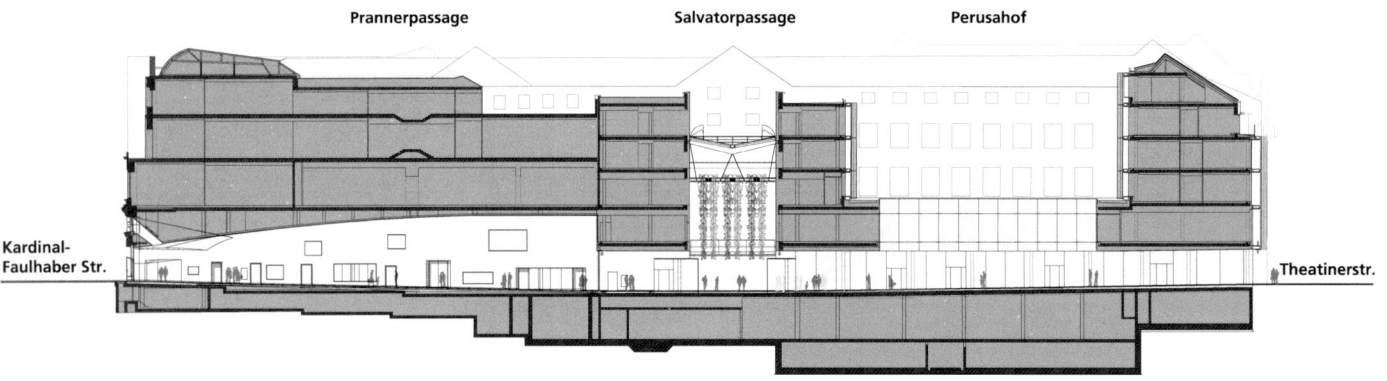

Schnitt

Eingang in die Hypo-Kunsthalle

Salvatorpassage

gelangt man als erstes in den Perusahof, mit großformatigen Schaufenstern und einer gläsernen Decke ausstaffiert. Von der Kardinal-Faulhaber-Straße kommend, betritt man zuerst die Prannerpassage, die wie ein gläserner Tunnel ausgetäfelt mit glitzernden Glaspailletten in die Salvatorpassage mündet. Rechts liegt der Maffeihof, ein großer rechteckiger Hof mit leichtem Fassadenvorsprung oberhalb des Zwischengeschosses. Dieser Hof wurde vom Tessiner Architekturbüro Studio Gianola entwickelt.

Als einziger Neubau dringt das Haus Theatinerstraße 8 aus dem Inneren des Blocks mit einer mehrschichtigen Fassade aus Bronzeelementen hervor.

Im fünfeckigen, grau verputzten Viscardihof hängt eine riesige Kugel »spiral sphere« aus polierten Edelstahlbändern von der Decke. Das Werk des Künstlers Olafur Elliason mit seinen zehn Metern Durchmesser schwebt über den Köpfen der Passanten.

Durch einen orangerot gestrichenen Verbindungsgang gelangt man in den Amirahof der Architekten Hilmer & Sattler. Im nördlichen Teil der Höfe gelegen, verlässt man diese hier in Richtung Odeonsplatz und erreicht zunächst die Salvatorstraße. Der Amirahof wirkt wie eine Oase der Ruhe neben all dem Trubel der geschäftigen Höfe im Innern. Bepflanzt mit exotisch anmutenden filigranen Eisenbuchen auf Kies und mit kleinen, unregelmäßig verteilten Betonquadern als Sitzgelegenheiten auf dem steinernen Boden sowie einer Mädchenskulptur in der Mitte, hat der so entstandene innerstädtische Platz fast etwas Kontemplatives. Hier scheint man Rast machen und wie aus der Zeit gefallen verweilen zu können. Hinter den weiß gestrichenen, fast strengen und eleganten Fassaden, die den Platz an drei Seiten säumen, gruppieren sich Büroräume und 27 Wohnungen. Das im positivsten Sinn nüchterne Wohnhaus bildet den Abschluss zur Salvatorstraße.

54 nationale und internationale Geschäfte haben in den Fünf Höfen eröffnet. Im gesamten Komplex hat der Schweizer Künstler Rémy Zaugg, mit dem Herzog & de Meuron oft und bevorzugt zusammenarbeiten, die Treppenhäuser gestaltet. Er schafft intensive Farbkontraste und kombiniert sie mit poetischen Texten. Der Fotokünstler Thomas Ruff bedruckte Bodenplatten mit seinen fotografischen Arbeiten.

Rechte Seite:
Amirahof

Eingang Salvatorstraße

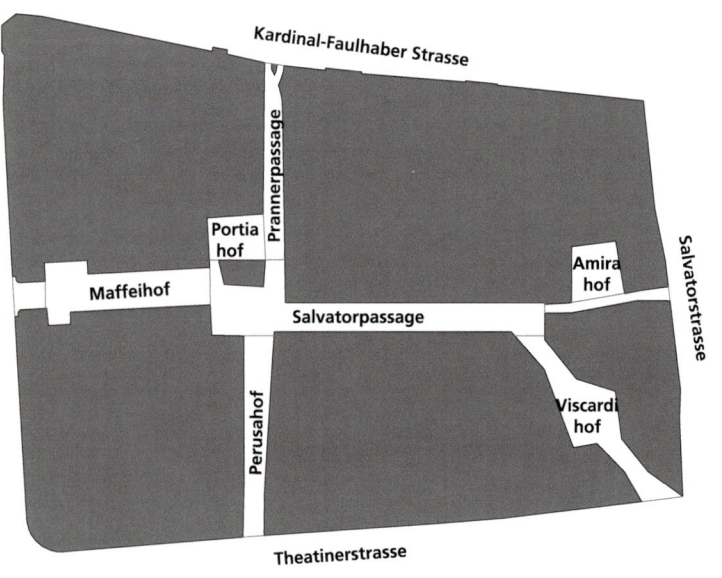

Lageplan

Schäfflerhof

Architekt: Ivano Gianolo, Mendrisio
Bauherr: Schäfflerhof Objekt GmbH & Co. KG /
HypoVereinsbank

Adresse: Maffei-, Wein-, Schäfflerstraße
Bruttogeschossfläche: 19 500 qm
Bauzeit: 1997–2000

Der »Schäfflerhof« kann als Fortsetzung der »Fünf Höfe« über die Maffeistraße nach Süden hinweg gesehen werden. Im Gegensatz zu diesen eher spielerisch anmutenden Höfen wirkt er jedoch nahezu hart und kühl. Er trägt die Handschrift des Schweizer Architekten Ivano Gianola, der auch den Maffeihof innerhalb der »Fünf Höfe« entworfen hat. Er wird der Tessiner Schule zugerechnet, einer architekturhistorischen Strömung, für die die Sensibilität gegenüber der Eigenart des Ortes programmatische Bedeutung hat. Gianola bezeichnet seine Arbeit nicht als Entwurf oder Design, sondern als »Ricerca« – als Ergebnis seiner Forschungen. Er setzt in diesem Projekt bei der mittelalterlichen Stadtmauer an, die mit dem Verlauf der Schäfflergasse auch den richtigen Zuschnitt seines Gebäudes und die Blickachsen auf die Fassaden bestimmt. Mit seinem frischen, unverstellten Blick als Ortsfremder erkannte er möglicherweise die Notwendigkeiten für den Ort besser als jemand, der sich ständig hier aufhält. Gianola war der Meinung, dass Blankziegel und grün patiniertes Kupfer die geeigneten Materialien für einen Bau dieser Größe und an dieser Stelle seien. Daher lehnt er den Vorwurf der nord-

deutschen Strenge, angeblich ausgelöst durch die Verwendung von Ziegel, ab, indem er auf den Dom, die Salvatorkirche oder die Hauptpost verweist. Ziegel war einst ein durchaus gängiges und sogar nobles Baumaterial in unseren Breiten.

Großzügige Arkaden bilden den Eingang zur Maffeistraße. Von hier aus gelangt man in den 1000 qm großen Innenhof, der eigentlich eher eine öffentliche Passage ist und sich nach allen Seiten öffnet und das Wegesystem der Altstadt fortführt. Zudem sind in einem Gebäude, das bisher ausschließlich Büroräume enthielt, zweiundzwanzig Wohneinheiten entstanden – ohne äußere Vergrößerung des Baus wurden 1500 qm zusätzliche Nutzfläche gewonnen. Eine rigide, festungsartige Architektursprache mit massiven Baukörpern und scharfen Kanten schafft eine Gegenwelt zu den gegenüberliegenden »Fünf Höfen«.

Aus dem ehemals geschlossenen »Schäfflerblock« wurde der nun offene »Schäfflerhof« mit begrünter Zone, Läden und einem Café. Urbanität durch neuen Raum für Wohnungen, Büros und Geschäfte wurde an dieser prominenten Stelle mitten in der Innenstadt gewonnen.

Lageplan

Schäfflerhof (Außenansicht)

Innenhof

Generalverwaltung der Max-Planck-Gesellschaft

Architekten: Graf, Popp, Streib, München mit Doranth-Post Architekten, München
Bauherr: Max-Planck-Gesellschaft und Patio GmbH & Co.

Adresse: Hofgartenstraße 8
Hauptnutzfläche: 10 900 qm
Arbeitsplätze: 350
Bauzeit: 1997–1999

Der Haupteingang der neuen Generalverwaltung der Max-Planck-Gesellschaft liegt an der Hofgartenstraße zur Staatskanzlei hin. Vor dem Gebäude hat man Teile des historischen Stadtgrabenbachs freigelegt; er wird von einer Reihe von Bäumen flankiert und bildet so die Grenze zum Hofgarten und zum angrenzenden Englischen Garten. Beidseits des Haupteingangs installierte der Künstler Fernando de la Jara zwei Steinskulpturen, die einmal im Positiv und einmal im Negativ das Profil der Minerva darstellen – das Emblem der Max-Planck-Gesellschaft. Das Grundstück, auf dem der Neubau steht, gehört dem Freistaat Bayern und war – bis zur heutigen Neugestaltung mit Max-Planck-Gebäude, dem Probengebäude der Oper und den Maximilianhöfen – eine der letzten bebaubaren innerstädtischen Baulücken.

Der Entwurf der jungen Architekten Graf, Popp, Streib überzeugte die Jury beim Wettbewerb 1993 aufgrund seiner überaus gelungenen Konzeption. Zwei ineinander versetzte U-förmige Baukörper von je sechs Geschossen vereinen die unterschiedlichen Fluchtlinien des Marstall-gebäudes sowie der Residenz und bilden damit den Abschluss des nördlichen Teils des Marstallplatzes. Durch das doppelte U entstehen im Grundriss dreieckige Hallen, die als Kommunikationsräume genutzt werden können. Shed-förmige Glasdächer überdachen die Hallen. Ihre Innenwände sind gleichzeitig die Außenwände der Büroräume; über kleine Fensteröffnungen und umlaufende Gänge können die hier arbeitenden Menschen in die Hallen blicken. Hier liegen auch die schmalen lang gezogenen Treppenaufgänge zu den oberen Stockwerken. Das Gebäude fasst Einzel- und Doppelbüros für circa 350 Mitarbeiter sowie eine Bibliothek, eine Cafeteria und Konferenzräume. In dem Gebäude sind neben der Generalverwaltung auch das Max-Planck-Institut für Geistiges Eigentum und ein Restaurant untergebracht. Diese Räumlichkeiten wurden privat finanziert und vermietet.

Der Stahlbetonbau wird von einer Glasfassade ummantelt, die sich fast um das ganze Gebäude zieht; die glasfreien Flächen sind mit Jurakalksteinplatten aus dem Altmühltal verkleidet. Die Glasfassade ist als eine vorgehängte Curtain-Wall-Fassade ausgebildet, die neben der Klimatisierung des Gebäudes auch dazu dient, den Zusammenhang mit den groß dimensionierten historischen Bauten in der Nachbarschaft herzustellen. Wie eine Kulisse spiegeln die gläsernen Wände den Himmel und die geballte Geschichte der Umgebung – der Neubau tritt dabei selbst in den Hintergrund.

Ansicht vom Marstallplatz

Rechte Seite:
Eingangshalle

Büro-, Wohn- und Geschäftshaus »Maximilianstraße 35«

Architekten: Schultz-Brauns & Reinhart,
Architekten GbR, München
Bauherr: DEGI Grundwertfonds, Frankfurt/Main;
Investa Ingenieurgesellschaft mbH

Adresse: Maximilianstraße 35
Bruttogeschossfläche: 31 000 qm
Bauzeit: 1994–1997

Wie bei allen in den letzten Jahren in diesem Innenstadtbereich entstandenen Bauten handelt es sich auch beim Gebäudekomplex »Maximilianstraße 35« um eine Bausituation, die erst infolge des fertig gestellten Altstadtrings entstanden ist. Zwei der originalen vier Ecktürme an beiden Seiten der Maximilianstraße zum Altstadtring hin hatten dem Straßenbau weichen müssen und wurden nun, Jahrzehnte später, ›repariert‹. Auf der stadteinwärts gesehen linken Seite der Maximilianstraße entstand in den 80er Jahren das so genannte Campari-Haus von Peter Lanz, gegenüber in den 90er Jahren das »DEGI-Haus«, das Büro-,

Wohn- und Geschäftshaus »Maximilianstraße 35«. Wo heute auf dem Platz vor dem Eckrisalit reges Treiben rund um das Traditionslokal »Roma« herrscht, wurde nach Originalplänen Bürkleins das Eckhaus einschließlich seiner Fassade detailgetreu so rekonstruiert, wie es vor der Kriegzerstörung hier gestanden hat. Dahinter liegt ein dreieckiges Grundstück, für das die Wettbewerbsgewinner von 1994, das Münchener Büro Schultz-Brauns & Reinhart, eine ungewöhnliche Figur entwickelten, die gewissermaßen einer Schiffsschraube gleicht. Dem Dreieck schrieben sie einen Rundbau ein, an dem Gebäudeecken, kleinen dreieckigen Flügeln gleich, andocken. Auf diese Weise entsteht ein eigenständiges, um einen runden Innenhof entwickeltes, funktionales Bürohaus, das sich zugleich in den städtischen Kontext einfügt. Obwohl die Fassadenlänge an der Maximilianstraße lediglich 14 Meter beträgt und weitere circa 280 Meter am Karl-Scharnagl-Ring und an der Herzog-Rudolf-Straße liegen, wurde das gesamte Anwesen aus Renommiergründen nach der vornehmen Maximilianstraße benannt.

Der am Karl-Scharnagl-Ring und an der Herzog-Rudolf-Straße gelegene Bauteil wurde als Stahlbetonskelettbau mit einer differenzierten Aluminium-Glas-Fassade errichtet. Statt geneigter Dächer bilden umlaufende Dachterrassen eine spezifische Gebäudekontur. Die Büros werden durch vier Zugänge erschlossen. Der Haupteingang liegt an der Maximilianstraße, drei weitere Eingänge bilden jeweils ein räumliches Gefüge aus Eingangshalle und Passage zum Innenhof. Die Büros nehmen circa 16 000 qm ein, der Wohnraum liegt bei circa 700 qm. Das Erdgeschoss in der Herzog-Rudolf-Straße wird von einer Buchhandlung genutzt. Hier folgt die Fassadengestaltung einer besonderen Variante: Das Thema Lochfassade der angrenzenden Bürkleinbauten wird mit heutigen Mitteln neu interpretiert.

Fassade Innenhof

Ansicht Karl-Scharnagl-Ring

Eckturm Maximiliansforum

Wohngebäude Herzog-Rudolf-Straße

Verwaltungsgebäude der Münchener Hypothekenbank

Architekten: LAI, Lanz Architekten und Ingenieure, München
Bauherr: Münchener Hypothekenbank, München
Generalübernehmer: Investa Projektentwicklungs- und Verwaltungs GmbH, München

Adresse: Karl-Scharnagl-Ring 10
Bruttogeschossfläche: 17 700 qm / Büro; 2000 qm / Wohnen
Bauzeit: 2000 – 2002

Jahrzehntelang lag das Grundstück am Altstadtring brach. Der Neubau der Münchener Hypothekenbank am Karl-Scharnagl-Ring schließt nun diese Baulücke und schirmt das Lehel zum Innenstadtbereich hin ab. Auf der gegenüberliegenden Seite setzen Hofgartenpalais und Max-Planck-Gebäude in ihrer jeweiligen Architektursprache ebenfalls städtebauliche Akzente.

Durch diese massive Neubebauung in den letzten Jahren hat sich das Gesicht der Innenstadt an dieser Stelle verändert – ein Solitär reiht sich an den anderen.

Das Grundstück der Hypothekenbank ist außergewöhnlich lang, dafür aber sehr schmal. Durch seine enormen Längenausmaße von 135 Metern flankiert das Gebäude den Altstadtring über die gesamte Länge von der Christophstraße bis zur Seitzstraße. Der von Peter Lanz geplante Bau ist transparent und hell. Besonders markant ist die hohe gläserne Eingangshalle, die Offenheit signalisieren soll und daher schon von den ersten Entwurfsüberlegungen an die Grundidee für das neue Gebäude bildete. Die Blickachse Odeonsplatz – Hofgarten legt wie selbstverständlich den Standort für den Haupteingang an der Ecke Karl-Scharnagl-Ring und Christophstraße fest.

Über dem vollverglasten Erdgeschoss liegen vier Stockwerke und ein Dachgeschoss. Im Gebäude untergebracht sind: ein Tiefgaragengeschoss, ein Rechenzentrum im Untergeschoss, Sozialräume, Lager- und Technikräume, Schulungs- und Konferenzbereich, Cafeteria und Kantine, Logistikbereich sowie im Seitenflügel an der Seitzstraße eine Bankfiliale, ein Wohngebäude mit jeweils drei Wohneinheiten pro Etage (insgesamt zwölf), Dachgeschoss mit repräsentativen Büros für den Vorstand, Sitzungsräumen und Dachterrassen.

Das Gebäude ist ein Stahlbetonskelettbau, bestehend aus Rundstützen und Flachdecken, die Umfassungswände der Untergeschosse sind aus Stahlbeton und als »weiße Wanne« ausgebildet.

Die Büroräume, meist zum Karl-Scharnagl-Ring hin gelegen, erhielten eine Holz-Aluminium-Fassade mit Isolierverglasung und Dreh-Kippflügeln. Der massive Brüstungsanteil ist mit großformatigen Sandsteinelementen verkleidet. Die Steuerung des Sonneneinfalls erfolgt durch Lichtumlenklamellen, die natürliches Licht auch in die tieferen Zonen werfen.

Lageplan

Ansicht Eingangsbereich

Ansicht vom Karl-Scharnagl-Ring

Hofgartenpalais

Architekten: Hilmer & Sattler und Albrecht,
München
Bauherr: Bayerische Immobilien AG, München,
vertreten durch: Bayerische Hausbau GmbH,
München

Adresse: Karl-Scharnagl-Ring
Bruttogeschossfläche: circa 20 200 qm
Bauzeit: 2001–2003

Östlich des Marstalls, gegenüber dem neuen Gebäude der Münchener Hypothekenbank von Peter Lanz am Karl-Scharnagl-Ring, steht der mächtige Bau, das so genannte »Hofgartenpalais« am Altstadtring. Das »Palais« besteht aus zwei Gebäuden mit rund 20 000 qm Nutzfläche auf einem circa 6300 qm großen Areal. Das vordere, ein sechsgeschossiger Solitär mit zurückgesetzten Terrassen, bildet optisch den Abschluss des Franz-Josef-Strauß-Rings. Ein lang gestrecktes zweites, ebenfalls sechsgeschossiges Gebäude, das parallel zum Altstadtring steht, schließt sich daneben an und sollte sich eigentlich an der Krümmung der Straße orientieren, was durch die Wucht des vorderen Gebäudes jedoch kaum wahrnehmbar ist. Die vornehme, dem »Palais« angemessene Fassadenverkleidung besteht aus Terrakottasteinen. Bei Nacht ist der Bau effektvoll erleuchtet – das Spiel mit Licht und Schatten akzentuiert

die Gebäudestruktur, als müsse er, der ja ›nur‹ ein Büro- und Verwaltungsgebäude ist, seinem Namen und den prominenten Ort rechtfertigen.

Im 19. Jahrhundert war das Grundstück eine Nebenfläche der Residenz. Straßen- und Wegeverbindungen im Bereich des heutigen Altstadtrings gab es nicht. Langsam setzte eine Verdichtung mit Wohnhäusern ein. In den 1960er Jahren erst wurde der sechsspurige Altstadtring gebaut, was einen Aufbruch und eine Trennung der gewachsenen Stadtstruktur zwischen Maximilianstraße, Hofgarten und Englischem Garten zur Folge hatte.

Die stadträumliche Fassung des Altstadtrings war das übergeordnete Thema des Architektenwettbewerbs für dieses Areal. Das neue Gebäude ist sozusagen Teil einer Rückbaumaßnahme entlang des Altstadtrings. Seine Gestaltung war durch den Bebauungsplan klar definiert, dagegen stellte der andere Teil des Grundstücks zwischen Marstall- und Wurzerstraße eine städtebauliche und architektonische Herausforderung dar. Es gab die grundsätzliche Entscheidung zwischen einem gekrümmten, straßenbegleitenden Baukörper und einem Solitärgebäude – den Architekten erschien ein Solitärgebäude die richtigere Lösung. Das immer wie abgespalten wirkende Lehel bleibt in seiner isolierten Lage. Es wurde wieder versäumt, das Viertel an die Altstadt anzubinden. Dennoch ist die Stadt hier ein wenig dichter geworden.

Das »Hofgartenpalais« wirkt wie ein wichtiges öffentliches Gebäude – von Potemkinschen Fassaden, von Schinkel-Gotik und von stalinistischer Grandezza war bei den Kritikern die Rede. Vielleicht ist der Bau tatsächlich ein wenig zu berlinisch geraten fürs kleinteiligere München. Es ist ein Gebäude, das sich majestätisch gebärdet, sich fein und edel gibt und vielleicht ein wenig konservativ ist. Wie auch immer – ein weiterer Solitär reiht sich an den nächsten in diesem Abschnitt des Altstadtrings.

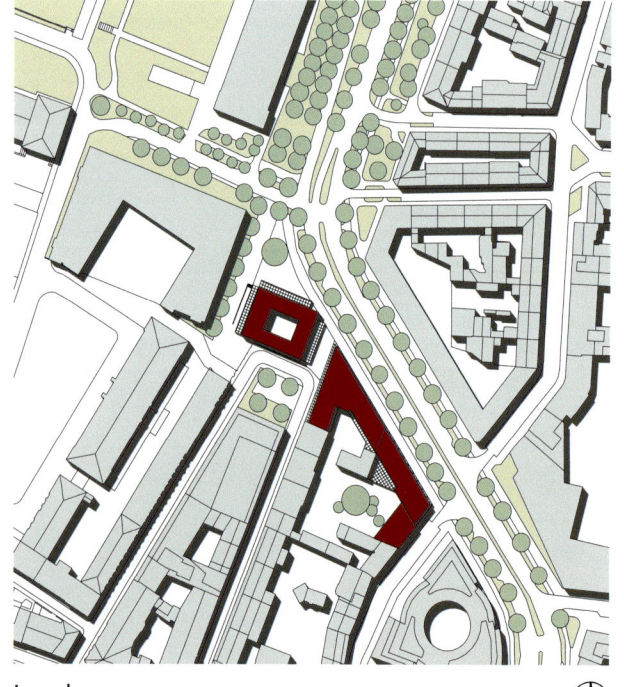

Lageplan

Siemens-Forum

Architekt: Richard Meier, New York, mit Siemens
Real Estate
Bauherr: Siemens AG
Adresse: Oskar-von-Miller-Ring 20

Bauzeit: 1997–1999
Bruttogeschossfläche: 43 000 qm

Die Baugeschichte des Siemens-Forums am Oskar-von-Miller-Ring reicht in das Jahr 1983 zurück: Damals ging der New Yorker Architekt Richard Meier als Sieger aus einem städtebaulichen Wettbewerb hervor. Sein Entwurf überzeugte, weil er sich bei aller Eigenständigkeit, Transparenz und technischer Brillanz maßstäblich in die bestehende Bebauungsstruktur einfügte und das vorhandene Grundstück optimal ausnutzte: Das Gebäude erstreckt sich vom Oskar-von-Miller-Ring über zwei Innenhöfe bis zur Jägerstraße und schließt dort direkt an die Firmenzentrale am Wittelsbacherplatz an.

Baubeginn war im Februar 1997, die offizielle Eröffnung des neuen Siemens-Forums fand am 29. September 1999 statt. Damit wurde nicht nur eine der letzten kriegsbedingten Lücken im Stadtzentrum geschlossen, sondern auch die Münchener Kulturmeile um einen weiteren Anziehungspunkt bereichert.

Das Gebäude fügt sich behutsam und respektvoll in die vorhandene Bebauung ein, ist aber gleichzeitig ein moder-nes, selbstbewusstes und eigenständiges Bauwerk. Der Neubau nimmt die für die Maxvorstadt typische Form der rechtwinkligen Blockrandbebauung auf, was bei der städtebaulichen Konzeption ein entscheidendes Kriterium war. Die Rotunde übernimmt dabei eine Gelenkfunktion zu dem diagonalen Verlauf der angrenzenden Tunneleinfahrt. Darüber hinaus verbindet das Gebäude Innenstadt und Maxvorstadt wie eine Brücke. Zentraler Orientierungspunkt hierbei ist die Rotunde zum Oskar-von-Miller-Ring hin; hier befindet sich auch der Haupteingang und das dahinter liegende Foyer, das Auditorium sowie Teile der Dauerausstellung.

Das Gebäude ist so organisiert, dass es seinen beiden Funktionen – Bürogebäude und Siemens-Forum – gerecht wird. Drei der insgesamt neun Stockwerke liegen unter der Erde. Der Bürotrakt bietet Raum für circa 600 Arbeitsplätze, im öffentlichen Teil des Gebäudes befinden sich die Ausstellungs- und Veranstaltungsräume des Siemens-Forums.

Die Fassadengestaltung entspricht der für Richard-Meier-Bauten typischen Verkleidung mit einbrennlackierten weißen Aluminium-Paneelen im Wechsel mit raumhoher Verglasung, was dem Bau eine transparente, helle und klare Ausstrahlung verleiht.

Die markante sechsgeschossige Rotunde wird von einer fünfgeschossigen gläsernen Schildwand umschlossen. Dieses ›Schaufenster‹ lenkt gleichzeitig den Blick auf die spiralförmige Rampe, die die Besucher auf dem Weg durch das Gebäude begehen.

Im Kontrast zu den strahlend weißen Wänden werden dunkler Granitfußboden oder graphitgrauer Teppichboden verwendet.

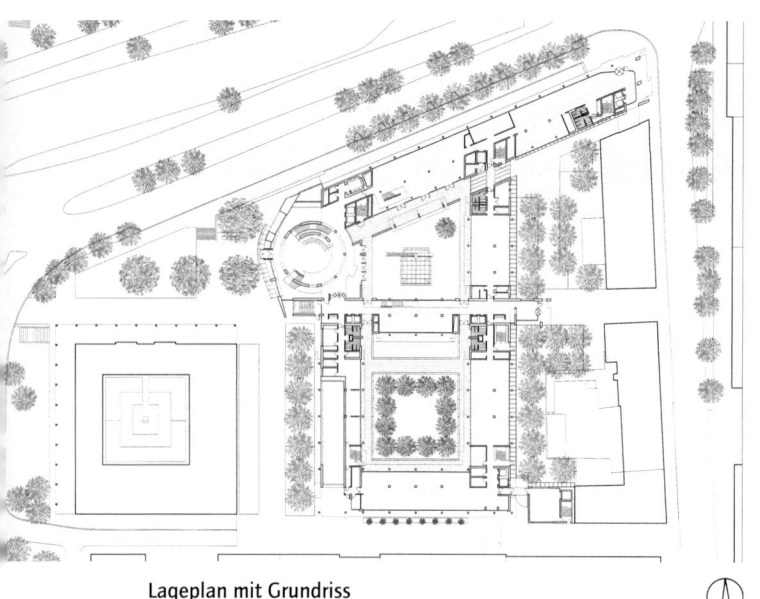

Lageplan mit Grundriss

Ansicht vom Oskar-von-Miller-Ring

»Himmelsleiter«, Ansicht vom Innenhof

Mathäser – Multiplex-Kino

Architekten: LAI, Lanz Architekten und Ingenieure, München
Bauherr: Deutscher Herold, Lebensversicherung AG der Deutschen Bank

Adresse: Bayerstraße 3–5
Bruttogeschossfläche: 35 000 qm
Bauzeit: 2000–2003

Nun hat München ein weiteres Multiplex-Kino, nicht auf der grünen Wiese vor den Toren der Stadt, sondern mitten im Zentrum zwischen Hauptbahnhof und Stachus an der Bayerstraße gelegen. LAI-Architekten haben auf dem ehemaligen Mathäser-Gelände in Sachen Platzausnutzung ein kleines Wunder geschaffen: 14 Kinosäle – fünf im Erdgeschoss und neun im ersten Obergeschoss – mit insgesamt 4500 Sitzplätzen sind auf dem nur 3900 qm großen Grundstück entstanden. Außerdem befinden sich hier noch ein Shopping- und Business-Center.

Die beliebig aufteilbaren Flächen für Handel und Gastronomie, die über die Mall im Erdgeschoss und dem ersten Untergeschoss mit direktem Anschluss an die U- und S-Bahnen zugänglich sind, stehen im zentralen Bereich der Rotunde über Fahrtreppen in direkter Verbindung zu den Kinos. Die in den oberen Etagen auf 3770 qm angesiedelten Büroeinheiten sind über separate Eingänge zu erreichen. Zur Bayerstraße wird einer zweischaligen Fassade

eine Wand für Werbezwecke vorgehängt. Die äußere Hülle besteht aus Glas und ist leicht über Kopf geneigt. Die Glaswand hat eine Fläche von circa 1000 qm und besteht aus acht Quadratmeter großen, jeweils an vier Punkten gehaltenen Sicherheitsglasscheiben.

Ab dem ersten Obergeschoss erhält die innere Fassadenhaut eine Bespannung aus hochwertigem Edelstahlgewebe. Die zur Straße liegenden Büroebenen mit ihren raumhohen Fensterbändern sind durch die zweischalige Fassade optimal schallisoliert und ermöglichen so die Arbeit auch bei geöffnetem Fenster.

Am 21. Mai 2003 wurde das Kino eröffnet. Es ist das bislang technisch anspruchsvollste seiner Art in Deutschland. Durch einen an der Gebäuderückseite gelegenen Ausgang gelangt man in ein kleines Gartenlokal, weitere Gastronomiebetriebe finden sich auf jeder Ebene des Kinokomplexes.

Ansicht Bayerstraße

Rechte Seite:
Ansicht Rückseite
(Gestaltung der Ausgänge)

Ludwigstraße 21

Architekten: HPP Hentrich – Petschnigg & Partner KG, München; K + P Koch – Drohn – Schneider – Voigt, München
Bauherr: Allianz Immobilien GmbH

Adresse: Ludwigstraße 21/Theresienstraße 2
Bruttogeschossfläche: 33 800 qm
Baujahr/Bauzeit: 1997–2002

In bevorzugter Lage in der Maxvorstadt wurde ein bisher von der Bayerischen Versicherungsbank genutztes Bürogebäude generalsaniert. Im Zuge dieser ›Revitalisierung‹ hat man die gesamte Haustechnik überholt sowie den Ausbau einem Neubauprojekt entsprechend ausgeführt. Aufgrund der sensiblen denkmalpflegerischen Anforderungen wurde dieses Bauvorhaben in enger Abstimmung mit der Lokalbaukommission in München, dem Denkmalschutzamt sowie dem Bayerischen Landesamt für Denkmalpflege durchgeführt.

Der Gebäudekomplex ist dreigeteilt: Komplex A, erbaut 1911 und 1936, besitzt drei Innenhöfe. Die klassizistische Fassade ist wie ein Großteil des Gebäudes denkmalgeschützt; der an der Ludwigstraße gelegene Teil ist zusätzlich ensemblegeschützt. Die angrenzenden Komplexe B und C aus dem Jahr 1957 sind dagegen nicht denkmalgeschützt und besitzen eine Putz- bzw. Metallfassade.

Die denkmalgeschützte, klassizistische Fassade hat man lediglich mit einer helleren Farbe versehen und ansonsten im Wesentlichen erhalten. Der Eingang wurde durch offene, große Türen einladender gestaltet, was dem Gebäude eine größere Transparenz verleiht.

Der Gartenhof mit seinen großen Bäumen eignet sich für Veranstaltungen und vermittelt den hier Beschäftigten außerdem das Gefühl, »im Grünen« zu arbeiten. Darüber hinaus bietet die Dachterrasse einen weiten Blick über München bis hin zu den Alpen.

Im Inneren erfuhr das Gebäude mit Hilfe der Ausstattung und der dabei verwendeten Materialien Glas und Stahl eine grundlegende Modernisierung. Eine moderne Dachkonstruktion und die Glasaufzüge vermitteln zusätzlich den Eindruck eines Neubaus.

Taghelle, glasüberdachte Hallen bieten überraschende Eindrücke. Über den zweigeschossigen Empfangsraum führt der Weg in die Eingangshalle zum großen Innenhof. Die Hallen sind kommunikativer Mittelpunkt und dank Fußbodenheizung das ganze Jahr über für Veranstaltungen nutzbar.

Im 1. Obergeschoss ordnen sich um die große Halle kommunikative Bereiche wie Meetingpoint und Cafeteria. Dieses Stockwerk verfügt über besonders hohe Räumlichkeiten, die sich für Besprechungen oder Konferenzen eignen.

Die Büros sind zu den Fluren hin mit Glaswänden versehen, die Türen als Schiebetüren ausgeführt, und in der Mitte der so genannten einzelnen ›Dörfer‹ sind offene Teeküchen als zentrale Kommunikationszonen angeordnet.

Im denkmalgeschützten, kleineren Bauteil zur Ludwigstraße blieben die alten Raumstrukturen weitgehend erhalten. Besonders erhaltenswerte Räume und ein großes Treppenhaus wurden aufwändig saniert und rekonstruiert.

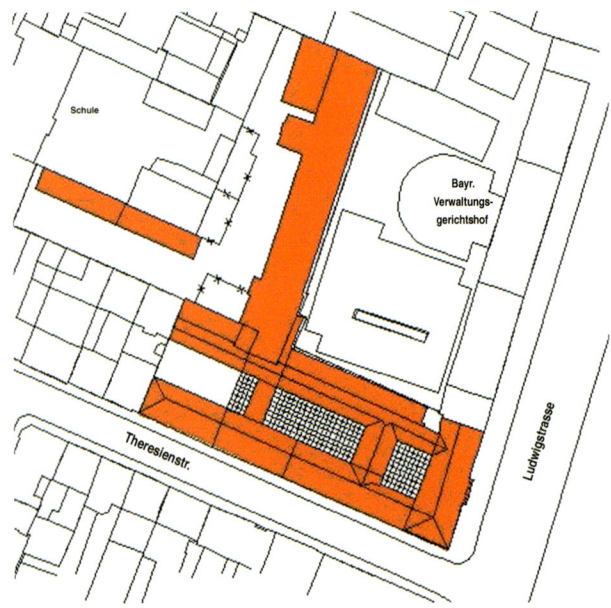

Lageplan

Ansicht Ludwigstraße

Innenansicht Querhalle

Allianz-Gebäude Leopoldstraße

Architekt: Architekturbüro von Seidlein, München
Bauherr: Allianz Versicherungs-AG, München
Adresse: Leopoldstraße 28

Bruttorauminhalt: 67 000 Kubikmeter
Bauzeit: 1996–2001

Der denkmalgeschützte, renovierte Altbau von Jakob Pfaller und Theodor Fischer aus dem Jahr 1929 an der Leopoldstraße ist Teil der neuen Allianz-Hauptverwaltung, die sich von hier aus rund 400 Meter nach Osten bis zum Englischen Garten erstreckt. Durch den Umbau entstanden zwei neue Blöcke und drei gleich große Innenhöfe. Der Entwurf des Architekturbüros von Seidlein nimmt die Kubatur des Altbaus auf, setzt drei kammartig angeordnete Neubauten parallel dahinter und schließt so die Verbindung zu den anderen Bauten des Komplexes an der Kaulbachstraße, wo auch der zur gleichen Zeit – ebenfalls für die Allianz – entstandene Bau des Architekturbüros Peter Lanz liegt. Mit der Hauptverwaltung fasst der Versicherungs-

konzern alle bisher auf verschiedene Standorte in der Stadt verteilten Büros in einem Gebäude zusammen. Ein nördlich gelegener Längsriegel verbindet die Kammbauten. Jeder der drei entstandenen Höfe hat einen eigenen Charakter: Der erste schließt die rückwärtige Fassade des Altbaus mit ein, vom zweiten schaut man in die Hinterhöfe der angrenzenden Häuser, und der dritte bietet einen Ausblick ins Viertel.

Sämtliche Büroräume des Neubaus sind zum Hof hin orientiert, raumhoch verglast und natürlich belüftet. Sonnenschutz ist in die Fassade integriert und ein Wartungssteg ist ihr vorgelagert. Die durchgängig konsequente Detailplanung des Gebäudes verleiht ihm eine ruhige Ausstrahlung. Alle Gebäude sind unterirdisch mit einem künstlerisch ausgestalteten Gängesystem verbunden. Die an der Kaulbachstraße entstehende Erweiterung des Straßenraums ist als Platz gestaltet.

Ein Höhenunterschied von circa 1,5 Metern von der Leopoldstraße bis zur Kaulbachstraße musste ausgeglichen werden. Das Tragwerk des Gebäudes besteht aus einem Stahlbetonskelett mit aussteifenden Wandscheiben und Kernen. Der Konstruktion vorgelagert ist eine durchgängige Aluminiumfassade.

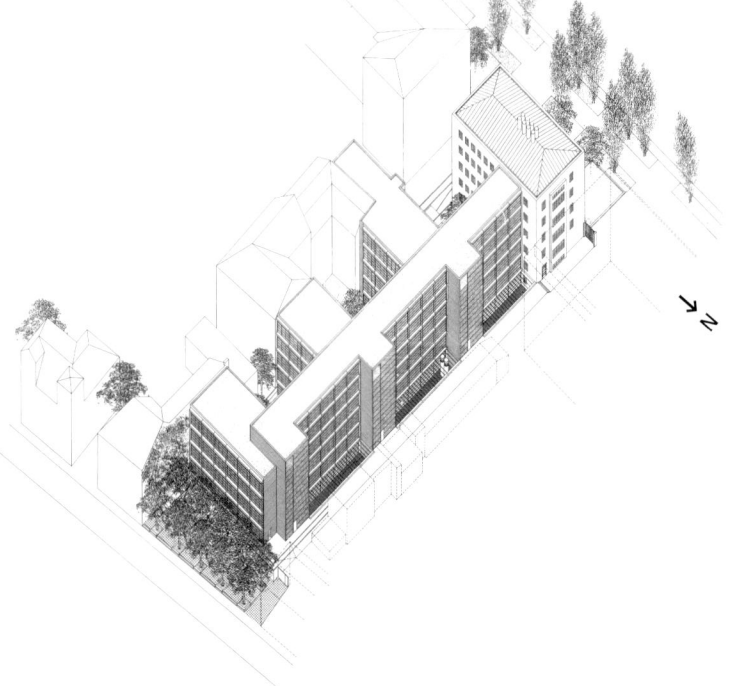

Aufsicht

Historischer Altbau von Jakob Pfaller und Theodor Fischer an der Leopoldstraße

Innenhof

Allianz – Hauptverwaltung

Architekten: LAI, Lanz Architekten und Ingenieure, München
Bauherr: Allianz Versicherungs-AG, München
Bruttogeschossfläche: 37 810 qm Neubau und Umbau (oberirdisch und unterirdisch)

Adresse: Kaulbachstraße 84
Bauzeit: 1998–2001

Die Erweiterung der Hauptverwaltung der Allianz Holding in München bestand aus dem Neubau eines Bürogebäudes an der Kaulbachstraße sowie der Aufstockung und dem Umbau von Casino und Konferenzzentrum.

Das durch den Abriss einer Hochgarage frei gewordene Grundstück wollte der Bauherr durch ein Bürogebäude mit Tiefgarage optimal nutzen und eine Verbindung zu den vorhandenen Gebäuden wie auch zu dem gleichzeitig entstehenden Neubau von Peter von Seidlein zwischen Leopold- und Kaulbachstraße herstellen. Zur Gliederung der notwendigen Gebäudemasse wurde eine Kammstruktur gewählt, die entstehenden Höfe können so mit der Umgebung korrespondieren. Mit der geschosshohen Verglasung entspricht man dem Wunsch des Bauherren nach größtmöglicher Transparenz. Die Ausbildung einer zweischaligen Fassade erlaubt es, dafür Holz zu verwenden; die Fassade übernimmt gleichzeitig die Rolle einer ›lebendigen‹ Haut.

Das Areal der Allianz Versicherungs-AG erstreckt sich von der Leopoldstraße bis zum Englischen Garten. Die einzelnen Gebäude sind durch unterirdische Gänge miteinander verbunden. Zur Unterstützung der Wegeführung wurde ein Kunstkonzept entwickelt, welches sich von der Leopoldstraße bis zur Königinstraße durch die unterirdischen Passagen zieht. Mit raffinierten Lichtinstallationen, wie denen des deutschen Künstlers Hans Jörg Wiegner, wurden die unterirdischen Verbindungstunnel mit ständig wechselndem Licht ausgestaltet. Die Gestaltung der Eingangshalle an der Kaulbachstraße übernahm Daniel Buren, und im Lichthof des Casinos stehen Skulpturen von Juan Muñoz.

Die Bauweise des Gebäudes ist eine Stahlverbundkonstruktion aus Stahlstützen und Flachdecken. Der Neubau hat eine doppelte, geschosshoch verglaste Fassade mit einer innenliegenden Pfosten-Riegel-Konstruktion aus Holz im Raster 1,35 m mit horizontalen Holzschiebeelementen und außenliegenden beweglichen Glaslamellen im Raster 2,70 m auf Aluminiumlagern. Die Außenhaut ist an Querriegeln aus Aluminium aufgehängt. Die Innenwände sind mit Naturholzfurnier verkleidet, die Aufzugkabinen sind aus Milchglas. Um den Anteil an Grünflächen zu erhöhen, wurden sämtliche Dächer begrünt. An der Fassade sind innenseitig Blendschutzrollos und im windgeschützten Zwischenraum Sonnenschutzlamellen für optimale Bildschirmarbeitsplätze angebracht.

Foyer

Rechte Seite:
Ansicht Kaulbachstraße

Umbau und Erweiterung
Münchener Rückversicherungs-Gesellschaft / Gedonstraße

Architekten: Baumschlager & Eberle / Vaduz & Lochau
Bauherr: Münchener Rückversicherungs-Gesellschaft

Adresse: Gedonstraße 10
Bruttogeschossfläche: 13 015 qm
Baujahr: 1999–2001

Bei der Bauaufgabe für die Münchener Rück ging es darum, ein architektonisch wenig ansprechendes, sehr verschlossenes Gebäude aus den 1960er Jahren in ein optisch einladendes, offenes und repräsentatives Haus umzugestalten. Gleichzeitig musste die Tragstruktur des bestehenden Bürogebäudes weitestgehend erhalten bleiben. Bei »Süd 1«, so der Name des Komplexes, ging es um »Bauen im Bestand«, gleichzeitig um einen Umbau und eine Erweiterung. Das Gebäude liegt direkt neben dem Münchner Stammsitz der Versicherungsgesellschaft in unmittelbarer Nähe zum Englischen Garten. Baumschlager & Eberle gelang hier ein Stück Stadtreparatur: Sie nahmen Rücksicht auf die Nachbarschaft im Quartier; gleichzeitig glückte ihnen die Modernisierung. Die Architekten verwandelten den festungsartigen Altbau in einen transparenten Neubau. Aus einem monolithischen Block wurde ein Ensemble mit Blickachsen, Lichthöfen und Rücksprüngen. Glasgrün

schimmernd passt sich der elegante Bau nun in seine Umgebung ein.

Die doppelte Glashülle, die das Gebäude ummantelt, besitzt neben ihrer ästhetischen auch eine nützliche Funktion, denn sie trägt zur Reduktion von außen anfallender, thermischer Lasten bei. Der transparente Anteil der Fassade beträgt achtzig Prozent. Der Eingang wird durch die »Mooswand« des dänischen Künstlers Olafur Eliasson betont. Von hier gelangt man in eine 55 Meter lange, sieben Meter breite und sechs Meter hohe Eingangshalle, die mit kanadischem Ahorn ausgekleidet ist. Insgesamt wurde auf die strikte Einhaltung der Umweltschutzstandards sowie auf hohe Arbeitsplatzqualität in den Büros geachtet.

Gebäudeeingang

Eingangshalle

Feilitzschhöfe

Architekten: Léon Wohlhage Wernik Architekten, Berlin
Auslober: Stadtwerke München GmbH
Bauherr: Eiwobau, Wohnbau

Adresse: Franzstraße 7–9, Siegesstraße 29
Bruttogeschossfläche: 19 350 qm
Bauzeit: 2004

Das Berliner Büro Léon Wohlhage Wernik Architekten, bekannt nicht zuletzt durch seine außergewöhnlichen Botschafts- und Landesvertretungsbauten in Berlin, konnte den ersten Preis bei diesem Wettbewerb erringen: Es ging um die Neubebauung eines aufgelassenen Betriebsgeländes der Münchener Stadtwerke mitten in Altschwabing. Das Grundstück liegt hinter dem Karstadt-Kaufhaus an der Münchener Freiheit entlang der Franzstraße bis zur Siegesstraße und der Feilitzschstraße.

Neben dem historischen Brauereigebäude an der Feilitzschstraße entsteht bis 2004 ein Wohn- und Geschäftshaus mit 73 Wohnungen, ergänzt durch ein Alten- und Servicezentrum. Zwei Baukörper über einer erhöhten Tiefgarage schaffen durch ihre Stellung eine räumliche Verknüpfung mit der Nachbarschaft und orientieren sich dabei am Maßstab der kleinteiligen Bebauung des alten

Schwabing. Eine ähnliche »grüne Tasche« als Ausstülpung des Straßenraumes entsteht mit der Grünfläche an der Franzstraße.

Im Gegensatz zu den Grundlagen des Wettbewerbes soll der Altbau der ehemaligen Brauerei erhalten bleiben. Durch eine Aufstockung wird die wirtschaftliche Grundlage für den Erhalt der großzügigen, hohen Innenräume geschaffen. Hier soll die Constantin-Film ihr neues Domizil finden.

Die Chance, ein Stück historisches Schwabing zu erhalten, machte eine Modifizierung des Wettbewerbsentwurfs notwendig.

Die Volumina der Wohnhäuser mit Einschnitten und Aushöhlungen sind aus übereinander gestellten, geschosshohen Paneelen gebaut. Deren Haut aus Naturstein und Putzflächen wird von großzügigen Fenstereinschnitten gegliedert. Horizontale und vertikale Teilungen lassen das Ganze wie Bilder an einer Wand erscheinen und machen Wandausschnitte und kleine Öffnungsflügel möglich.

Durch die differenzierten Höhen und Fassaden erhält jedes Haus einen eigenen, fast solitären Charakter, der in der Gemeinschaft sich unterordnet zugunsten eines zusammenhängenden, charaktervollen Stückes Stadt.

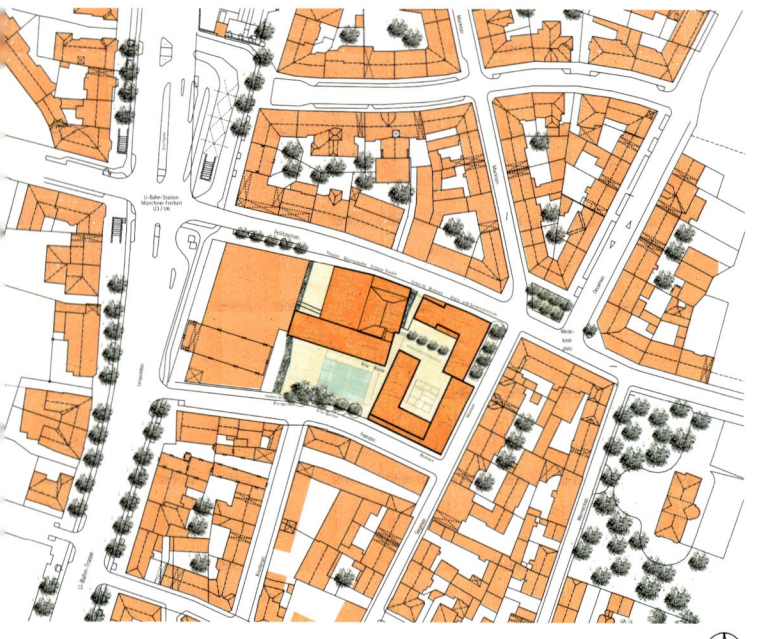

Lageplan

Ansicht Siegesstraße

Blick vom Wedekindplatz

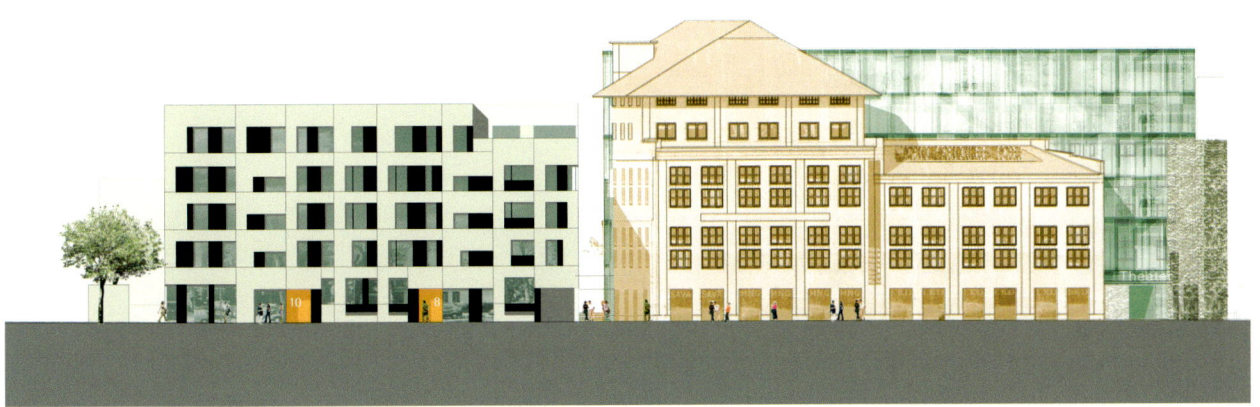

Ansicht Feilitzschstraße

»Nymphe«

Architekten: Betz Architekten, Planungsgesell-
schaft mbH, München
Bauherr: Gewerbegrund, Bauträger GmbH & Co.,
München

Adresse: Nymphenburger Straße 3
Bruttogeschossfläche: 14 750 qm (oberirdisch)
Bauzeit: 2002–2003

Das Grundstück liegt am Beginn der Nymphenburger Straße direkt am Stiglmaierplatz und erstreckt sich fast bis zur parallel verlaufenden Karlstraße. Schon nach kurzer Zeit bürgerte sich für das Gebäudeensemble – abgeleitet von der Adresse – der Name »Nymphe« ein.

Dem Wunsch des Bauherrn nach gut belichteten Büroflächen stand die Vorgabe des alten Bebauungsplans entgegen, der eine fast vollständige zweigeschossige Überbauung mit hohem Dunkelflächenanteil und zwei dreihüftige Bürohäuser vorsah. Etliche Modifikationen des Modells erbrachten schließlich die Lösung, nämlich die

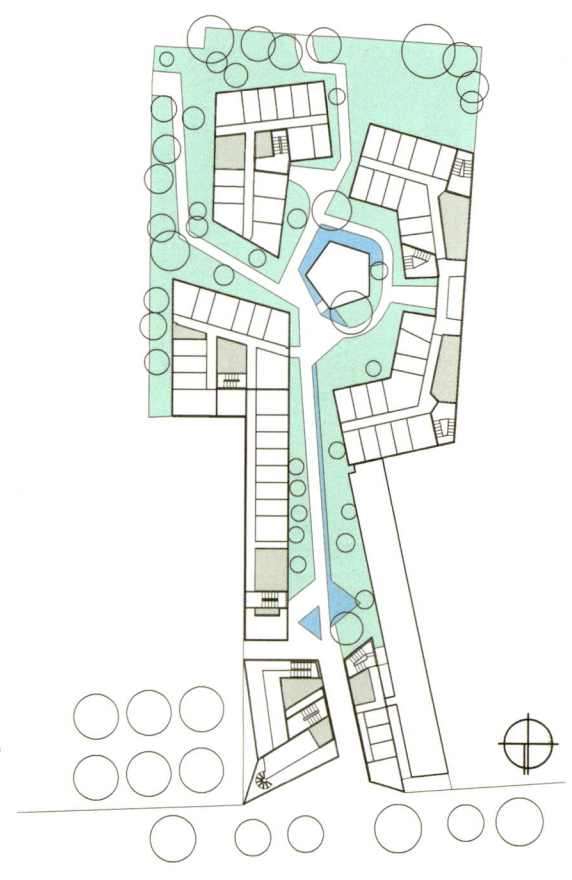

Lageplan

Baumasse in Einzelkörper aufzulösen, die am Rande des Grundstücks platziert sind und einen grünen Innenraum freilassen, in dessen Zentrum ein Pavillon steht. Infolgedessen entsteht auch eine neue stadträumliche Situation: ein öffentlicher Durchgang von der Nymphenburger zur Karlstraße.

Die sechs Einzelhäuser sind zwischen zwei und zehn Geschossen hoch und bieten pro Stockwerk zwischen 200 und 435 qm Bürofläche, die als Einzel- oder Großraumbüros nutzbar sind. Die Häuser können etagenweise oder als Gesamteinheit gemietet werden. Ein siebtes eingeschossiges Gebäude nimmt Fahrradstellplätze und notwendige Nebenräume auf.

Die Gebäude folgen den schrägen Grundstücksgrenzen und stehen zueinander in verschiedenen Winkeln. Sie bieten interessante Raumverhältnisse und Blickbeziehungen auf die teilweise farbigen Fassadenteile und Treppenhäuser. Die hier arbeitenden Menschen haben durch die vollverglasten Fassaden freie Ausblicke in alle Himmelsrichtungen; aus den obersten Stockwerken des spitzwinkligen höchsten Gebäudes an der Nymphenburger Straße bieten sich atemberaubende Blicke über die Stadt bis ins Alpenvorland.

Für gute Belichtung und Belüftung sorgen die Ganzglasfassaden mit Fensterlüftung, Kühldecken und Quelllüftung.

Mittelpunkt des Ensembles ist ein als Café oder Sitzungssaal nutzbarer fünfeckiger, pavillonartiger Flachbau. Um die Begrünung des Innenhofes mit Bäumen und deren Wachstum zu ermöglichen, entschied sich der Bauherr, zugunsten mehrerer Baumgruben dementsprechend auf Stellplätze in der Tiefgarage zu verzichten. Durch die Garage bleibt der Innenhof autofrei und ist nur für Fußgänger und Radfahrer benutzbar. Ein Wasserlauf mit Fontänen führt durch die Anlage und verbessert das Mikroklima.

Rechte Seite: Ansicht von der Karlstraße

Meisterhöfe – Umbau und Sanierung

Architektin: Ulrike Lauber, München
Bauherr: Eigentümergemeinschaft Bernau, Dittrich, Lauber

Adresse: Sandstraße 33
Bruttogeschossfläche: 12 000 qm
Bauzeit: 1999–2002

Eine aufgelassene einstige Papierfabrik, in der über viele Jahrzehnte Umschläge hergestellt worden sind, wurde in ein modernes Loft- und Bürogebäude umgebaut. Die so genannten »Meisterhöfe«, erbaut von Georg Meister im Jahr 1889, wurden entkernt, saniert und mit einer modernen Ausstattung wiedereröffnet: Der sehr heterogene Bestand im Blockinnenbereich aus unterschiedlichen Bauzeiten und Bauarten wurde den Anforderungen eines modernen Verwaltungsgebäudes angepasst. Hohlraumböden auf allen Mietflächen, Fenster und Außenfassaden wurden erneuert, die gesamte Haustechnik, Bäder, Toiletten und Glasaufzüge eingebaut. Die Etagen sind als kleinteilige oder großflächige Büros nutzbar.

Einige Gebäudeteile wurden baulich ergänzt und eine zweigeschossige Tiefgarage mit siebzig Stellplätzen unter dem Innenhof integriert. Die unteren Dachflächen sind begrünt. Im linken viergeschossigen und im rechten fünfgeschossigen Gebäude sind heute circa zwanzig Mietparteien in großzügige Büroflächen eingezogen: Werbeagenturen, Fotografen, Literaturagenten, PR-Büros und Architekten. Der neue »Kreativhof« ist erfüllt mit quirligem Leben, ein öffentliches Lokal (Enoteca) im Hof ist tagsüber Casino und abends Restaurant. Die beiden Gebäude umschließen einen 20 x 60 Meter großen, teilweise begrünten, teilweise mit großformatigen Betonplatten belegten Innenhof.

Der sparsame, aber wirkungsvolle Einsatz von Farbe im ansonsten weißen Ensemble – ein ›Bruno-Taut-Blau‹ an der Fassade im Vorderhaus-Erdgeschoss und am ehemaligen Pförtnerhäuschen am Eingang – lockern die Anlage zusätzlich auf und geben ihr eine freundliche Wirkung. Nachts wird mit einfachen Mitteln – einer blauen Farbakzentuierung von Brücke und Treppenhaus mit blauen Leuchtstoffröhren – ein hoher ästhetischer Effekt erzielt.

Ein Stück Lebendigkeit ist wieder in dieses Stadtviertel eingezogen, wie überhaupt die gesamte Gegend um den Stiglmaierplatz derzeit eine starke Aufwertung durch Bauaktivitäten erfährt. Nicht zuletzt eine Folge der guten innenstadtnahen Lage und der optimalen Verkehrsverbindungen durch einen U-Bahnanschluss in unmittelbarer Nähe und dem lediglich zehn Gehminuten entfernten Hauptbahnhof. Hier entwickelt sich Stadtqualität in absoluter Zentrumslage.

Lokal im Innenhof

Gesamtansicht Meisterhöfe

Innenhof

Wohnanlage »Am Glockenbach«

Architekten: Grüner + Schnell + Partner, München
Bauherr: Demos-Wohnbau, München
Adresse: Jahnstraße 44

Wohneinheiten: 73
Bauzeit: 1993–1994

In einer der begehrtesten innerstädtischen Wohngegenden, im Glockenbachviertel, nahe dem Viktualienmarkt und der Isar gelegen, entstand diese Wohnanlage, die 1997 mit dem »Preis für Stadtbildpflege« ausgezeichnet wurde. Das Viertel wird geschätzt für seine kleinteilige Struktur, die Vielfalt der Geschäfte, die alten Handwerkerwerkstätten und das bunt gemischte Kneipenleben, das das ohnehin schon quirlige Viertel am Abend noch lebendiger macht.

Auf dem 2660 qm großen Grundstück zwischen Jahnstraße und Klenzestraße schuf der Bauträger Demos eine Wohnanlage aus vier Gebäuden, die sich von der einen zur anderen Straße erstrecken und von großzügigen Gärten umgeben sind. 73 Wohneinheiten sind hier entstanden; von der 1- bis zur 5-Zimmer-Wohnung, vom Single-Apartement bis zur Familienwohnung.

Den Architekten Grüner und Schnell gelang es, mit ihrer soliden, zweckmäßigen und unaufdringlichen Architektursprache einen Wohnkomplex zu schaffen, der sich in das bestehende Umfeld aus durchweg älterer Bausubstanz mühelos einfügt. Zum einladenden optischen Erscheinungsbild trägt das warme Rosé der Fassaden bei sowie die rot gepflasterten Gehwege. Die Sprossenfenster ähneln denen der umliegenden Häuser. Dank der konsequenten Gestaltung bildet die Anlage eine überzeugende Einheit mit den Stadthäusern an der Jahn- bzw. der Klenzestraße – ein gelungener Brückenschlag zwischen Alt und Neu, wie auch in der Begründung für den von der Stadt 1997 verliehenen Preis für »Stadtbildpflege« betont wurde.

Im vierten Obergeschoss liegen großzügige Dachterrassenwohnungen mit wunderbarer Aussicht und Platz zum Sonnenbaden. Die darunter liegenden drei Geschosse sind mit großen Balkonen versehen, und zu den Erdgeschosswohnungen gehört jeweils eine Gartenparzelle. In den Vorgärten laden Bänke zum Ausruhen ein, und ein Spielplatz bietet den jüngsten Hausbewohnern mannigfaltige Möglichkeiten, sich auszutoben. Man möchte fast meinen, hier sei eine Symbiose aus Stadtleben und ländlicher Idylle gelungen.

Ansicht von der Jahnstraße

Innenhof der Wohnanlage

Alois-Alzheimer-Haus

Architekt: Kiessler + Partner Architekten GmbH, München
Bauherr: Münchener Rück, München

Adresse: Königinstraße 44
Bruttogeschossfläche: 840 qm
Bauzeit: 2001–2002

Das Haus Königinstraße 44 war 1860 als Wohnhaus eines Fabrikanten errichtet worden. Nach wechselnden Nutzungen und zahlreichen baulichen Veränderungen erwarb 1965 die Münchener Rück das Gebäude und ließ es als Gästehaus für Stipendiaten umbauen.

Infolge der gestiegenen Anforderungen waren jetzt erneut bauliche Veränderungen erforderlich. Der gartenseitige Vorbau wurde entfernt, um die ursprünglichen Konturen des Gebäudes wieder freizulegen. Die in denkmalpflegerischer Hinsicht wertvolle Neorenaissance-Fassade wurde sorgfältig restauriert, das innere Raumgefüge der symmetrischen Gliederung dieser Fassade angepasst.

Die Stipendiaten-Apartments liegen jetzt im Eingangs- und im ersten Obergeschoss; im Gartengeschoss ist ein Gemeinschaftsraum eingerichtet. Ein gläsernes Tonnendach ersetzt das nach den Kriegszerstörungen nur notdürftig und ohne die ehemaligen stattlichen Gauben wiedererrichtete Walmdach; hier liegt der Club- und Frühstücksraum.

In dem neuen, von der Straße abgerückten pavillonartigen Rundbau im nördlichen Grundstücksteil sind auf Gartenniveau der Koch- und Essraum der Stipendiaten, darüber ein Seminar- und Bibliotheksraum untergebracht.

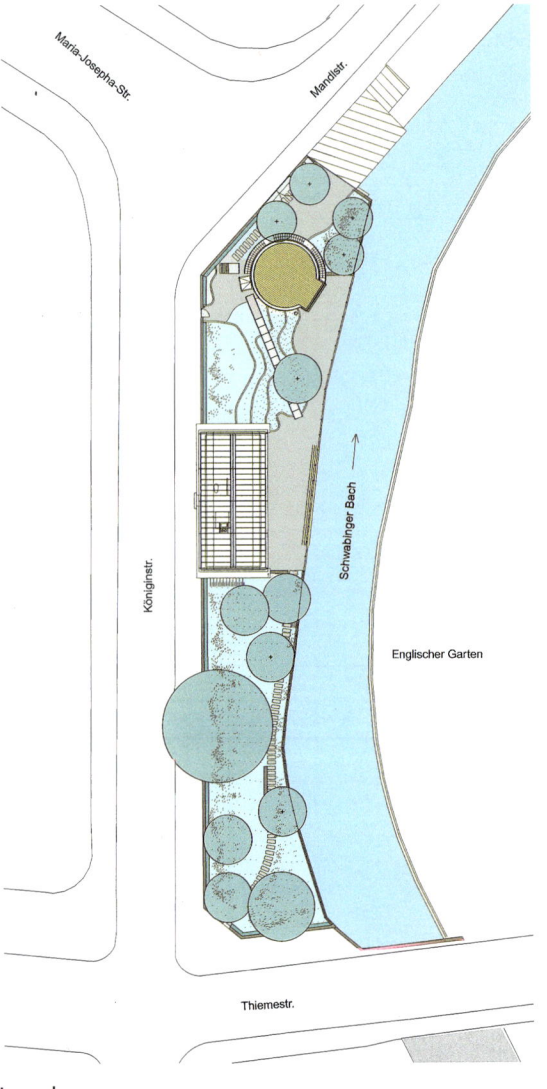

Lageplan

Blick vom Englischen Garten

Löwenhof

Architekten: Uez mit Pfeiffer, Burian, München
Bauherr: bauland münchen
Adresse: Nymphenburger-, Karl-, Sandstraße

Bruttogeschossfläche: 28 750 qm
Bauzeit: 1994–1998

Am traditionellen Standort der Münchener Brauereien in der Nymphenburger Straße entstanden durch Umstrukturierung und Produktionsverlagerung Freiflächen, die einer neuen Nutzung zugeführt werden konnten. Auf einem 12 700 qm großen Grundstück, das an drei Straßen angrenzt, galt es, Blockrandlücken zu schließen und darüber hinaus den Innenbereich des Karrees neu zu strukturieren. Eingefügt in die bestehende Bausubstanz, entstand ein Neubauensemble mit unterschiedlichen Baukörpern. Etwa die Hälfte der gewonnenen Flächen wird für Wohnraum genutzt. Eines der Gebäude schließt die Baulücke an der Nymphenburger Straße, ein anderes die an der Sandstraße, und ein drittes liegt an der Karlstraße. Im Innenhof liegen vier Gebäude, die annähernd über Kreuz zueinander stehen.

Durch die Stellung der Baukörper ergeben sich sehr differenzierte Abfolgen schmaler und weiter Räume. Analog

zu den historischen Münchener Bürgerhäusern zeigt sich die Architektursprache zu den Erschließungswegen hin mit relativ geschlossenen Lochfassaden, die Wohnhöfe werden dagegen von offenen Strukturen mit durchlaufenden Balkonen gefasst. So spiegelt sich der Charakter von öffentlichen und privateren Bereichen schon in der Fassade.

Die Wohnbebauung im Blockinneren ist geprägt durch ein breites Spektrum unterschiedlicher Wohnungstypen und -größen, vom Apartment bis zur Galeriewohnung mit Dachterrasse.

Die für die Wirtschaftlichkeit der Anlage erforderliche hohe Dichte bedingt sehr tiefe Baukörper. Bei den Regelgrundrissen im Blockinnenbereich werden drei Wohneinheiten über ein mittig liegendes Treppenhaus erschlossen. In den beiden obersten Geschossen staffelt sich der Baukörper – bedingt durch die Vorgaben der Abstandsflächen – zurück. Hier hat man großzügige Maisonnette-Wohnungen mit Dachterrassen errichtet.

Zwei enge Stellen auf dem Grundstück konnten nur mit sehr schmalen Haustypen bebaut werden. Hierfür wählten die Architekten Stadthäuser mit gestapelten Maisonnette-Wohnungen, die die Qualitäten eines Reihenhauses mit eigener Haustür und eigenem Garten mitten in der Stadt aufweisen.

Lageplan

Innenhof

Wohn- und Geschäftshaus mit Kinos

Architekt: Steidle + Partner, München
Bauherr: J. Oberberger, München
Adresse: Leopoldstraße 78

Bruttogeschossfläche: 5000 qm
Bauzeit: 1997–1999

Das durch seine Farbigkeit weithin leuchtende turmartige Gebäude steht auf einer durchgehenden Parzelle, die von der Leopoldstraße bis zur Knollerstraße reicht. Es umfasst zehn Wohneinheiten auf einer Fläche von 850 qm, Büroflächen (520 qm), drei Geschäfte und drei unterirdische Kinos mit 300 Sitzplätzen. Wie auch bei anderen Gebäuden des Büros Steidle + Partner hat die Farbe das Sagen, denn – wie schon Bruno Taut wusste – Farbe ist das eindrücklichste und effizienteste Medium, um die Qualitäten eines Bauwerks signalhaft zu betonen und seine unterschiedlichen Teile zu akzentuieren. Farbe fungiert hier nicht als ummantelnde Hülle, sondern ist Energie pur. Aber man muss den Umgang mit ihr beherrschen, sonst kann ein Eimer Farbe auch das Todesurteil bedeuten. Hier wurde nichts falsch gemacht: Der Wohnturm erstrahlt in Maisgelb, die Seitenpartie zur Knollerstraße hat man weiß belassen, und die Rückseite zum Hof ist ultramarin (Farbgestaltung Erich Wiesner). Das Gebäude erhält so eine fast trotzige Eigenständigkeit und kann sich gegen seinen

Nachbarn zur linken, einem Kaufhausgetüm, durchaus behaupten. Nicht nur der Farbe wegen, auch mit Blick auf Gestalt und Traufhöhe, tanzt der Turm gegenüber der sonstigen Bebauung in diesem Abschnitt der Leopoldstraße aus der Reihe. Er erreicht dieselbe Traufhöhe wie das Kaufhaus und ist damit drei Stockwerke höher als seine Nachbarn zur Rechten. Den oberen Abschluss des schmalen Turms bildet ein geschwungenes Dach mit leichtem Überstand und einer gerundeten Fassade, der auch die Fenster folgen. Der Eingangsbereich ist im Halbrund ausgespart und durch eine Säule markiert. Die sich abwechselnden schmalen und quadratischen Fenster sind fast fassadenbündig und erinnern an die 1950er Jahre.

So erhält die »bürgerliche« Straßenzeile der Leopoldstraße einen turmartigen Abschluss nach Norden hin. Oder andersherum betrachtet: Den Besucher der Stadt grüßt, von Norden kommend, ein farbiger Turm gleich einem Stadttor.

Schnitt

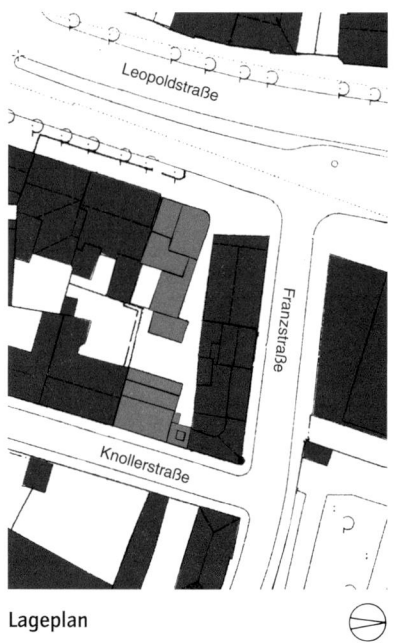

Lageplan

»Turmhaus«, Ansicht Leopoldstraße

Isoldenstraße

Architekten: Léon Wohlhage Wernik Architekten, Berlin
Bauherr: Stadtwerke München
Adresse: Isolden-/Rühmannstraße

Bruttogeschossfläche: Wohnen 36 800 qm/Nahversorgung 3150 qm
Bauzeit: noch offen

Nach dem Umzug der Stadtwerke in ihre neue Zentrale wurde mit dem 5,3 Hektar großen Areal an der Isoldenstraße in Schwabing ein Grundstück frei, das in dieser Lage, südlich des neuen Petuelparks, zu einem besonderen

Lageplan

Wohnstandort werden kann. In Zukunft sollen hier circa 400 Wohneinheiten mit Läden zur Nahversorgung sowie eine Kindertagesstätte entstehen.

Das Ergebnis des Wettbewerbes bildet die Grundlage für einen neu ordnenden Bebauungsplan. Das Konzept sieht städtebauliche Bausteine von 50 x 50 Metern vor, die zu den Straßen hin dichter, im Innern niedriger bebaut werden sollen. Unterschiedliche Haustypen und Wohnformen sind auf diese Weise zu realisieren.

Ein Grünzug von Nord nach Süd schafft einen öffentlichen Durchgang und Garten; er verbindet den Park im Norden mit dem alten Kesselhaus, das erhalten bleibt, und dem Schwabinger Krankenhaus.

An der Rühmannstraße führen drei höhere Kopfbauten einen rhythmischen Dialog mit den nördlichen Hochhäusern; genauso kommunizieren die vier Bauabschnitte entlang der Isoldenstraße mit der östlichen bestehenden Bebauung. Zwei schmale Wohnstraßen in Ost-West-Richtung erschließen das Gelände.

Eine besondere Wohnform stellen die so genannten »Nachbarschaftshäuser« dar, die über einen zentralen Wohnhof erschlossen werden. Über einen gemeinsamen Eingang gelangen alle Bewohner auf das Niveau eines Sockels, in dem sich die Tiefgarage oder die Läden befinden. Die Wohn- und Eingangshöfe werden von berankten Gartenmauern gegliedert, hinter denen sich kleine Hausgärten befinden.

Die beiden Baufelder im Innern werden mit viergeschossigen Doppelhäusern bebaut, jeweils zweigeschossige Reihenhaustypen mit einem doppelgeschossigen Penthouse darüber. Alle Häuser erhalten private Gärten für die Erdgeschosswohnungen, die mit bewachsenen Gartenmauern einen klaren öffentlichen Außenraum schaffen und für den privaten Bereich ›grüne Zimmer‹ mit Ausblicken bieten.

Blick in einen Wohnhof

Blick in den Grünzug

Wohn- und Geschäftshaus »Westendstraße 240«

Architekten: robert meyer architekten, münchen +
erich gassmann, architekt (projektpartnerschaft)
Bauherr: Sofina GmbH, München
Adresse: Westendstraße 240

Wohneinheiten: 20
Bruttogeschossfläche: circa 3000 qm
(oberirdisch)
Bauzeit: 1999 – 2003

In einer Innenstadt-Randlage entstand ein neues Wohngebäude, das durch sein ästhetisches Erscheinungsbild unweigerlich die Blicke auf sich zieht. Plötzlich scheint sich eine städtebauliche Situation durch ein einziges Gebäude zu ändern. Auf einem Grundstück, auf dem sich zuvor eine Tankstelle befand, steht nun der Neubau mit 20 Wohneinheiten sowie einer Tiefgarage mit 29 Stellplätzen. Die Wohnungsgrößen liegen zwischen 65 und 105 qm.

Das völlig gläserne Erdgeschoss lässt das Haus schweben und macht den Blick frei für die dahinter gelegenen Gärten. Die Erdgeschossflächen sind für Ladengeschäfte vorgesehen.

Der Baukörper ist zweigeteilt: Ein turmartiger Teil mit fünf Geschossen ist zum Pfaffenhofener Platz hin gelegen, der rechteckige lang gestreckte Gebäudeteil ist dreigeschossig und schließt sich straßenbegleitend an der Westendstraße an. Der zeilenförmige Baukörper bildet den Auftakt der ab hier straßenbegleitenden Bebauung und unterstreicht die Veränderung der städtebaulichen Situation mit dem Turmgebäude. Das Gebäude ist stattliche 60 Meter lang, 18,5 Meter hoch und 16 Meter tief. Mit seiner modernen Architektur- und Formensprache sticht es völlig aus dem Kontext der umliegenden Bebauung hervor. Zur Westendstraße hin hat das Gebäude eine Lochfassade mit einer eigenwilligen Befensterung – unregelmäßig verteilen sich hoch- und querformatige Fenster und lassen keinen Aufschluss über das Innere zu. Auf der Rückseite des Gebäudes zum Garten hin ist die Fassade komplett aufgeglast mit raumhohen Schiebeelemente aus Lärchenholz. Stauraum für Fahrräder und Mülltonnen bieten containerähnliche Anbauten an der rückwärtigen Gebäudefront, sie sind mit unbehandeltem Lärchenholz verkleidet und bilden gleichzeitig die Sockel für die Terrassen der Wohnungen im 1. Obergeschoss. Im »Turm« sind wegen des vom Bauherrn gewünschten Wohnungsgemenges überwiegend Zwei-Zimmer-Appartements organisiert.

Turmfassade

Das blaue Treppenhaus

Ansicht von der Westendstraße

Emissionsschutzeinhausung Mittlerer Ring

Architekten: Auer + Weber + Architekten,
München
Bauherr: Landeshauptstadt München, Baureferat
Tiefbau

Adresse: Petueltunnel
Länge: 250 Meter
Bauzeit: 2002

Schon in den 1980er Jahren beschloss der Stadtrat, extrem verkehrsbelastete Abschnitte des Mittleren Rings durch eine Untertunnelung zu verbessern.

Der Petuelring zwischen Leopoldstraße und der Auffahrt zur A 9 München – Nürnberg war einer dieser neuralgischen Punkte. Da eine Verlängerung des hier bereits vorhandenen unterirdischen Tunnels nicht in Frage kam,

Glasdach über Ausfahrt

entschied man sich für eine transparente Hülle an der Tunnelausfahrt. Die Architekten Auer und Weber sowie Mayr + Ludescher wurden mit der Planung einer transparenten Einhausung und einer darüber zu führenden Brückenkonstruktion beauftragt.

2002 konnte die Anlage eingeweiht werden: Es handelt sich um den weltweit ersten aus Glas erbauten Straßentunnel dieser Dimension. Im Vorfeld haben Spezialfirmen experimentelle Tests und Studien über die Realisationsvoraussetzungen durchgeführt. Dazu gehörte u. a. Verhalten bei Hagel, hoher Schneelast, schweren Wurfgeschossen, Aufprall von Personen-Dummys, Verhalten bei Brand und dergleichen mehr.

»Eingehaust« wurden die beiden Fahrspuren des Mittleren Rings sowie zwei Zubringerspuren auf einer Länge von 250 Metern. Die Verlängerung des Tunnels dient dem Zweck, die Abgase der ausfahrenden Fahrzeuge erst weiter östlich, wo weniger Wohnhäuser liegen, austreten zu lassen. Ein positiver zweiter Aspekt ist dabei natürlich die Verringerung des Verkehrslärms.

Es entstand eine filigrane transparente Hülle aus Glas. Die Leichtigkeit der Konstruktion und die dynamische Form der Glashülle folgen der Krümmung des Straßenverlaufs und vollziehen sowohl die Breite als auch die Höhenunterschiede der Straße nach.

Die Konstruktion besteht aus Stahl und darauf angebrachten Glastafeln. Wegen des häufigen Reinigungsbedarfs muss die Oberfläche ziemlich glatt sein.

Östlich der Wohnbebauung wurde eine neue Fußgänger-, Fahrrad- und Straßenbahnbrücke gebaut, die die südlichen und nördlichen Wohngebiete beidseits des Mittleren Rings verbindet. Die Brücke hat eine Spannweite von 96 Metern und wird von Pylonen abgestützt.

Glasdach über Rampenbauwerk

Temporäres Kulturhaus Neuperlach

Architekt: Florian Nagler Architekten, München
Bauherr: Landeshauptstadt München, Kulturreferat
Adresse: Hanns-Seidel-Platz

Bruttogeschossfläche: 773 qm
Bauzeit: August 2001 – November 2001

Der Auftrag war ungewöhnlich: Es galt, ein vorläufiges kulturelles Zentrum in Neuperlach zu bauen. Als in den 1960er Jahren in kurzer Zeit die Trabanten- und Schlafstadt Neuperlach konzipiert und gebaut wurde, übersah man währenddessen doch glatt das ›Leben‹ der Bewohner und deren Bedürfnisse. Zu wenig gemeinschaftliche oder kulturelle Einrichtungen waren im neuen Stadtteil eingeplant. Inzwischen wohnen hier 100 000 Menschen; das ist eine stattliche Zahl – mehr als die Einwohnerschaft einer Kleinstadt.

Zurückgehend auf eine Initiative der Bürger in den 1980er Jahren, wurden die Grundlagen für einen Architekturwettbewerb für ein Kulturzentrum geschaffen. Da noch einige Jahre vergehen werden, bis das endgültige Bauwerk eines Bürger- und Kulturzentrums realisiert sein wird, war eine Übergangslösung erforderlich. Der junge Architekt Florian Nagler ließ sich eine beeindruckende Lösung einfallen:

Am Hanns-Seidel-Platz, verkehrsgünstig an der U-Bahn- und Bushaltestelle gelegen, entstand eine eingeschossige Anlage mit einem teilbaren Saal, Foyer, Seniorenraum, Gruppenräumen, Internetcafé, Büro, Stuhllager, Küche, Lager, Toiletten, Technikräumen und einem überdachten Vorplatz. Nagler ersann einen aus vielen vorfabrizierten Elementen bestehenden temporären Holzbau, den man schnell auf- und wieder abbauen kann. So dauerte die Bauzeit auch nur etwas mehr als ein Vierteljahr. Bei Bedarf lässt sich das Haus auch erweitern und im Inneren flexibel umgestalten. Über den großzügigen Vorplatz gelangt man entweder direkt in den Saal oder über Flure zum Internetcafé, zu den Gruppen- und den Nebenräumen. Der Saal fasst 200 Personen, und wenn man ihn um das Foyer erweitert sogar 300. Im Bedarfsfall kann er für Freiluftveranstaltungen sogar vollständig zum Marktplatz geöffnet werden. Bei schönem Wetter wirkt das Gebäude im geöffneten Zustand vom Platz aus gesehen wie eine große Bühne. Die technischen Einrichtungen des Saals erlauben unterschiedliche Verwendungsmöglichkeiten. Saal und Foyer werden über Sheds im Dach belichtet. Soll der Saal verdunkelt werden, lassen sich über der Decke liegende Holzklappen schließen.

Innenraum

Außenansicht

Eingangsbereich

Betriebshof Ost für die Abfallwirtschaft

Architekten: Allmann, Sattler, Wappner, München
Bauherr: Landeshauptstadt München, Amt für Abfallwirtschaft

Adresse: Truderinger Straße 10
Bruttogeschossfläche: 4905 qm
Bauzeit: 1999 – 2002

Im Zuge der Neuordnung des Abfallwirtschaftsbetriebes der Landeshauptstadt München – der Reduktion von bislang vier auf künftig drei Betriebe – wurde der bestehende, aber unzureichende Betriebshof Ost an der Truderinger Straße durch eine komplette Neuanlage ersetzt. Entlang der im Süden begrenzenden Bahntrasse entstand ein allseitig anzufahrendes Gebäude, das sämtliche Betriebseinrichtungen mittels einer circa 40 x 150 Meter großen, aufgeständerten Plattform bündelt und als zusammenhängende Anlage klar erkennbar ist. Unterhalb dieser Plattform sind von Ost nach West die für den Fuhrpark und die Müllcontainerhaltung nötigen Bereiche wie Waschhalle, Betriebsmittelstation, Werkstatt, Lagerflächen, Tankstelle und ein Carport für 54 Fahrzeuge funktional sinnvoll aneinandergereiht. Der Boden des Carports ist mit Betonbodenplatten ausgelegt. Nichts anderes also als ein Einstellplatz für die Müllautos unter einem hoch aufgeständerten Dach. Im ersten Stock des Kopfbaus sind die Umkleide- und Waschräume für die Mitarbeiter untergebracht, die Kantine sowie die Verwaltung, deren Büros hinter einer verglasten Fassade liegen und von wo aus der gesamte Einfahrtsbereich an der Truderinger Straße überschaubar ist. Dieser Gebäudeteil bildet den ›Kopf‹ der Anlage und gibt ihr ihre Prägnanz im Straßenraum. Die Umkleide- und Waschräume liegen nach der anderen Seite, nach Westen. Von hier bieten sich – von außen nicht einsehbar – Ausblicke auf das gelb bepflanzte Flachdach. Der Erdgeschossbereich ist verglast oder verspiegelt. Das Obergeschoss ist mit walzblanken Aluminiumpaneelen verkleidet. Überall im Gebäude wird immer wieder das charakteristische Orange der Arbeitskleidung der Müllmänner aufgenommen, sei es als schmales Band entlang der Fassade oder an den Treppenwangen. Auch die silbernen Leuchtstreifen, die man von den Anzügen kennt, finden sich hier in Form von Laufbändern wieder. Von diesem Basislager aus rücken 250 Müllmänner und Kraftfahrer allmorgendlich aus, um sich um die Abfallentsorgung im Münchener Osten zu kümmern. Dem vorbeifahrenden Auto- oder Bahnfahrer vermittelt sich der Eindruck eines funktionalen Gewerbebaus einerseits, andererseits aber auch der eines edel glänzenden Industriebaus – im wahrsten Sinne des Wortes ein aufpoliertes Image für eine Institution wie diese. Im Westen schließt sich der Wertstoffhof an.

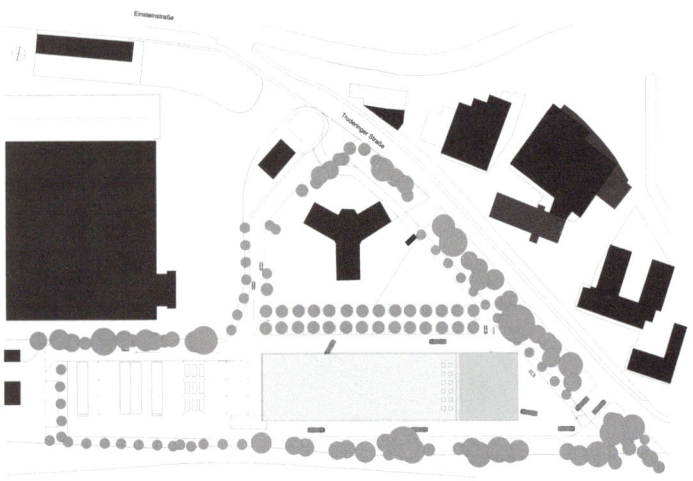

Lageplan

Treppenaufgang mit »Laufbändern«

Vorderfront

Carport

U-Bahnhof Westfriedhof

Architekten: Auer + Weber + Architekten, München
Lichtplanung: Ingo Maurer GmbH, München
Bauherr: Landeshauptstadt München, U-Bahn-Referat

Adresse: Baldurstraße / Orpheusstraße
Bruttogeschossfläche: 2500 qm
Baujahr: 1995–1998

Von den zahlreichen U-Bahn-Stationen Münchens, die in den letzten Jahren neu entstanden sind, ist dies sicher mit die beeindruckendste. Der weltbekannte Lichtkünstler Ingo Maurer, dem vor wenigen Jahren der Designpreis der Stadt München verliehen wurde, gestaltete riesige Lichtelemente, die wie Glocken vom Gewölbe über dem Bahnsteig hängen. Architekten und Lichtgestalter erhielten Preise für diese Arbeit: 1999 eine Auszeichnung des BDA Bayern, und 2001 den Renault Award für Traffic Design.

Die Tunnelwände sind in einer quasi-natürlichen Ursprünglichkeit belassen. Man wähnt sich inmitten einer Höhle, deren archaisch rohe Oberflächenstruktur einen extremen Kontrast mit den modernen, sachlichen Beleuchtungskörpern Maurers bilden. Das Lichtkonzept unterstreicht dennoch funktional und atmosphärisch diesen Kontrast zwischen Roh- und Ausbau, indem der Bahnsteig durch die so genannten »Lichtdome« hell und präzise ausgeleuchtet wird und die Tunnelwände in geheimnisvoll mystisches blaues Licht gehüllt im Hintergrund bleiben. Die simple Form und gestalterische Klarheit der elf überdimensionierten Industrieleuchten (Durchmesser circa drei Meter) mit ihrem gelben, roten oder blauen Innenanstrich taucht die unmittelbare Umgebung in einen farbigen Lichtkegel.

Die beiden Schalterhallen vermitteln gewissermaßen zwischen der unterirdischen und der realen Welt draußen. Sie sind innen rötlich verputzt.

Draußen sind die Wartedächer einer Bushaltestation leicht und transparent gestaltet und verweisen auf die Eingänge zur U-Bahn. Auf dem Weg nach unten ist es in der Tat so, als beträte man eine andere Welt. Bleibt zu hoffen, dass der benachbarte Westfriedhof für die Gestalter nicht die ausschlaggebende Assoziation war, denn wer möchte schon in die Unterwelt eintreten, wenn es nur gilt, ein paar Stationen mit der U-Bahn zu fahren.

Gebrauchtwagenzentrum BMW

Architekten: Achammer, Tritthart und Partner, Innsbruck / München
Bauherr: BMW AG, München

Adresse: Werner-Heisenberg-Allee 10
Bruttogeschossfläche: 38 000 qm
Bauzeit: 2002–2003

Im Norden Münchens, in unmittelbarer Nachbarschaft zu der im Bau befindlichen Allianz Arena, wurde im Mai 2003 das größte Gebrauchtwagenzentrum des Automobilherstellers BMW in der Stadt eröffnet. Es ist entstanden nach Plänen des Münchener Büros der Architekten ATP mit Hauptsitz in Innsbruck. Das Gebäude steht in der Fröttmaninger Heide – an einem Standort, der sich nach der Entscheidung, dort das neue Fußballstadion zu bauen, als Glücksfall erwies. Die Gegend, die zuvor absolute Stadtrandlage war, wird durch diesen Anziehungspunkt stark frequentiert werden.

Für ein Auto-Ausstellungsgebäude wählten die Planer eine ungewöhnliche Architektursprache. Für den 220 Meter langen »Showcase« – der im Grunde ein riesiges Schaufenster ist – ersannen sie eine Mischung aus Ausstellungs- und Industriearchitektur. Große Bereiche des Gebäudes sind hinsichtlich der verwendeten Materialien auf Wirtschaftlichkeit ausgelegt, während die formale Reduktion des Baus Anklänge an die klassische Sprache von Ausstellungsräumen hat und zurücktritt, um den Ausstellungsgegenstand in den Vordergrund zu rücken.

Gemäß dem Bebauungsplan entstand der straßenbegleitende, viergeschossige Ausstellungsriegel. Er ordnet den Raum und verdeckt im ›Backstagebereich‹ eingeschossige Werkstatt- und Betriebsgebäude sowie Flächen der Anlage, die aus drei Gebäudeteilen besteht. Zusätzliche Präsenz erhält das Gebäude durch die in der Nacht blau beleuchtete Rampenspindel, die sich hinter einer Gitterfassade nach oben windet. Das Gebäude bietet Platz für 800 Autos. Sie werden zum Teil frei zugänglich präsentiert, zum Teil geizt man aber auch mit Durchblicken, um Neugierde und Spannung zu erzeugen. Die Kombination von mattiertem Gussglas mit den technischen Erfordernissen transparenter Wärmedämmung macht neugierig, ohne den Inhalt glatt vor sich her zu tragen, diese drückt sich im Gestaltungsprinzip der Fassade nach außen aus. Sie ist aus Profilit, welches teilweise mit transparenter Wärmedämmung gefüllt ist. So sind die Autos nur schemenhaft erkennbar. Im Innern werden die Kunden mit zwei gläsernen Aufzügen zu den Verkaufsetagen gebracht. Die »charmante Rauheit« des Gebäudes kontrastiert mit der es umgebenden Heidelandschaft und ebenso mit der glatten High-Tech-Oberfläche seiner Exponate.

Ansicht von Westen (Werner-Heisenberg-Allee)

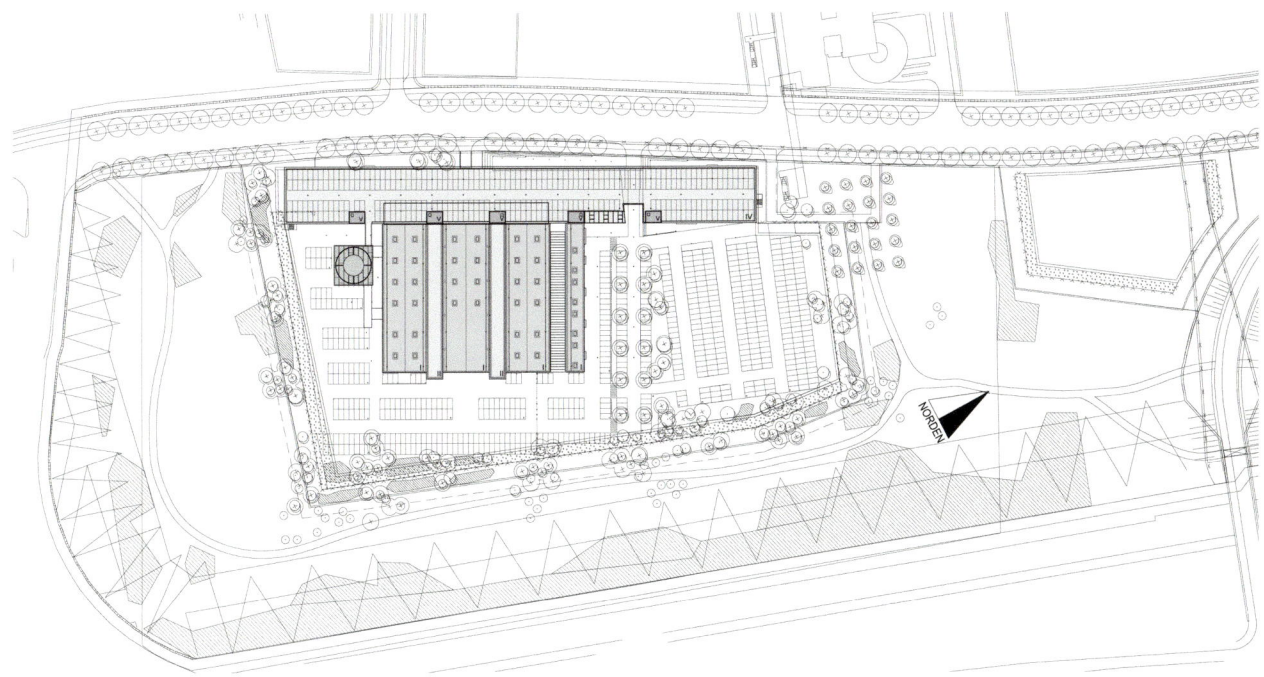

Rampenspindel

Lageplan

Neubau der HypoVereinsbank / Arabellapark

Architekt: Betz Architekten, München
Bauherr: Hypobank, München

Bruttogeschossfläche: 46 000 qm
Bauzeit: 1995–1998

Nachdem das spektakuläre 114 Meter hohe Hochhaus der Architekten Betz aus dem Jahr 1981, die Verwaltungszentrale der Bayerischen Hypotheken- und Wechselbank, gewissermaßen zu einem der Wahrzeichen der Stadt München geworden ist, blieb der Bauherr dieser erfolgreichen Partnerschaft treu und ließ auch den Erweiterungs- und Neubau vom selben Büro entwerfen. Und es hat sich – wieder – gelohnt: An der Denningerstraße, in unmittelbarer Nachbarschaft, entstand eine der schönsten Glasfassaden

sowie eine der schönsten Hallen, die man so wohl kaum bei einem Bankgebäude erwarten würde.

Wer das ›alte‹ Hypo-Haus und seine Wucht und expressive Kraft vor Augen hat, hätte beim Neubau vielleicht Ähnliches erwartet – das Gegenteil ist der Fall: Eher filigran und zerbrechlich wirkt der gläserne Neubau des Duos Bea und Walter Betz. Die Grundform entspricht einer nahezu gleichschenkeligen L-Form, einem gebauten rechten Winkel. Der Bau ist transparent, als wolle er sich mit seiner gläsernen Vorderfront selbst wegspiegeln. Dahinter liegt das großzügige Atrium mit gläsernem Dach, von dem aus über Treppen und Brücken in der Höhe die umliegenden Büros zu erreichen sind. Das Bauwerk ist ausgestattet mit künstlerischen Preziosen wie der »Himmelsleiter« von Dan Flavin – einer zwanzig Meter langen Lichtskulptur an der Unterseite der Eingangstreppe –, einem von Dan Graham gestalteten Glasgang zwischen dem Hypo-Hochhaus und dem Erweiterungsbau sowie einer beweglichen Skulptur von George Rickey.

Die Sensation des Neubaus ist die gläserne Haut, die vor der eigentlichen Fassade liegt: 572 synchron gesteuerte Einzelscheiben bewegen sich je nach Sonneneinstrahlung. Die gläserne Wand ist eine Skulptur in sich – entweder sie spiegelt bei gerader Stellung der Einzelscheiben den Himmel und die gesamte Umgebung, oder aber die Scheiben bewegen sich synchron wie unter Anleitung eines Choreographen und vermitteln den Eindruck eines riesigen Gemäldes – je nach Stellung der Scheiben ergeben sich völlig unterschiedliche Ansichten.

Freilich ist dieser technische Aufwand keine bloße Spielerei, sondern dient dem Zweck, Energie einzusparen.

Der Neubau fällt terrassenförmig zum Hochhaus hin ab und verbindet beide Häuser zu einer Einheit.

Treppe mit Lichtskulptur

Glasfassade des Neubaus mit Hypo-Hochhaus im Hintergrund

»aviva Munich« Feng-Shui Bürokomplex

Architekten: Denk, Mauder, Wisiol & Altenbehrend
Architekten BDA, München
Projektentwicklung & Realisation: Accumulata,
München

Adresse: Carl-Wery-Straße 34–42
Grundstücksgröße: 26 000 qm, Bürofläche
circa 56 000 qm
Bauzeit: 2001–2003

Im Sommer 2003 wurde Europas erstes Miet-Bürogebäude – gebaut nach den Prinzipien des Feng-Shui – planmäßig fertig gestellt. Im August desselben Jahres sind die Mieter BSH Bosch und Siemens Hausgeräte GmbH sowie die sd & m AG, Software design & management in ihre neue Hauptverwaltung eingezogen. Bereits bei Baubeginn im Dezember 2001 war die Anlage zu hundert Prozent vermietet. Das »aviva Munich«, so der Name des Gebäudes, wurde vom Münchener Architekturbüro Denk, Mauder, Wisiol und Altenbehrend mit fachlicher Beratung des weltweit führenden Feng-Shui-Experten Prof. Dr. Lim entworfen. Am deutlichsten werden die Feng-Shui-Einflüsse im Inneren des Komplexes: Immergrüne, mit mediterranen Pflanzen gestaltete Zen-Gärten in den glasüberdachten Hallen dienen als so genanntes Vitalisierungszentrum sowie als Klimapuffer. Von Wasseradern durchzogen, verbinden sie mit grünen Freiflächen und geschwungenen Wegen die drei Gebäude, die den Bürokomplex bilden. Dieses europaweit einzigartige Konzept entspricht einem neuen Trend, der sich mehr um die Belange des in Büroräumen arbei-

tenden Menschen bemüht und dabei wirtschaftlichen Anforderungen an ein solches Haus gerecht wird. Aus diesem Grund wurde das Projekt mit dem Gütesiegel »Vital Office« ausgezeichnet.

Die Grundstücksgröße und -form legten nahe, ein Gebäudeensemble aus drei hintereinander liegenden Einzelgebäuden zu planen, die durch die Gärten und Hallen sowie durch Verbindungsgänge miteinander verknüpft sind. Ausgangselement der Planung war der Gedanke einer zweibündigen Gebäudestruktur, die durch die gläsernen Hallen zu einer Insel verbunden werden. Die beiden Hallen – das mittlere Gebäude hat lediglich einen begrünten Innenhof – sind 60 Meter lang und je 25 Meter hoch und breit. Drei gläserne Aufzüge führen in die fünf Obergeschosse, eine der Hallen hat die Grundfarbe Blau, die andere ist rot. Offene Brücken verbinden die beiden Längsriegel auch in den oberen Etagen. Alle zentralen Funktionen – Empfang, Casino, Konferenzräume, Meetingpoint – sind von den Hallen aus erreichbar. Zwischen Haus 1 und 2 führt eine große Treppe zum Haupteingang in den Komplex, durch zwei Nebeneingänge sind die Gebäude jedoch ebenfalls begehbar. Die Gebäudehülle besteht aus silbrig glänzendem Aluminiumeloxal. Der Innenausbau erfolgte nach modernen ökologischen Grundsätzen in Verbindung mit traditionellen Feng-Shui-Regeln. Selbstverständlich wurden nur unbedenkliche Baumaterialien verwendet. Zur Vermeidung von Elektrosmog wurden wirksame Abschirmungsmaßnahmen, wie Spiegelfolie vom Untergeschoss zum Erdgeschoss und geschirmte Kabel, getroffen. So dient die mechanische Lüftung dazu, verbrauchte Luft abzusaugen und durch Frischluft zu ersetzen. Das differenzierte Farbkonzept erleichtert die Orientierung und sorgt für Entspannung bei den hier Arbeitenden.

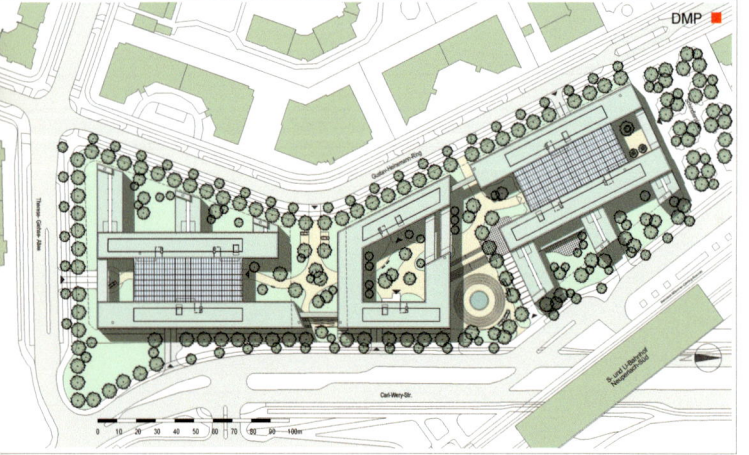

Dreiteiliges Gebäudeensemble mit direktem U- und S-Bahnanschluss

Blick auf Flugdächer und glasüberdachte Halle

Eingangsbereich zwischen Kammbaukörper und mittlerem Gebäude

Stadtwerkszentrale

Architekten: Koch + Partner, München
Ökologische und energetische Beratung: intep, München
Bauherr: Stadtwerke München

Adresse: Emmy-Noether-Straße 2
Bruttogeschossfläche: 110 000 qm
Arbeitsplätze: circa 2500 bis 2700
Bauzeit: 1998–2001

Von 28 verschiedenen Standorten, die über das gesamte Stadtgebiet verteilt waren, zogen die Stadtwerke München in eine gemeinsame Zentrale in der Emmy-Noether-Straße in Moosach. Welche Institution wenn nicht diese musste sich offensiv der Aufgabe stellen, ein möglichst energiesparendes Verwaltungsgebäude zu planen – und tatsächlich hat der Neubau des Architekturbüros von Koch + Partner in diesem Bereich Vorbildcharakter: Das Gebäudekonzept, das aus einem Wettbewerb hervorging, sah ein Ensemble vor, das einen niedrigen Gesamtenergiebedarf, niedrige Betriebskosten und eine möglichst geringe Umweltbelastung anstrebte. Gespart wurde jedoch nicht an der Qualität der Arbeitsplatzbedingungen. Die Arbeitsplätze sind natürlich belichtet und belüftet. Im Vorfeld der Baumaßnahmen errichtete man auf dem Grundstück einen Prototyp mit zwei Stockwerken und vier Büroräumen, auf

dem zwei Jahre lang die optimalen Bedingungen erprobt wurden.

Das Ensemble umfasst nunmehr fünf Verwaltungsbauten und sechs weitere, die das Betriebszentrum bilden. Die Fassade ist gewissermaßen die Visitenkarte des Hauses. Hier treffen die verschiedenen Baubereiche aufeinander: Statik, Benutzerkomfort, optische Gestaltung, Ökologie und Haustechnik. Hier zeigt sich, welch große Herausforderung eine integrale Planungsweise darstellt. Im Fall dieses Gebäudekomplexes führte das gute Zusammenspiel von Bauherr, Architekten sowie Energie- und Ökologieplanern zu einer Fassadenlösung, die allen Anforderungen gerecht wurde und gleichzeitig kostengünstig in Erstellung und Betrieb ist. Zum einen werden passive Elemente wie Sonnenenergie, Tageslicht, natürliche Belüftung oder Speicherfähigkeit optimal ausgenutzt, zum anderen ist die Gebäudetechnik so minimal wie möglich gehalten, nur dort, wo es nicht anders möglich ist, wird mechanisch belüftet, geheizt oder gekühlt. Auch die Wahl der Baumaterialien folgt ökologischen Kriterien: sparsamer Umgang mit Baumaterial, Verwendung von Materialien, bei deren Herstellung wenig Energie vonnöten ist und die selbstverständlich keine umwelt- und gesundheitsgefährdenden Stoffe freisetzen.

Treppenhaus

Außenansicht des Hauptgebäudes

Foyer

BMW-Welt

Architekten: COOPHIMMELB(_L)AU, Wien
Bauherr: BMW AG, München
Adresse: Petuelring

Grundstücksgröße: 25 000 qm
Bruttogeschossfläche: 68 000 qm (ohne Rampen)
Bauzeit: 2003–2006

Im Zuge des allgemeinen Event-Hungers muss selbst der Autokauf zum Erlebnis werden. Da dürfen im Reigen der Automobil-Konzerne auch die Bayerischen Motoren Werke nicht fehlen, und sie überbieten gleich alles in Deutschland auf diesem Sektor Dagewesene. Aus 275 Bewerbern eines international offenen Wettbewerbs ging der Entwurf des Wiener Architekturbüros COOPHIMMELB(_L)AU als Sieger hervor.

Die neue »BMW-Welt« steht in unmittelbarer Nachbarschaft des ebenso eindrucksvollen BMW-Hochhauses von Karl Schwanzer aus dem Jahr 1973. Während sich die alte BMW-Ikone des »Vierzylinders« einem altersbedingten Lifting unterziehen musste, lässt sich nebenan ein wolkenartiges Gebilde, leicht wie ein Kissen, auf dem markanten

Computersimulation mit »Vierzylinder«

Doppelkegel an der Südostecke des Grundstücks und auf wenigen dünnen Stützen nieder. Es scheint in Konkurrenz zu treten zum Nachbarn auf der anderen Seite des Petuelrings – zur Zeltlandschaft des Olympiazentrums, das zum Zeitpunkt seiner Fertigstellung (1972) eine Sensation war. Während Günter Behnisch und Frei Otto noch Stützen und Stahlseile benötigten, um ihre gewagte Konstruktion in der Schwebe zu halten, träumen Wolf D. Prix und Helmut Swiczinsky dreißig Jahre später schon vom stützenfrei schwebenden Dach, was ihnen diesmal allerdings noch nicht geglückt ist. Auf jeden Fall weiß der Bauherr BMW, wie wichtig identitätsstiftende Architektur ist, und hat hier sicher die richtige Entscheidung bei der Wahl der Architekten getroffen: Durch dieses Gebäude wird München um ein Stück Architekturgeschichte reicher. »Dynamisch, herausfordernd und kultiviert in Verbindung mit Freude« waren die Leitworte des Wettbewerbs. Dies ist mit den wesentlichen Elementen des Gebäudes erreicht: »Landscape«, »Wolke«, »Doppelkegel« und »Spiralrampe«. Das auffälligste architektonische Element des Baus, das wie frei schwebend wirkende Dach, dient nicht nur dem Klimaschutz, sondern strukturiert auch den Innenraum. Durch die geschwungene Dachform werden unterschiedliche Höhen von acht bis zwanzig Metern erreicht, die maximale Gebäudehöhe beträgt 26 Meter. Neben den Kunden steht das Gebäude auch allen anderen Interessierten zur Verfügung – es soll ein Kommunikationszentrum sein, künstlerische Veranstaltungen, Events und Kolloquien werden künftig in der »überdachten Piazza« stattfinden. Es entsteht ein riesengroßer Marktplatz zum Flanieren, Einkaufen, Amüsieren und Informieren. Man rechnet mit 250 Fahrzeugauslieferungen und mit bis zu 5000 Besuchern täglich.

Computersimulation

BMW Forschungs- und Innovationszentrum, Projekthaus

Architekt: Henn Architekten, München
Bauherr: BMW AG, München
Adresse: Knorrstraße 147

Bruttogeschossfläche: 90 000 qm
Bauzeit: 2001–2003

München ist der Stammsitz der weltweit tätigen BMW-Group. Das findet seinen Ausdruck auch in einer firmenspezifischen Architektur (BMW Corporate Architecture). Wie schon der »Vierzylinder« von Karl Schwanzer (1970–73) und in Zukunft die »BMW-Welt« (Fertigstellung circa 2005, siehe Seite 110) der Wiener Architekten Coop Himmelb(l)au ist auch das »FIZ«, das Forschungs- und Innovationszentrum der BMW-AG, des Architekturbüros Henn Architekten Ausdruck eines Bestrebens nach spektakulären architektonischen Formen:

Das im Jahr 2003 fertig gestellte »Projekthaus« (BA7) ist Kern der Erweiterung des FIZ auf dem Gelände zwischen Knorr- und Schleißheimer Straße im Norden Schwabings. Das »FIZ«, konzipiert in den 1980er Jahren, hat zum Ziel, in bisher sieben Baustufen schrittweise alle am Produktionsprozess beteiligten Funktionen aus Forschung, Entwicklung, Produktion und Einkauf unter einem Dach miteinander zu vernetzen. Das neue »Projekthaus«, ein fünfgeschossiges, quadratisches Gebäude mit einer Kantenlänge von circa 110 Metern, positioniert sich in Ost-

West-Richtung auf der zentralen Erschließungsachse des FIZ und nimmt in Nord-Süd-Richtung die Prozessachse der Fahrzeugentwicklung auf. Vier Gebäudemodule, jeweils durch Mezzanine zu Doppelgeschossen zusammengefasst, gruppieren sich um ein kreisförmiges Atrium. Aus dem Atrium mit 63 Metern Durchmesser entwickelt sich ein eigenständiges, ellipsenförmiges Gebäude, das so genannte Zentralgebäude, in sieben Ebenen mit einer Höhe von 45 Metern; es überragt das Ringgebäude um 16 Meter. Zentral- und Ringgebäude sind durch Brücken miteinander verbunden und werden in der Höhe von einem Glasdach überspannt. Die Projektflächen sind als großflächige Arbeitsräume für 2000 Ingenieure konzipiert. Durch eine Haus-im-Haus-Lösung von Büro- und Werkstattflächen können Entwicklungsprozesse in Echtzeit an Modellen dargestellt und überprüft werden. Ein multifunktionaler Präsentationsraum bildet den oberen Abschluss des Kerngebäudes. Mit einer Höhe von 45 Metern stellt das Gebäude einen städtebaulich spürbaren Akzent für das Forschungsareal und den Münchner Norden dar.

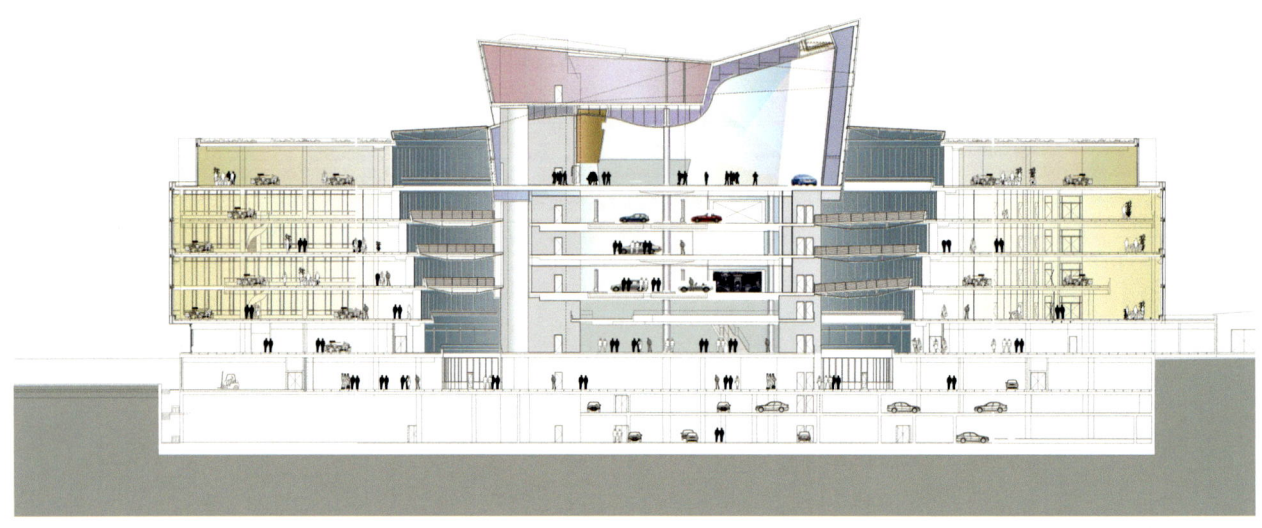

Schnitt

Modellfoto

Zentralgebäude

Am Olympiaberg – Wohnanlage mit 10 Häusern

Architekten: Hilmer & Sattler und Albrecht, München
Bauherr: Bayerische Hausbau, München: Haus 1–8/Stadtbau, München: Haus 9–10

Adresse: Winzerer Straße 115–133
Bruttogeschossfläche: circa 21 200 qm
Baujahr: 2000–2002

Für das ehemalige Betriebsgelände der Firma Deller wurde ein städtebaulicher Wettbewerb ausgeschrieben, den das Büro Hilmer & Sattler 1995 für sich entscheiden konnte. Ihr Entwurf sah vor, zehn in eine großzügige Wohnanlage eingebettete Häuser zu schaffen. Die Bauherren bewerben die Anlage ganz unbescheiden mit einem Zitat Oscar Wildes, der gesagt haben soll: »Ich habe einen ganz einfachen Geschmack: einfach nur das Beste.«

Die hervorragende Lage in unmittelbarer Nähe zum Olympiapark bietet den Anwohnern unzählige Freizeitangebote und viel Natur. Hier ist man mitten im Grünen und mitten in der Stadt.

Die Architekten wollten hier etwas schaffen, was weit über den gewöhnlichen Siedlungsbau hinausgeht – eine edle Wohnanlage gewissermaßen, die dem luxuriösen Ort und seiner Lage gerecht wird. Nicht Siedlungsbau sollte entstehen, sondern Stadtbau. Nicht ein beliebiges Nebeneinander von herausgeputzten Zeilen mit Pultdächern, sondern ein Miteinander von Gebäuden als erlebbares Sinnbild städtischen Zusammenlebens. Städtische Wohnhäuser in offener Bauweise gruppieren sich nun am Olympiaberg um einen baumbestandenen Anger als gemeinsame Mitte.

Von hier aus führen die Zugänge direkt zu den einzelnen Häusern. Für eine zusätzliche Attraktion sorgt eine Brunnenanlage in Form eines linearen Wasserbeckens in voller Länge des Angers. Dieser innenliegende Platz ist frei von Autoverkehr, einzig den Bewohnern und den Kindern als Ort zum Spielen vorbehalten. Hier kann man privat sein und sich zurückziehen, wenn man möchte, hier kann man aber auch mit den Nachbarn in Kontakt treten.

Die Gebäude sind relativ streng in ihrem Ausdruck, schnörkellos klar strukturiert. Die zehn Häuser gruppieren sich in zwei Zeilen entlang der mittigen Baumallee, die das 70 Meter lange und vier Meter breite Wasserbecken zwischen den beiden Hauszeilen symmetrisch begleitet. Ihre Grundrisse sind bis auf die Eckbauten zur Winzererstraße und zum Park hin die gleichen. Die maximale Höhe sind fünf Geschosse, wobei zur Gewinnung von Dachterrassen im 3. und 4. Obergeschoss die Häuser abgetreppt sind.

Die Ausstattung der Ein- bis Siebenzimmerwohnungen bietet ein hohes Maß an Wohnkomfort. Die Flachdächer sind begrünt. Für ausreichend Pkw-Stellplätze ist in Tiefgaragen gesorgt.

Lageplan mit Grundriss

Häuserzeile mit Wasserbecken

Ansicht Innenhof

Wohnanlagen in der Kiene- und Aschenbrennerstraße

Architekt: A + S Atelier für Architektur und Stadt-
planung / 56 Eigentumswohnungen (Kienestraße)
Architekt: Architekten-AG Prof A.-Christian Scheib-
lauer, Prof. Nicolaus Neuleitner, Arch. Büro Felix +
Jonas / 64 öffentliche geförderte Mietwohnungen
(Aschenbrennerstraße)

Bauherr: GWG – Gemeinnützige Wohnstätten- und
Siedlungsgesellschaft mbH, München
Bauzeit: 1997–1999 (Kienestraße)
Bauzeit: 2001–2002 (Aschenbrennerstraße)

Im Norden Münchens, im Stadtteil Hasenbergl, das seinen Namen der Jagdleidenschaft gekrönter Häupter verdankt, entstanden in den 1960er Jahren in rascher Folge viele Wohnhäuser in der damals üblichen Bauweise des sozialen Wohnungsbaus. Das neue Viertel hatte man als »Entlastungsstadt« für 25 000 Einwohner geplant.

Im Rahmen des Pilotprojekts, das eine Nachverdichtung und verbesserte Infrastruktur in diesem Stadtteil vorsah, entstand die Wohnanlage in der Kienestraße. Die innovative Bauweise umfasst die passive Nutzung von Solarenergie: Im Süden öffnet sich die attraktive Fassade – ausgeführt als Holzständerkonstruktion mit Lärchenholzverschalung und großem Glasanteil – hin zur Sonne. Trotz der Verdichtung bleibt die großzügige Durchgrünung der Siedlung erhalten. Die Neubauten mit ihren Gärten, Balkonen und Dachterrassen setzen moderne städtebauliche Akzente inmitten der vorhandenen Gebäude und verfeinern das Viertel zeitgemäß. Großzügig gestaltete Durchgänge im Neubauriegel ermöglichen die Beibehaltung der Zugänge zu den alten Wohnanlagen. Die rostrote Farbe der Fassade und das intensive Blau der Außentüren sorgen für farbige Akzente. Auch mit dem zweiten Bauabschnitt des Pilotprojekts im Jahr 2001 / 2002 versuchte man, die strukturellen und funktionalen Schwächen des Viertels auszugleichen. An der angrenzenden Aschenbrennerstraße wurden Zeilenbauten durch Kopfbauten ergänzt, die Verschattung der bestehenden Gebäude so gering wie möglich gehalten. In den fünfgeschossigen Anbauten im Norden befinden sich Geschosswohnungen, in den zweigeschossigen Zwischenbauten entlang des Straßenbogens Maisonnette-Wohnungen. Die niedrigen Bauten schließen die Höfe nach Norden ab und schützen sie vor Straßenlärm. Die Verzahnung von Neu- und Altbauten machte einen Umbau der Höfe erforderlich, sie wurden neu aufgeteilt und landschaftsarchitektonisch neu gestaltet.

Lageplan

Aschenbrennerstraße

Kienestraße

Wohnanlage Freischützstraße

Architekt: Steidle + Partner, München
Bauherr: bauhaus münchen
Adresse: Preziosastraße

Bruttogeschossfläche: 36 000 qm
Bauzeit: 1997–2001
Farbkonzept: Erich Wiesner, Berlin

Wie kaum ein anderer Architekt in Deutschland widmen sich Otto Steidle und sein Büro immer wieder dem Thema Wohnen und experimentieren dabei mit neuen Wohnformen und Ideen: Bei der Wohnanlage in der Freischützstraße in München-Johanneskirchen hat man versucht, den Widerspruch von »Wohnen im Grünen« und »Wohnen in der Stadt« aufzuheben. Das Konzept mischt Grünzüge und Zeilenbauweise mit städtischen Elementen wie Innenhöfen, Wegen und Treppen. So ist einerseits die Einbindung in das Wohnviertel gewährleistet; die verwendeten Elemente werden jedoch modifiziert, sodass sie sich in ihrer räumlichen und architektonischen Wirkung deutlich von dem unterscheiden, was man sonst in einer Wohnanlage findet. Steidle verbindet und mischt den klassischen Zeilenbau mit turmartigen Scheibenhäusern. Das Zusammenspiel dieser

unterschiedlichen Gebäudetypen lässt neue städtische Räume entstehen. Insgesamt besteht der Komplex, der in fünf Bauabschnitten entstand, aus acht Zeilenhäusern und sechs Scheibenhäusern, die zur Preziosastraße hin gelegen sind und sich zwischen die Doppel- oder Einzelzeilen schieben.

In den Scheibenhäusern finden sich überwiegend die kleineren Wohnungen, in den Doppelzeilen die größeren, für Familien ausgelegten Wohneinheiten. In beiden Bereichen sind Wohnungen und Wohnungsteile abkoppelbar bzw. ergänzbar, sodass alle Wohnungsgrößen von ein bis vier Zimmern variabel angeordnet werden können. Die Wohnungen der Doppelzeile sind über die Innenhöfe in Ost-West-Richtung durchbelichtet. Küchen und Bäder verfügen ebenfalls über Fenster und somit über eine natürliche Belichtung und Belüftung.

Mit seinem Farbkonzept möchte der Berliner Künstler Erich Wiesner Vielfalt und Lebendigkeit in die dicht bebaute Siedlung bringen. Jedes der Turmhäuser hat seine eigene Farbe, ein helles Blau oder Grün, dazwischen eine ockerfarbene oder eine in kräftigem Rostrot gestrichene Fassade. Die Anwohner, so ist zu hören, fühlen sich hier ausgesprochen wohl.

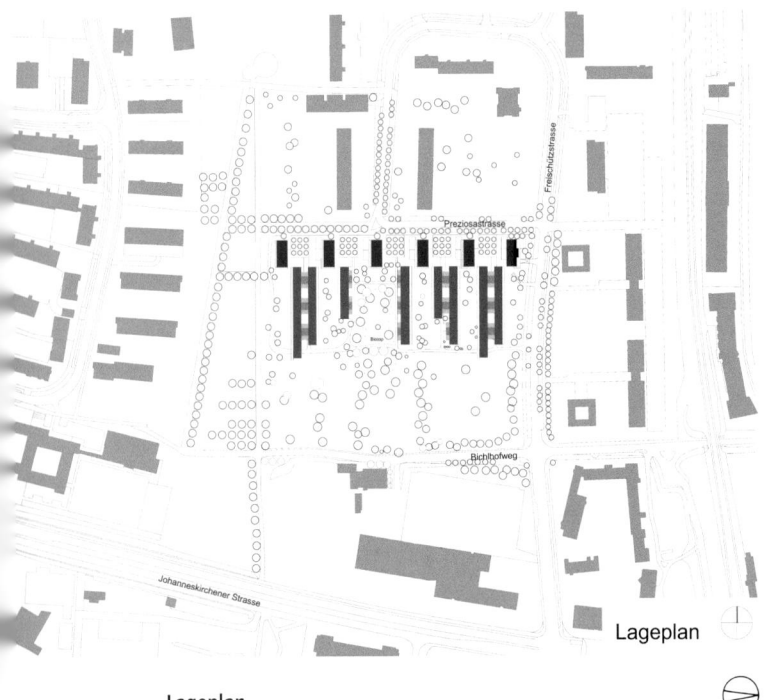

Lageplan

Blick auf die Zeile des 5. Bauabschnitts

Wohnanlage von Osten aus gesehen

Widmannstraße

Architekten: Ebe + Ebe / Fink + Jocher / Meyer –
Sternberg, München
Bauherr: GEWOFAG, München
Adresse: Widmannstraße, München-Riem

Geschossfläche: 26 491 qm
Wohneinheiten: 250
Bauzeit: 1977–1999

Die Wohnanlage besteht aus einem zusammenhängenden Gebäude und sechs Zeilenbauten mit 250 sozialen Mietwohnungen, einem Bewohnertreff, einem Kindergarten sowie einem Parkhaus.

Bedingt durch die Lage zwischen der Bundesstraße im Osten, der Bahnlinie im Norden, der stark befahrenen Rie-mer Straße im Süden und der Autobahn in nur 300 Meter Entfernung liegt die höchste Lärmbelastung tagsüber bei bis zu 70 dB (zulässiger Wert für Aufenthaltsräume 35 dB). Zudem war der höchste gemessene Grundwasserstand im Jahr 1940 circa 0,8 m unter der Gebäudeoberkante. Auf eine Schallschutzwand oder einen Wall konnte verzichtet werden, da es möglich war, den Schallschutz in die einzelnen Bauteile zu integrieren. Nebenräume wie Küche, Bad und Flur wurden so angeordnet, dass sie an der lärmzugewandten Seite liegen und somit einen Schallpuffer bilden. Die Wohn- und Schlafzimmer liegen dagegen an der ruhigen Seite. Aufgrund des hohen Grundwasserstands verzichtete man weitgehend auf Keller und errichtete statt dessen Schuppen sowie ein Parkhaus anstelle einer Tiefgarage. Zu jeder Wohneinheit gehört ein kleiner Transportwagen, mit welchem Lasten von der Wohnung zum Auto befördert werden können.

Mit dem Bau wurden die drei ersten Preisträger beauftragt. Die Form der Anlage wurde durch die äußeren Faktoren wesentlich bestimmt. Der 325 Meter lange Baukörper hat die Gestalt einer »Schlange«. Durch die geschwungene Form ist die Dimension von keinem Punkt aus als Ganzes erfassbar. Wie bereits erwähnt, liegen die Wohnräume ausschließlich im ruhigen Innenbereich. Die Wohnungsgrößen variieren zwischen ein und vier Zimmern. Alle Wohnungen haben entweder kleine Gärten im Erdgeschoss oder Balkone, Loggien oder Dachgärten in den Obergeschossen.

Der Kindergarten wurde in das Erdgeschoss der »Schlange« integriert. Das quer dazu stehende Parkhaus im Süden hält den Lärm von der Riemer Straße ab. Auf dem nach Süden geneigten Dach speist eine Photovoltaikanlage mit 40 kW das städtische Stromnetz. Die Wohnanlage wurde aus Ziegelmauerwerk errichtet. Um die unterschiedlichen Architekturen der beteiligten Büros optisch zusammenzubinden, hat man ein gemeinsames Farbkonzept entwickelt.

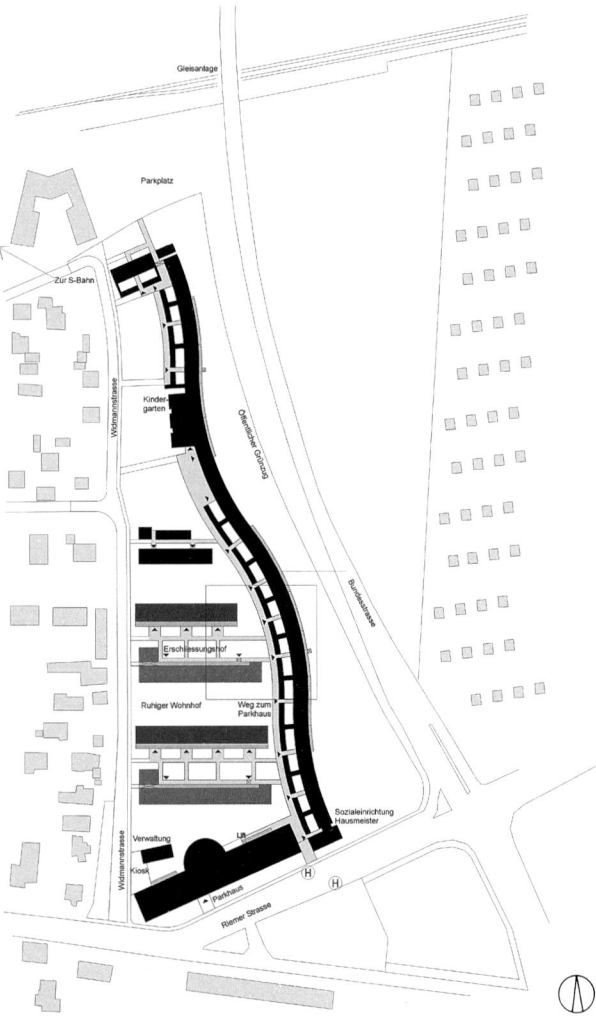

Lageplan

Im Innern der Wohnanlage

Ansicht der »Schlange« von Westen

Friedenspromenade

Architekten: Haus 1: Färbinger, Steinert, Rossmy, München; **Haus 2:** Felix und Jonas, München; **Haus 3:** Schultz-Brauns & Reinhart, München; **Haus 4:** Oerter, Katikaridis, Hempel, München; **Haus 5:** Ackermann und Partner, München
Bauherr: GEWOFAG, München

Adresse: Friedenspromenade / Felicitas-Füss-Straße 7–15
Grundstücksgröße: 7790 qm
Geschossfläche: 8982 qm
Wohneinheiten: 102
Bauzeit: 2000–2002

Die Baumaßnahme »Friedenspromenade« umfasst fünf Wohngebäude mit insgesamt 102 Wohneinheiten im sozialen Mietwohnungsbau. Die Anlage wurde im Rahmen des so genannten »experimentellen Wohnungsbaus« errichtet.

Ziel des Projektes war es, kostengünstig Wohngebäude zu erstellen, die auf unterschiedliche Weise den Standards der Niedrigenergiebauweise entsprechen. Alle Gebäude haben dieselben Abmessungen und sind der Himmelsrichtung nach gleich orientiert.

Um Vergleichswerte zu erhalten, wurde jedes Gebäude mit anderen Baustoffen und Ausstattungsmerkmalen errichtet. Die angestrebte Energieeinsparung sollte weitgehend durch Konstruktion am Gebäude selbst und nicht durch aufwändige Installationen (wie z. B. Wärmerückgewinnungsanlagen) erreicht werden. Im Sinne einer ganzheitlichen Betrachtung wurden ökologische Gesichtspunkte bei Herstellung, Verarbeitung, Unterhalt und Entsorgung der gewählten Baustoffe ebenso beachtet wie das zu erwartende Nutzverhalten.

Nach Bezug der Häuser soll im laufenden Betrieb Energieverbrauch, Akzeptanz durch die Bewohner, Langlebigkeit und Unterhaltsfreundlichkeit der gewählten - Materialien beobachtet werden. Die Ergebnisse können richtungsweisend für weitere Bauvorhaben in der Niedrigenergiebauweise sein.

Die fünf Häuser, die von verschiedenen Architekturbüros geplant wurden, liegen hintereinander aufgereiht parallel zur Felicitas-Füss-Straße. Die identischen Grundrisse sind 28 x 14 Meter. In jedem der Häuser befinden sich auch behindertengerechte Wohnungen; des Weiteren sind alle Gebäude mit einem Aufzug ausgestattet, um die Nutzbarkeit für Familien und auch für ältere oder gebrechliche Menschen zu verbessern.

Bei Haus 1, nach dem Entwurf des Büros Färbinger, Steinert, Rossmy, wurden für das Außenmauerwerk Poren-

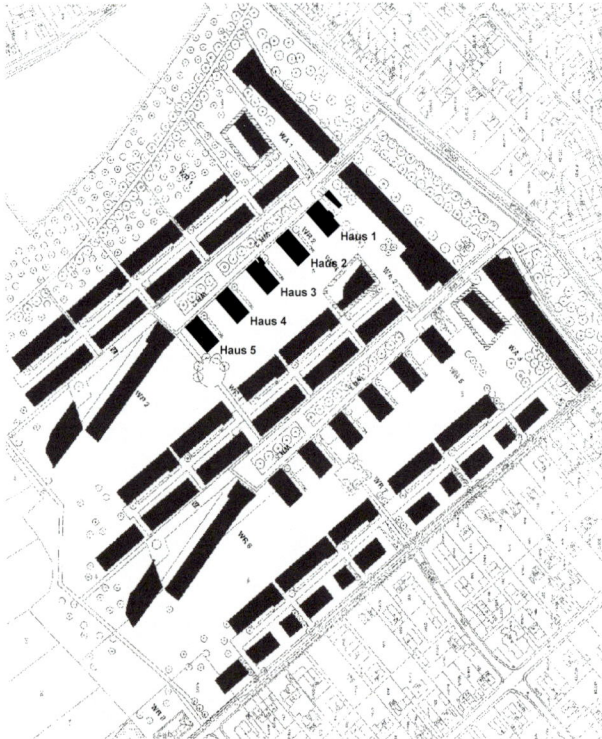

Lageplan

Ansicht Haus 5 (Architekten Ackermann und Partner)

Ansicht Haus 1 (Architekten Färbinger, Steinert, Rossmy)

Ansicht Haus 2 (Architekten Felix und Jonas)

beton-Großblocksteine verwendet, um zu untersuchen, ob mit diesem massiven Material – einem monolithischen Baustoff mit möglichst niedrigem Wärmeleitwert – der aktuelle Niedrigenergiehausstandard bzw. der Standard der zukünftigen EnEV 2000 erreicht werden kann. Außerdem wurde ein Kern im Gebäudeinneren mit Bädern, Aufzug und Treppenhaus geschaffen, um die Außenflächen für die Belichtung von Wohnräumen nutzen zu können.

Haus 2 der Architekten Felix und Jonas hat eine 24 cm dicke Ziegelmauerwand mit Wärmedämmung aus Mineralwolle. Es hat die Erschließungsform eines Spanners mit zentralem Treppenhaus. In den Regelgeschossen befinden sich jeweils vier Wohnungen pro Etage. Das an der Außenwand liegende Treppenhaus ist verglast und somit ausreichend mit Tageslicht versorgt. Um die Wirtschaftlichkeit des Gebäudes zu optimieren, wurden die allgemeinen Verkehrsflächen möglichst knapp gehalten. Oberhalb des 3. Obergeschosses hat man ein Terrassengeschoss geschaffen. Das 4. Obergeschoss hat ein umlaufendes, weit auskragendes Vordach.

Bei Haus 3, Felicitas-Füss-Straße 11, des Büros Schultz-Brauns & Reinhart ist das Außenmauerwerk aus Kalksandstein mit Wärmedämmung. Es hat Kastenfenster mit geregelter Belüftung und Abluftführung. Hier wurde die Planung, Herstellung und der Betrieb vom Sollner Institut wissenschaftlich begleitet und in einer vergleichenden ökologischen Gesamtbilanz ausgewertet. Der Eingang erfolgt über die am Gehweg gelegene Schmalseite. Es hat vier Voll-

geschosse und ein allseitig zurückspringendes Dachgeschoss mit Laubengang. Die Erschließung erfolgt über ein frei stehendes Treppenhaus. Insgesamt gibt es in diesem Gebäude 22 Wohnungen mit einem Südbalkon oder einer nach Süden gelegenen Terrasse.

Haus 4 der Architekten Oerter, Katikaridis, Hempel ist wie Haus 2 mit Ziegelmauerwerk und Mineralfaserdämmung ummantelt. Hier ist die oberste Etage ebenfalls als Terrassengeschoss ausgebildet und an allen vier Seiten zurückversetzt. Die Fassade ist durch Bänder aus Fenstern mit dazwischenliegenden Schiebeläden stark horizontal gegliedert. Die außenliegenden Balkone werden als leichte Stahlkonstruktion frei vor die Fassade gestellt. Im Gebäude sind 18 Wohnungen untergebracht, je vier pro Etage und zwei im obersten Geschoss.

Die Konstruktion von Haus 5 der Architekten Ackermann und Partner ist aus Stahlbeton und Ziegel mit Wärmedämmung. Es enthält 22 Wohneinheiten. Der Baukörper ist ebenfalls fünfgeschossig mit einem zurückgesetzten 4. Obergeschoss. An der Südseite liegen Stahlbalkone mit verglasten Vordächern. Es hat großzügige Fenster nach Süden, um zusätzliche solare Energiegewinne zu erzielen. Die Größe der Balkone ist ausreichend, um sich bequem auf ihnen aufhalten zu können; der Bodenbelag besteht aus Lärchenholzrosten. Farbige Akzente setzen gelbe Sonnenschutzpaneele. Auch hier wurde wie bei den anderen Häusern eine Unterschreitung des normalen Energiestandards um 20–30 Prozent angestrebt.

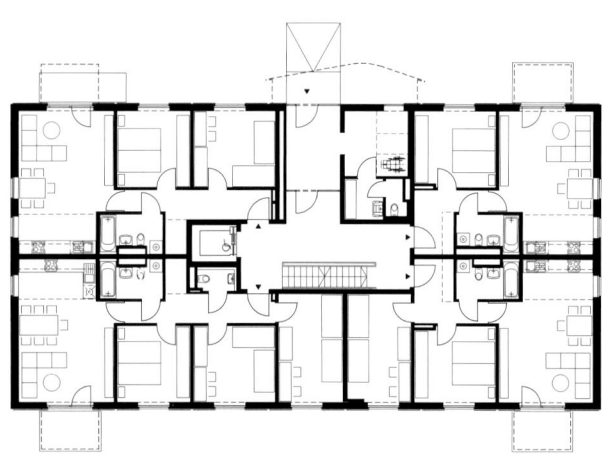

Grundriss Haus 1 (Erdgeschoss)

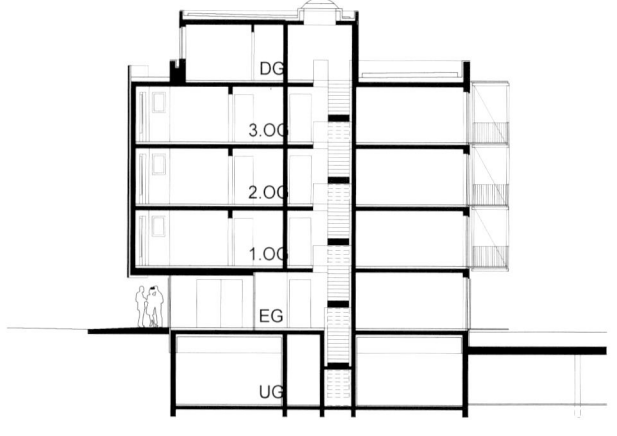

Schnitt Haus 1

Ansicht Haus 3 (Architekten Schultz-Brauns & Reinhart)

Ansicht Haus 4 (Architekten Oerter, Katikaridis, Hempel)

Wohnanlage am Truchthari Anger

Architekten: Fuhrmann, Hunnius, Kochta, BKL, München
Bauherr: Bayerische Hausbau, München
Adresse: Am Truchthari Anger
Bauzeit: 1999–2002

Wohneinheiten: 22 Geschosswohnungen, 24 Doppelhaushälften, 33 Reihenhäuser, 1 Kindergarten
Grundstücksgröße: 57 673 qm
Geschossfläche: 30 567 qm

Der hohe Reiz der Siedlung in München-Kirchtrudering liegt in ihrer gestalterischen Vielfalt. Verschiedene Häusertypen – Geschosswohnungsbauten, Reihen- und Doppelhäuser – wurden von jeweils verschiedenen Architekturbüros mit unterschiedlichen Entwurfsideen, Formen, Materialien und Farben gestaltet. Viel Grün zwischen den einzelnen Häusergruppen gehört zum ökologischen Konzept und gibt dem Gebäudekomplex nahezu den Charakter einer Gartenstadt. Die Erschließung der Siedlung erfolgt im Norden durch den Truchthari Anger, im Osten von der Straße Am Mitterfeld. Die innere Erschließung erfolgt durch eine Spange von Westen nach Norden. Ein Netz von öffentlichen Fuß- und Radwegen zieht sich durch die Anlage.

Es gibt Lebensmittelgeschäfte und außerdem einen Kindergarten. Circa 760 Menschen leben hier zwischen dem alten Ortskern von Kirchtrudering und Riem. Eine gute Verkehrsanbindung garantiert die U-Bahn-Station Am Moosfeld und die A 94 München-Riem.

Das ›grüne Rückrat‹, eine parkähnliche Grünfläche, die sich mitten durch die gesamte Wohnanlage zieht, ist gestalterisch das entscheidende Charakteristikum. Sie erstreckt sich als öffentlicher Grünzug vom Ortskern Kirchtruderings diagonal nach Nordosten und schließt dort an den Landschaftspark Riem an. Um den Grünzug gruppiert sich die Kindertagesstätte mit Hort und die einzelnen Bauabschnitte, die sich am angrenzenden Baubestand orientieren. Einheit in der Vielfalt mag das Motto der Architekten gewesen sein, die hier mitgestaltet haben: Reine Holzhäuser finden sich neben reinen Ziegelhäusern und neben Stahlbetonkonstruktionen mit Ziegelausfachungen. Im Norden und Westen schließen sich gartenstadtähnliche Wohngebiete mit Ein- und Zweifamilienhäusern an das Planungsgebiet an, und so reagierten die Architekten entsprechend, indem sie für diese Nachbarschaft eine offene Bauweise vorschlugen mit zweigeschossigen Häusern mit Dachgeschoss. Entlang des Truchthari Angers sind drei kompakte Geschosswohnungsbauten entstanden. Die Westkante der Siedlung wird durch eine Reihe von Doppelhäusern geformt. Im Süden bilden zweigeschossige Wohnungszeilen mit Dachgeschoss den Übergang zum Truderinger Dorfkern. Die Ostseite des Areals an der vielbefahrenen Verbindungsstraße Am Mitterfeld erforderte eine geschlossene Bebauung als Lärmschutz. Hier entstand eine kammförmige Bebauung mit bis zu drei Geschossen plus Dachgeschoss. Die ruhigen Höfe öffnen sich zum Grünzug, wo im Mittelbereich der Anlage schließlich die unterschiedlich langen Reihenhauszeilen liegen.

Lageplan

Reihenhäuser

Innenhof

Smaragdstraße

Architekten: Helmut Zieseritsch, Graz und Ziller+
Architekten, München
Bauherr: Concept Bau, München
Adresse: Smaragdstraße

Wohnfläche: 5478 qm
Wohneinheiten: 70
Baujahr: 1997–1998

Im äußersten Nordwesten München, fast an der Stadtgrenze, entstand diese Wohnsiedlung an einem Ort mit dem klingenden Namen Smaragdstraße – offenbar ein Ansporn für die Architekten, denn es handelt sich nicht nur um eine Anlage mit kostengünstigen Eigentumswohnungen, sie erhielt auch noch den Innovationspreis. Das Grundstück liegt am Ostrand der alten Wohnsiedlung Ludwigsfeld.

Vorgegeben war eine überwiegend dreigeschossige Bebauung; dabei sollte die Mischung unterschiedlicher Wohnungstypen und -größen in einem Haus gewährleistet sein. Offene Grundrisse mit austauschbaren Individualräumen waren gefordert, die es erlauben, von der üblichen Raumhierarchie wegzukommen.

Die Anlage hat sich inzwischen zu einem Vorzeigeobjekt entwickelt. Die Siedlung orientiert sich zwar am vorhandenen Bestand, ist jedoch individuell gestaltet, was äußeres Erscheinungsbild sowie Freiflächen betrifft. Drei kurze Wohnzeilen stehen durch schmale Gartenzonen getrennt entlang der Smaragdstraße; zwei längere östlich

davon. Über einen zentralen Fußweg erreicht man alle Hauseingänge.

Jeweils sechs Wohnungen werden von einem Treppenhaus erschlossen, und je zwei Wohnungen befinden sich auf einem Geschoss. Die Treppen liegen parallel zur Außenwand, was den Vorteil hat, dass die Eingänge einen quasi privaten Charakter bekommen.

Im Erdgeschoss der nördlich und südlich abschließenden Gebäude befinden sich Gemeinschaftseinrichtungen wie eine große Halle, in der Kinder wettergeschützt spielen können, sowie ein weiterer großer Raum, in dem Feste gefeiert oder Vortrags- und sonstige Veranstaltungen abgehalten werden können.

Das optische Erscheinungsbild der Anlage wird durch ein Farbkonzept aufgelockert: Die Wohnzeilen sind weitgehend in kühlem Hellblau gehalten, die Westzeilen hingegen sind Gelb gestrichen. Die horizontale Verbretterung der Schuppenzone ist in einem kräftigen Rotton gehalten.

Im Inneren der Wohnungen ist ein kleiner Vorraum im Eingangsbereich als Garderobe gedacht. Wegen der guten Lichtverhältnisse ist er aber auch als kleiner Arbeitsraum zu nutzen. Hinter einer Schiebetür schließt sich der große Wohnraum mit einer Tiefe von 7,5 Metern an. Weitere zwei bis drei beliebig nutzbare Individualräume sind von einem schmalen Flur aus begehbar. Sie liegen nach Westen, wo auch die Gärten und Balkon angesiedelt sind; nach Osten orientiert liegen Küche, Bad und Toilette.

Hauseingang

Gartenseite mit Kellerersatzräumen

Südseite mit Parkplatz

Diamantstraße

Architekten: Helmut Zieseritsch, Graz und Ziller+
Architekten, München
Bauherr: Concept Bau, München
Adresse: Diamantstraße 19–112

Wohnfläche: 5064 qm
Wohneinheiten: 48 Reihenhäuser
Bauzeit: 1999–2000

Das Wohngebiet Diamantstraße liegt in einer landwirtschaftlich genutzten ehemaligen Mooslandschaft im Nordwesten Münchens. 48 kostengünstige und ökologische Reihenhäuser in verdichteter Bauweise sind hier entstanden. Die neue Siedlung bietet besonders jungen Familien die Möglichkeit, ein Eigenheim zu erwerben.

Das Wohnen im eigenen Heim ist für Viele ein unerfüllbarer Wunschtraum: Die Grundstückspreise sind zu hoch, das Bauen ist zu teuer. Mit Hilfe des »München

Modells« konnte in der Diamantstraße dieser Traum erfüllt werden.

Durch die Drehung des klassischen Reihenhausgrundrisses um 90 Grad sind die Räume lichtdurchflutet, Treppenhaus und Bäder belichtet. Drei verschiedene Haustypen lassen Flexibilität zu. Grundelement der Wohnanlage ist ein lang gestreckter, zweigeschossiger Baukörper sowie drei Wohneinheiten, deren Stellung zueinander von der Besonnung und der Trennung in öffentliche und private Bereiche bestimmt wird: ein geschützter Eingangsbereich vorn – eine private Terrasse nach hinten gelegen.

Günstiges Bauen ist hier durch platzsparende Planung möglich geworden: Die unterschiedlich großen, aber breit angeordneten Häuser ermöglichen die optimale Nutzung der kleine Gärten. Wichtige Stichworte waren hier flächensparender Städtebau und eine klare Architektursprache. Dem ganzheitlichen Ansatz gemäß wird wenig Energie verbraucht, da die Hauptwohnräume nach Westen und Süden ausgerichtet sind und so eine maximale Ausnutzung passiver Energiequellen möglich ist. Zudem sorgen Solarbrunnen, Regenwasserführung und -versickerung sowie ein zentrales Heizhaus für die Umsetzung des ökologischen Ansatzes.

Die Wohnungen haben 3, 4 oder 5 Zimmer, sie sind bei variablen Grundrissen 86, 97 oder 107 qm groß. Die Haupterschließung der Häuser erfolgt über die Parkplätze von der Straße aus, wobei es zusätzlich ein internes, autofreies Wegesystem gibt.

Gartenseite

Eingangsseite

Gehweg zwischen Gärten und Eingängen

HighLight Munich Business Towers

Architekt: Helmut Jahn (Murphy/Jahn), Chicago
Bauherr: Konsortium KanAm/Aareal Bank
Eigentümer: Bürozentrum Parkstadt-München-Schwabing KG
Adresse: Mies-van-der-Rohe-/Walter-Gropius-Straße
Geplante Fertigstellung: 2004

Bruttogeschossfläche: circa 73 836 qm ab Erdgeschoss
Höhe: Hochhausscheibe Ost: 126 m (33 Geschosse), Hochhausscheibe West: 113 m (28 Geschosse), Gebäude Nord (Hotel): 5/7 Geschosse, Gebäude Süd (Büro- und Businesscenter): 5 Geschosse

Zwei schlanke, gläserne Hochhausscheiben, 113 und 126 Meter hoch, verbunden durch drei Brücken aus Glas und Stahl, werden in Kürze die Skyline von München verändern und das architektonische Highlight am nördlichen Eingangstor zu München sein. Ihre kühne Form verdanken die HighLight Towers dem Stararchitekten Helmut Jahn. Die unter technologischen und ökologischen Aspekten gewählte Fassade gibt dem Gebäude eine moderne, kristallin glatte Erscheinung.

Das Ensemble HighLight Towers wird in allen Teilen den hohen Anforderungen, die an ein modernes Bürohaus gestellt werden, entsprechen. Neue Maßstäbe werden mit einem umweltverträglich und effizient arbeitenden Lüftungs- und Klimatisierungssystem gesetzt. Dabei ermöglichen zu öffnende Fenster – auch in den Hochhäusern – den Büromitarbeitern eine individuelle Lüftung und den gewünschten Bezug zur Natur. Erreicht wird dies durch eine

einschalige Vorhangfassade mit wärmereflektierender Verglasung sowie einer innovativen, zu öffnenden Fensterkonstruktion mit Windschutz- und Schalldämmelementen.

Die Hochhausscheiben können durch ihren Grundriss flexibel genutzt werden (73 Meter x 13,5 Meter Innenmaß). Die Büroflächen werden optimal belichtet. Um die Türme mit 28 bzw. 33 Geschossen gliedern sich zwei Flachbauten, in denen ein Hotel sowie zusätzliche Büroflächen untergebracht sind. Die Bruttogeschossfläche beträgt rund 73 836 Quadratmeter über einer dreigeschossigen Tiefgarage mit circa 752 Stellplätzen.

Das 14 570 Quadratmeter große Grundstück an der Mies-van-der-Rohe-Straße liegt verkehrsgünstig am Mittleren Ring, der Hauptverkehrsader um die Münchener Innenstadt, und der Einmündung der A 9. Die Autobahn A 9 verbindet die Innenstadt mit dem Flughafen, den man mit dem Auto in 20 Minuten erreicht. Der Hauptbahnhof ist mit dem Auto 15 Minuten entfernt, zur U-Bahn-Haltestelle Nordfriedhof läuft man sechs Minuten zu Fuß. Die Fahrzeit von dort zur Münchner Freiheit beträgt drei Minuten, am Marienplatz ist man in neun Minuten.

Im Mai 2002 begann KanAm im Konsortium mit der Aareal Bank AG mit dem Bau des Komplexes HighLight Towers. Die Rohbauarbeiten in den Untergeschossen waren zur Jahresmitte 2003 abgeschlossen, der Hochbau geht zügig voran. Die Fertigstellung ist für September 2004 vorgesehen.

42 Prozent der Flächen sind bereits vermietet. Roland Berger Strategy Consultants, eine der führenden Unternehmensberatungen der Welt, wird Mieter im Turm Ost. Das Hotel ist an die INN SIDE Hotel GmbH vermietet.

In der Ausstellung »Metamorphose München« der bayerischen Landeshauptstadt wurde das Projekt als Bestandteil einer Dokumentation zur Geschichte und Zukunft der Architektur in München präsentiert.

Brücken aus Stahl und Glas im 9., 10. und 20. Obergeschoss

Rechte Seite: Ansicht vom Mittleren Ring

Bürogebäude am Münchner Tor

Architekten: Allmann, Sattler, Wappner, München
Bauherr: Münchner Rückversicherungs-Gesell-
schaft AG, München
Investor: Meag Real Estate Management GmbH,
München

Bruttogeschossfläche: 34 000 qm
Adresse: Schlüterstraße
Bauzeit: 1999–2003

Das so genannte Münchner Tor erhielt seinen Namen durch die Verbindung zweier Hochhäuser am Mittleren Ring – des neuen Verwaltungsgebäudes der Münchener Rück und des parallel dazu geplanten »Zwei-Scheiben«-Hochhauses. Das aus einem Wettbewerb hervorgegangene, jüngst erst fertig gestellte Bürohochhaus ist mit seinen 85 Metern Höhe niedriger als sein Nachbar, das Hochhaus von Murphy/Jahn. Das Verwaltungsgebäude setzt sich aus mehreren Bauteilen zusammen: Hochhaus, Erschließungshalle, Flachbau und Tiefgarage. Die Höhe des Hauses ist moderat und dem Ort angemessen: Es verfügt über zwei Tiefgeschosse, drei aufgeständerte Luftgeschosse, zwanzig Regelgeschosse und ein Archivgeschoss. Es soll kein auf sich bezogenes, isoliertes Zeichen darstellen, vielmehr definiert sich das Gebäude mit seinen zwei Baukörpern als notwendiger Abschluss des schlangenförmigen Flachbaus um die Autobahnauffahrt. In dem zweigeschossigen Verbindungsbau, der als Kupplungselement zum sich anschließenden Flachbau fungiert, soll ein

großzügiges Foyer zur Haupterschließung des Hochhauses Platz finden. Der sechsgeschossige, zweihüftige Flachbau wird durch drei Kernbereiche gegliedert, die zur Promenade kleinere Eingangshallen ausbilden. Die lückenlose Bebauung über die Tunnelabdeckung des Mittleren Rings hinaus gewährleistet den Schallschutz für die südlichen Wohnbebauungen. Die Büros selbst werden durch eine vor das Gebäude gestellte gläserne Wand vor Lärm geschützt.

Die den Gebäuden südlich vorgelagerte, baumbestandene Promenade dient, adäquat zu der Höhenentwicklung der neu entstandenen Baukörper, als großzügiger Aufenthalts- und Erschließungsbereich mit weit gespannten Sitzstufen. Die Promenade ist bis auf die Funktionen Vorfahrt, Anlieferung und Rettungsweg für den Individualverkehr gesperrt und Fußgängern vorbehalten. Die Fassaden sind geprägt durch eine changierende metallische Haut, die sich aus lichtbrechenden, lichtleitenden, absorbierenden und reflektierenden Oberflächen zusammensetzt.

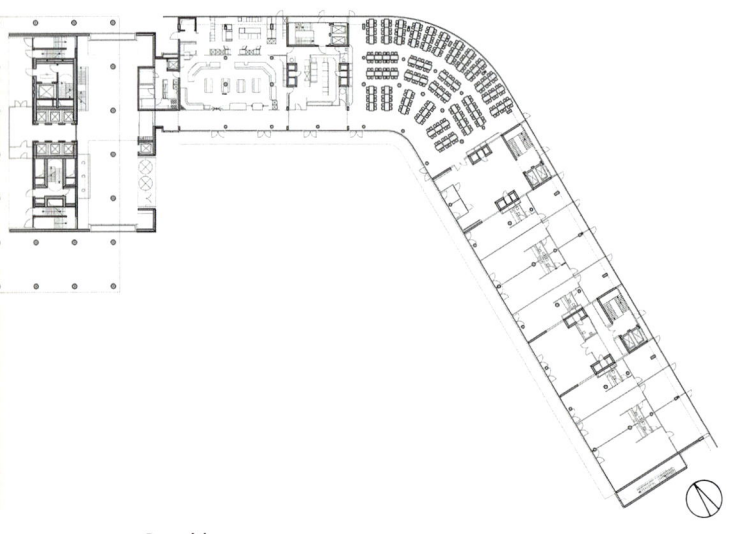

Grundriss

Modellansicht von Süden

Ansicht vom Mittleren Ring

Technisches Rathaus

Architekt: Rolf Ganzer und Helmut Unterholzner, BDA, München
Bauherr: Baureferat der Landeshauptstadt München

Bruttogeschossfläche: circa 82 000 qm
Adresse: Berg-am-Laim-Straße/Friedenstraße
Baujahr: 1999–2000

Im Jahr 2000 zog das Baureferat der Landeshauptstadt München, das bis dahin auf 22 Standorte in der Stadt verteilt war, um in das neue »Technische Rathaus« in der Friedenstraße. Die Architekten lösten die ihnen gestellte Aufgabe mit Bravour. Sie integrierten eine Gebäudeanlage mit 1200 Büros für die insgesamt 1560 Beschäftigten in ein Mischquartier in Innenstadtrandlage mit günstiger Verkehrsanbindung. Es entstand ein nicht zu nüchternes, aber auch nicht zu technoides Haus, dessen markantestes Zeichen, ein 58 Meter hoher Turm, von weitem sichtbar ist. Dahinter schließt sich das Geviert des 18 Meter hohen, flachen Verwaltungsbaus mit seiner großzügigen Eingangshalle und seinem parkähnlich gestalteten Innenhof an.

Die Spitze des 20-stöckigen Turms ziert ein Kunstwerk des New Yorker Künstlers Vito Acconci mit dem Titel »Courtyard in the wind«. Der besondere Clou dieser Arbeit ist eine Verbindung von der Turmspitze zum Innenhof, denn dort kreist ein Landschaftsring auf einer versenkten Schienenkonstruktion, wenn sich oben auf dem Turm die Rotorblätter im Wind drehen.

Die Gebäudeanlage schließt den Blockrand an der Berg-am-Laim-Straße/Friedenstraße ab, ohne dabei allzu massiv zu wirken Da es sich um ein öffentliches Verwaltungsgebäude handelt, mussten die Architekten möglichst kostensparend bauen. Sie verwendeten hauptsächlich Metall und Glas, die ein helles, freundliches Klima schaffen und die Transparenz eines Dienstleistungsgebäudes symbolisieren sollen. Selbst in den obersten Geschossen des Turms lassen sich dank einer zweischaligen Fassade die Fenster öffnen.

Foyer

Detail (innen)

Rechte Seite:
Hofansicht

Telekom Center München

Architekt: Kiessler + Partner Architekten GmbH
mit S. Blume und G. Rebouskos
Bauherren: Lupina / Malo / Kusit / Janko vertreten
durch Kadima Grundstücksgesellschaft
mbh & Co KG, Grünwald
Adresse: Dingolfinger Straße

Rechtsberatung: Kanzlei Helmut Wagensonner &
Partner, München
Grundstücksgröße: 27 500 qm
Bruttogeschossfläche: circa 72 000 qm
oberirdisch, circa 25 000 qm unterirdisch
Bauzeit: 2002–2005

Das Konzept der neuen Telekom-Zentrale, die in der Nähe des Ostbahnhofes unmittelbar neben den Gleisanlagen errichtet wird, entspricht der Linearstruktur einer Bandstadt: Fünf 15-geschossige Doppeltürme sind hintereinander aufgereiht. Mit ihrer Höhe von fünfzig Metern nehmen sie die Höhe des bewährten gründerzeitlichen Gebäudetyps auf, der die Stadtzentren der europäischen Metropolen geprägt hat und in München mit Hermann Leitensdorfers Städtischem Hochhaus in der Blumenstraße vorbildlich vertreten ist. Die Telekom-Türme treten in der Stadtsilhouette markant, aber nicht dominant in Erscheinung.

Anders als beim hohen Solitär ermöglicht die Gruppe von vergleichsweise niedrigen Türmen die Integration in die sich zunehmend verdichtende und damit in die Höhe wachsende Stadtstruktur. Die moderate Höhe der Gebäude erlaubt es u. a., alle Arbeitsplätze natürlich zu belüften; insgesamt führt sie zu günstigen Bau- und Betriebskosten. Gläserne Verbindungsstege zwischen den Bürotürmen sorgen zusammen mit den Panoramaaufzügen für eine durchgängige und einladende Vernetzung der über 2500 Arbeitsplätze dieser neuen Bürostadt. Deren Attraktivität wird noch unterstützt durch den unmittelbaren Anschluss an den Mittleren Ring und – mit Hilfe eines Fußgängersteges über die Gleisanlagen – an die S-Bahn-Station Leuchtenbergring sowie die kurze Entfernung zur Innenstadt.

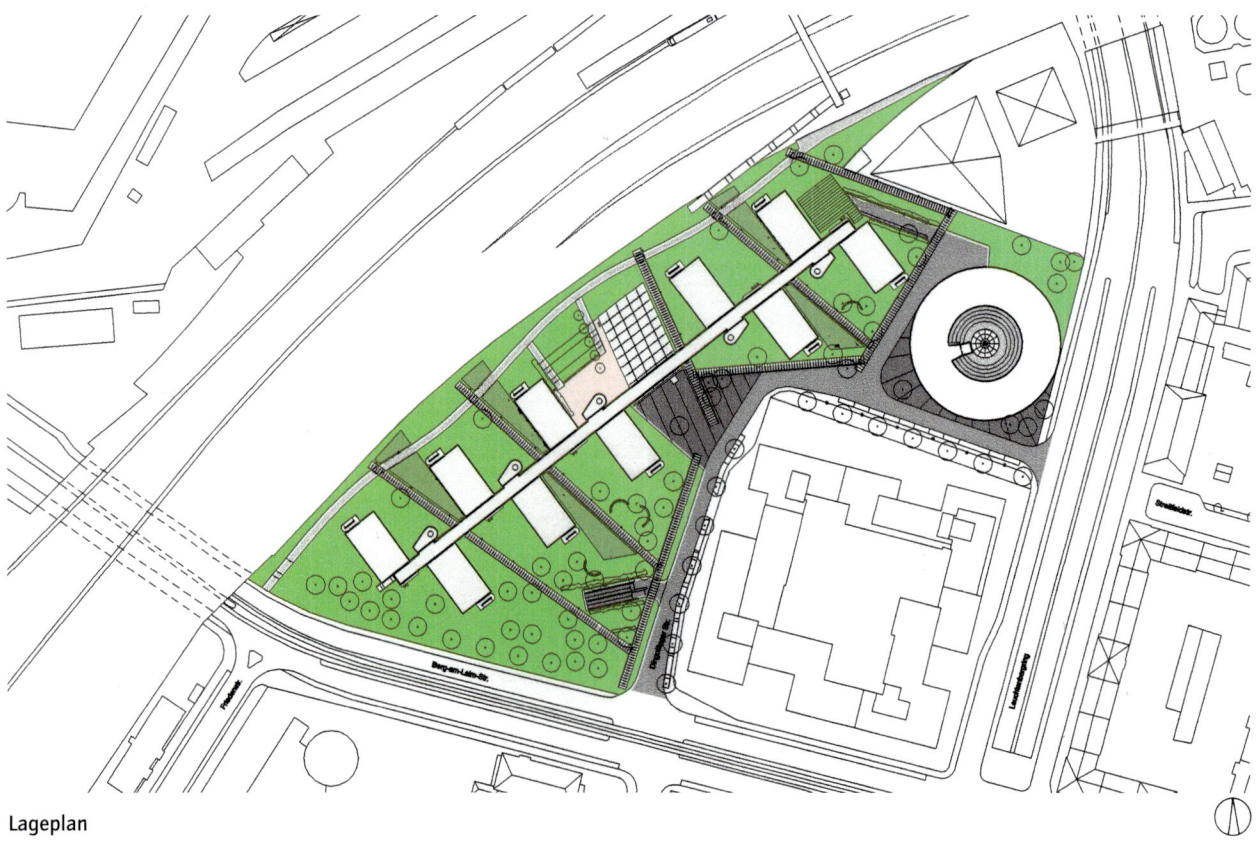

Lageplan

Luftbild von Osten   © FOM Future Office Management GmbH/pixellab

Ansicht Dingolfinger Straße

Hauptverwaltung des Süddeutschen Verlages

Architekten: Gewers Kühn und Kühn, Berlin
Bauherr: Süddeutscher Verlag, vertreten durch
SV-Hochhaus, Hultschiner Straße GmbH & Co. KG,
Pöcking

Adresse: Hultschiner Straße
Bruttogeschossfläche: 64 000 qm
Bauzeit: 2000–2005

Modell mit Grundriss

Für den Neubau der Hauptverwaltung des Süddeutschen Verlages wurde ein Realisierungswettbewerb ausgeschrieben. Die Räume in der Innenstadt waren zu klein geworden. Den Wettbewerb gewann das Berliner Büro Gewers Kühn und Kühn, unter deren Federführung auch schon die Maximilianhöfe neben der Oper erbaut wurden.

Das Planungsgrundstück liegt neben der Druckerei des Verlages an der A 94 nach München-Riem. Das Büro erhielt den ersten Preis nach Überarbeitung des eingereichten Entwurfs, der folgende Baumaßnahmen vorsieht: ein gläsernes Hochhaus mit circa vierzig Bürogeschossen für die gesamte Verwaltung des Süddeutschen Verlages sowie ein mehrgeschossiges Atrium und ein seitlich angelagertes Konferenz-, Kantinen- und Ausstellungsgebäude. Das neue Gebäudeensemble integriert die preisgekrönte Druckerei aus dem Jahr 1985 des Architekten Peter C. von Seidlein gegenüber.

In der noch landwirtschaftlich geprägten Struktur des Planungsgebietes wird das Ensemble einen neuen, klar strukturierten städtebaulichen Akzent setzen. Mit seiner schlanken Schmalseite blickt das Hochhaus zur Altstadt; von den Längsseiten aus öffnet sich das Panorama mit Blick auf das Umfeld bis zu den Alpen.

Der liegende Baukörper neben dem Hochhaus vermittelt zwischen der horizontalen und der vertikalen Struktur und schafft vor dem Hochhaus einen sonnigen Platz, an dem auch der Eingang zum Verlag liegt, als gemeinsames Zentrum des SZ-Verlages und seiner Druckerei. Die lineare städtebauliche Ordnung wird über die Hultschiner Straße hinweg durch ein übergreifendes Freiraumkonzept unterstrichen.

Ansicht von Westen

Uptown München

Architekten: Ingenhoven Overdiek Architekten, Düsseldorf
Bauherr: Hines
Adresse: Georg-Brauchle-Ring 50–66

Bruttogeschossfläche: 84000 qm (Hochhaus 50 200 qm/Campusgebäude 33 800 qm)
Höhe des Hochhauses: 146 Meter
Geschosszahl: 38
Bauzeit: 2001–2004

Das höchste Bürogebäude Münchens wird in Moosach am Georg-Brauchle-Ring in unmittelbarer Nachbarschaft des Olympiageländes stehen. Die Münchener kommen dem Himmel näher, und zwar um 146 Meter. Der Grundstein wurde im Februar 2002 gelegt. Das Hochhaus mit seinen circa 50 200 qm Fläche wird flankiert von vier 29 Meter hohen Campusgebäuden mit je sieben Stockwerken, die untereinander mit einer Schalendachkonstruktion verbunden sind. Sie bilden zusammen mit dem Boulevard die Ost-West-Achse, der das Hochhaus als Vertikale gegenübersteht. Den Bürostandort »Uptown München« ergänzen 139 Wohnungen in einem fünften Campusgebäude. Ladenflächen zur gastronomischen sowie infrastrukturellen Nutzung werden den Boulevard zwischen den Gebäuden säumen und dem gesamten Quartier eine Eigenständigkeit geben. Eine gute Verkehrsanbindung garantiert die Nähe zu den Autobahnen, die Haltestelle der U-Bahn-Linie 1 ist fußläufig zu erreichen.

Der signifikante Turm besitzt eine Glashaut, die wie eine gespannte Membrane das Tragwerk umgibt. Die Fassade hat man als einschalige Gebäudehülle geplant. Neuartiges Schutzglas verhindert unerwünschte Sonneneinstrahlung und eine übermäßige Aufheizung. Die gläserne Hülle weist kreisförmige, parallel ausstellbare Lüftungselemente auf, die als individuelle, zu öffnende Fenster eine zusätzliche natürliche Belüftung gewährleisten. Nicht nur die großzügig angelegte Sonderfläche in der Gebäudespitze bietet einen einzigartigen Blick auf die Alpen. Die stufenartige Modellierung der Außenanlagen hebt die gesamte Bebauung aus der Normalebene der Stadt und schafft einen besonderen landschaftlichen Außenraum – umgeben von einem circa 3000 Quadratmeter großen Kiefernwald.

»Uptown München« fügt sich eindrucksvoll in die unmittelbare Umgebung mit Olympiaturm und BMW-Hochhaus ein und wird in Zukunft ein ebenso signifikantes Zeichen im Stadtraum sein.

Turmansicht

Zu öffnende Fenster ermöglichen dem Nutzer eine natürliche Luftzufuhr

Uptown München – bestehend aus einem Turm,
vier Campusgebäuden und einem Wohngebäude

Mercedes-Hochhaus

Architekten: LAI, Lanz Architekten und Ingenieure, München
Bauherr: DaimlerChrysler AG
Adresse: Arnulfstraße 61–71

Bruttogeschossfläche: 74 000 qm
Bauzeit: 2000–2003
Höhe: 65 Meter

Eine der am meisten befahrenen Verkehrsadern Münchens, der Mittlere Ring im Bereich der Donnersberger Brücke, hat zwei Wachtürme zur Seite gestellt bekommen, den elliptischen Mercedes-Turm auf der Nordseite an der Arnulfstraße und den runden »Munich-City-Tower« auf der Südseite an der Landsberger Straße. Sie sind nur zwei von ungefähr einem Dutzend ›Wachsoldaten‹, die rings um die Stadt entstehen und ihre Silhouette entscheidend verändern werden. Einer der gelungensten dieser Bauten ist der Mercedes-Turm; 65 Meter hoch ist der neue, prunkvolle Glas-Stahl-Turm. Neben dem früheren Firmengelände, das näher zur Brücke gerückt ist, steht nun das neue Verkaufs und Auslieferungszentrum des Automobilkonzerns. Ein flacher Glasbau, das eigentliche Ausstellungsgebäude, schließt sich in südlicher Richtung an den Turm an. Eine weitere gläserne Halle mit einem großen Vorplatz, östlich

des Turms an der Arnulfstraße gelegen, bildet Entree und Verkaufshalle. In diesem Gebäudeteil sind treppenförmig weitere Ausstellungsflächen für Neu- und Gebrauchtwagen entlang einer Erschließungsachse vom Erdgeschoss bis zum 4. Obergeschoss angelegt. Das eigentliche ›Schaufenster‹ aber ist die transparente Glasfassade zur Brücke hin. Sie gibt beim Vorbeifahren einen imposanten Überblick aller lieferbaren Mercedes-Modelle.

Doch wo ist der vertraute Stern, der sonst auf allen wichtigen Gebäuden von Mercedes thront? Die Stadt hat die Anbringung des Firmensignets unterbunden. Begründung: Über der eigentlichen Bauhöhe eines Gebäudes darf es keine Werbung geben.

Zusätzlich zu den Ausstellungsflächen sind im Grundbaukörper mit seinen vier Obergeschossen und zwei Untergeschossen noch Werkstätten, Kundenparkplätze, Pkw-Stauraum und Sozialbereiche untergebracht.

Verwaltung, Niederlassungsleitung und Konferenzräume befinden sich im 16-geschossigen Turm, der an dieser Stelle einen deutlichen städtebaulichen Akzent setzt.

Die Umfassungswände der beiden Untergeschosse werden als »weiße Wanne« ausgebildet; die tragenden Innenwände aus Stahlbeton sind entgratet, gespachtelt und gestrichen. Die Innenstützen in den Untergeschossen sind aus Stahlbeton, ab dem Erdgeschoss aufwärts hat man Stahlbetonverbundstützen verwendet. Tragende Stahlbetonflachdecken zwischen Unterzügen in Stahlverbundkonstruktion trennen die Stockwerke. Die Außenwandverkleidung des Turms ist als zweischalige Schallschutz-Glaskonstruktion ausgebildet. Die innere Glashaut ist in Holzprofilen gelagert, die Äußere punktgehalten. In den Fassadenzwischenräumen sind Aluminiumlamellen als Sonnenschutz installiert.

Innenansicht des Ausstellungsgebäudes

Ansicht von Norden (Arnulfstraße)

Fraunhofer-Hochhaus

Architekt: Henn Architekten, München
Bauherr: Fraunhofer-Gesellschaft, München
Adresse: Hansastraße/Garmischer Straße

Bruttogeschossfläche: 29 870 qm
Höhe: 65 Meter/17 Stockwerke
Bauzeit: 2000–2003

Auf dem Grundstück an der Hansastraße/Ecke Garmischer Straße, unmittelbar neben dem 1992 erbauten Fraunhofer Zentrum für Elektronische Systeme ZES, entstand die neue Zentralverwaltung der Fraunhofer-Gesellschaft. Ein eigenes Gebäude für die zentralen Dienste der Fraunhofer-Gesellschaft war schon lange in der Diskussion. Das Unternehmen wuchs seit seiner Gründung kontinuierlich, und damit stieg auch der Bedarf an Koordination und zentralen Dienstleistungen. Von der neuen Zentrale aus werden nun die Aktivitäten der Organisation für angewandte Forschung mit 57 Instituten in Deutschland und weiteren Einrichtungen weltweit verwaltet und gesteuert. Aus einem Realisierungswettbewerb, den der Freistaat Bayern und die Landeshauptstadt München 1996 ausgeschrieben hatten, ging das Büro Henn 1997 als 1. Preisträger hervor.

In dem 65 Meter hohen Turm mit 17 Stockwerken und dem daneben liegenden zweigeschossigen Flachbau sowie dem fünfgeschossigen Längsbau wurden 450 zeitgemäße Arbeitsplätze in Kombi-Office-Bauweise untergebracht. Neben Büros befinden sich im 1. Obergeschoss über dem großzügigen Foyer Ausstellungsflächen, um die Leistungen

der Fraunhofer-Institute angemessen zu präsentieren. Die Büroetagen des Längsbaus werden von einem begrünten Atrium aus erschlossen. In dem heterogenen Gewerbeumfeld sticht der verglaste Turm mit seiner grünlichen Hülle hervor wie ein Monolith. Er bildet gewissermaßen den Auftakt der Serie von neu entstandenen Hochhäusern in München, wenn man von Südwesten her in der Stadt ankommt, und ebenso bildet das Haus den Ausgangspunkt für die städtebauliche Entwicklung des Areals zwischen Hansastraße und der Bahn. Das Gebäudeensemble ergänzt die bestehende Bebauung zu einem Blockrand und schafft durch den intensiv begrünten Innenhof einen Ort der Ruhe. Die Doppelfassade dient der Schallreduktion und der Belüftung der Büros. Über einen Zentralcomputer werden circa 380 Glasklappen den Witterungsverhältnissen entsprechend geöffnet oder geschlossen. Der Hauptzugang erfolgt von der Hansastraße aus. Ein nahegelegener U-Bahn- und S-Bahnanschluss sowie die Nähe zum Mittleren Ring sorgen dafür, dass Besucher und Mitarbeiter das Gebäude gut erreichen können.

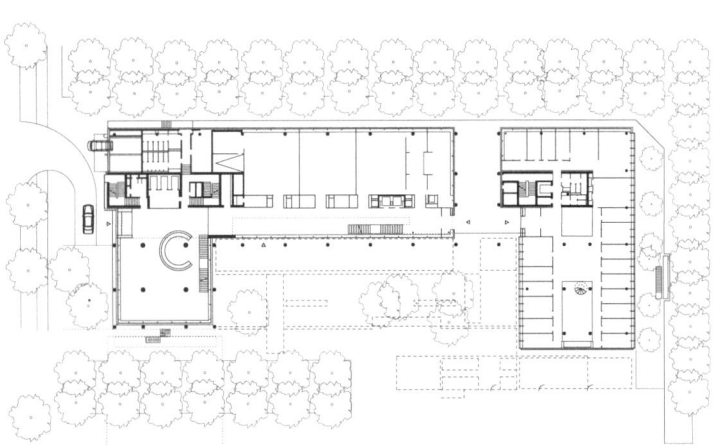

Grundriss vom Erdgeschoss

Lageplan

Der Fraunhofer-Komplex an der Ecke Garmischer-/Hansastraße.
Vor dem Hochhaus und dem Flachbau das Institutsgebäude.

Am Ackermannbogen

Städtebaulicher Entwurf: Christian Vogel,
München
Landschaftsplanerischer Entwurf:
Rita Lex-Kerfers, München

Gesamtfläche: circa 39,5 Hektar
Lage: Schwabing West
Bauzeit: 2002–2003 (erster Bezug)

Bis vor wenigen Jahren noch hat die Bundeswehr das Gebiet zwischen Schwabing und dem Olympiapark für sich genutzt. Heute entsteht dort das Stadtquartier »Am Ackermannbogen« mit circa 2250 Wohnungen und circa 2000 Arbeitsplätzen.

Im nordöstlichen Bereich werden im Rahmen der »Offensive Zukunft Bayern«, einem Wohnbau-Förderprogramm des Freistaats Bayern, und in Zusammenarbeit mit der Landeshauptstadt München sozial und ökologisch orientierte, kostengünstige Wohnungen gebaut. Gemeinsam mit den zahlreichen Bauträgern wurde in einem Realisierungswettbewerb nach individuellen Lösungen zur Finanzierung und nach einer interessanten Mischung aller Wohnformen gesucht (Beauftragung Rahmenplan, Architekturbüro A2, Freising). So werden neben frei finanzierten Wohnungen auch geförderte Miet- und Eigentumswohnungen entstehen. Außerdem realisiert in diesem Bereich die Wohnbaugenossenschaft wagnis eG ein gemeinschaftliches Wohnprojekt mit einem Nachbarschaftscafé und einem Bewohnertreff für das ganze Quartier.

Der nordwestliche Bereich wurde für das Modellprojekt »Solare Nahwärme« ausgewählt, das eine Verbindung von Solarenergie und Fernwärme zum Ziel hat.

Im Süden gibt es neben dem Wohnungsbau auch gewerbliche Nutzungen, insbesondere entlang der Schwere-Reiter-Straße. Hier befindet sich der »Marktplatz«, um den sich die Geschäfte und Läden gruppieren werden. Dort wird ebenfalls eine Einrichtung für betreutes Wohnen entstehen. Ein Gebäude an der Schwere-Reiter-Straße wurde bereits zu einem Studentenwohnheim umgebaut.

Der erhaltene Baumbestand wird im neuen Konzept berücksichtigt. Der »Stadtwald« bildet eine Zäsur, einen bewussten Schnitt zwischen Nord- und Südteil des Gebiets, und ist gleichzeitig Bestandteil der Fahrradhauptroute, die Schwabing mit dem Olympiagelände und Neuhausen verbindet.

Um ein qualitätsvolles Ergebnis zu erreichen, wurde in einem ersten Schritt ein städtebaulicher und landschaftsplanerischer Wettbewerb über das gesamte Planungsgebiet von circa 40 Hektar durchgeführt. In einem zweiten Schritt wurde unter Beteiligung der künftigen Investoren ein Realisierungswettbewerb für das Quartier Nord veranstaltet.

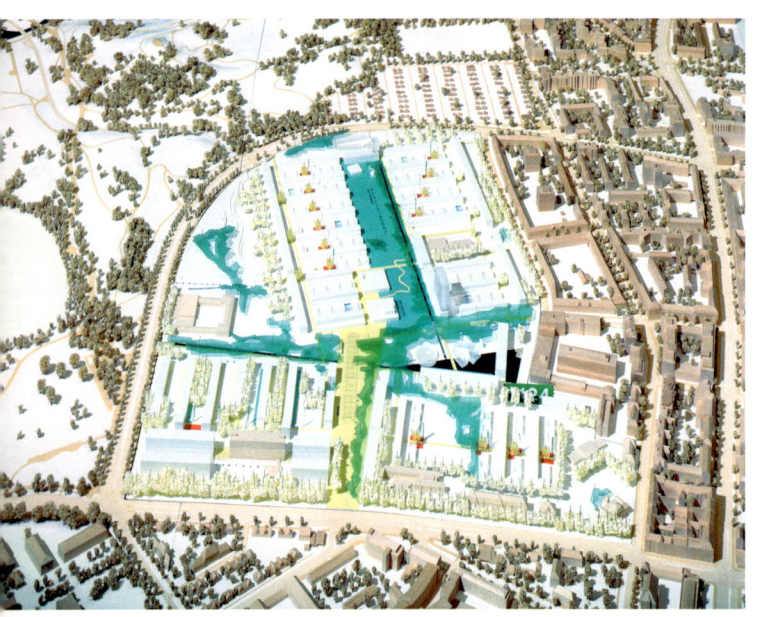

Städtebaulicher und landschaftsplanerischer Ideenwettbewerb
(Preisträger: Christian Vogel und Rita Lex-Kerfers)

Wohnbebauung Am Ackermannbogen
»Projekt Ackermannbogen Süd-Ost-Quartier MI1–MI3«

Städtebaulicher Entwurf: Steidle + Partner, München
Bauherr: Dawo Planbau, München
Adresse: noch offen

Bruttogeschossfläche: 43 900 qm
Wohneinheiten: 90
Baubeginn: 1. Bauabschnitt: 2004

Ein weiteres Wohnprojekt am Ackermannbogen, das jedoch bereits zum 2. Bauabschnitt gehört, fällt zunächst auf durch seine ungewöhnliche mäandrierende Form und wird schon im Vorfeld als »Schlange« tituliert.

Das zu beplanende Gebiet liegt in der geografischen Mitte des Ackermannbogens und zerfällt in die »Mischgebiete« 1–3. Im Jahr 2002 fand hierzu ein Workshop statt, an dem sieben Architekturbüros teilnahmen. Das Büro Steidle + Partner erhielt den Auftrag, den städtebaulichen Entwurf zu entwickeln.

Die hier gewählte signifikante städtebauliche Figur der Anlage dient als Bindeglied zwischen gewachsenem Stadtquartier, dem Olympiapark im Westen und der neuen Bebauung auf dem ehemaligen Gelände der Waldmann-Stettenkaserne auf dem Ackermannbogen.

Der städtebauliche Entwurf setzt sich zusammen aus der mäandrierenden Großform und einer sich südlich anschließenden straßenbegleitenden Häuserzeile. Der Mäander bildet bedingt durch seine Form offene Höfe und vielfältige Außenbezüge und Freiräume aus. Durch die Zeile erfolgt ein Abschluss im Süden, nach Norden bleibt die Form der Anlage zunächst offen zu einer Quartierfreifläche hin.

Im Westen entsteht ein 14-geschossiges Wohnhochhaus mit Läden im Erdgeschoss. Es bildet den Abschluss zum bestehenden Stadtwald hin.

Innerhalb der städtebaulichen »Schlange« sind kleinmaßstäbliche Hauseinheiten mit maximal sechs Wohneinheiten pro Etage vorgesehen. Die Hauseinheiten werden mit terrassierten zwei- bis viergeschossigen Baukörpern verbunden; die Dachflächen werden als Freiflächen für die Wohnungen genutzt.

Auf den drei Baufeldern sind unterschiedliche Haustypologien vorgesehen: MI1 besteht aus vier Einzelhäusern mit Verbindungskörpern: dem erwähnten 14-geschossigen Wohnhochhaus mit seinen Läden und einem öffentlichen Platz davor, zwei fünf- bis siebengeschossigen Bürohäusern ebenfalls mit Ladennutzung im Erdgeschoss sowie einem fünfgeschossigen Wohnhaus am östlichen Übergang zu Baufeld MI2. Hier stehen sieben Einzelhäuser mit Verbindungsbaukörpern: sechs Einzelhäuser, sechs- bis achtgeschossig mit reiner Wohnnutzung, sowie ein siebengeschossiges Bürohaus im Süden. Auf dem Baufeld MI3 entwickeln sich sechs Einzelhäuser mit terrassierten zwei- bis dreigeschossigen Baukörpern in den Fugen parallel zur geplanten Straße. Auch hier entsteht ein sechsgeschossiges Bürohaus im Westen; die östlich angrenzenden etwas niedrigeren Häuser sind reine Wohngebäude mit einem Kindergarten im Erdgeschoss.

Lageplan

Ostansicht

Nordansicht

Westansicht

Südansicht

Städtebauliche Entwicklungsmaßnahme Am Ackermannbogen
»Quartier Nord-Ost«

Architekt: Architekturbüro A2 Koronowski Lautner Roth, Freising (Entwurf und Planung)
Landschaftsarchitekt: Johann Berger, Freising
Bauherren: Wohnbaugenossenschaft wagnis eG, München; Bauherrengemeinschaft wagnis GbR, München

Adresse: Neuer Stadtteil »Am Ackermannbogen«, Rosa Aschenbrennerbogen
Wohneinheiten: 92 Wohnungen, 2 Büroeinheiten, Nachbarschaftscafé, Nachbarschaftsbörse
Bruttogeschossfläche (gesamt): 9314 qm
Bauzeit: 2003–2004

Das Siedlungsmodell »Am Ackermannbogen« entsteht im Rahmen der Siedlungsmodelle der »Offensive Zukunft Bayern« südlich des Olympiaparks. In Abstimmung mit den verschiedenen Bauherren und Architekten entwickelte das Architekturbüro A2 aus Freising das städtebauliche Konzept für den ersten Realisierungsabschnitt »Quartier Nord-Ost« auf der Basis des vorangegangenen städtebaulichen Ideenwettbewerbs für den gesamten Ackermannbogen (Christian Vogel und Rita Lex-Kerfers). Drei überschaubare Quartiere gliedern das Baufeld zwischen der »Großen Wiese« und dem Anger an der Deidesheimer Straße.

Das Besondere des Projekts ist der partizipative Ansatz bei dieser Größenordnung: Fast alle der 92 zukünftigen Haushalte sind schon in der Planungsphase ›an Bord‹. Damit wird versucht, gesellschaftlichen Veränderungen Rechnung zu tragen, Isolation und Anonymität zu begegnen und ein Quartier zu schaffen, in dem durch Bewohnerbeteiligung ab dem Planungsprozess Nachbarschaft generationenübergreifend gelebt werden kann. Gemeinschaftliche Ziele sind darüber hinaus, ressourcenschonend, gesund und umweltbewusst zu bauen und zu leben. Die zukünftigen Bewohner finanzieren das Projekt und die projekt- und quartiersbezogenen Gemeinschaftseinrichtungen durch circa dreißig Prozent Eigenkapital, Förder- und Bankdarlehen.

Die Wohnanlage besteht aus vier Häusern, in denen jeweils frei finanzierte und geförderte Genossenschafts- und Eigentumswohnungen in bunter Mischung untergebracht sind. In gestuften Entscheidungsprozessen werden in Projekt- und Hausgruppen Beschlüsse vorbereitet, die in einem Gesamtplenum zur Abstimmung kommen.

Das Projekt »wagnis« (wohnen und arbeiten in gemeinschaft – natürlich – innovativ und selbstbestimmt) zeigt hier neue Wege im Wohnungsbau auf und ist als Pilotprojekt für das Programm »Gemeinsam bauen und leben« der Obersten Baubehörde Bayern ausgewählt worden.

Seinen Niederschlag findet dieser zukunftsfähige Ansatz schon in der Konzeption der Wohnanlage. Es gibt ein- bis fünfzimmergroße Geschoss- und Maisonnettewohnungen mit flexiblen Grundrissen und privaten, geschützten Freibereichen, die unterschiedliche Wohnbedürfnisse befriedigen. Am Quartiersplatz in der Mitte des wagnis-Areals sind Gemeinschaftseinrichtungen, das Café, ein Lebensmittelladen und die Büroräume angesiedelt. Er korrespondiert über die Durchgänge und Zwischenräume mit dem Stadtpark und der großen Wiese, mit Spielplätzen, dem Gemeinschaftsgarten und dem wagnis-Platz, sodass sich im öffentlichen Raum jedwedes kreative Engagement frei entfalten kann. Erweiterbare »Erschließungsdecks« auch in den Obergeschossen und Gemeinschafts-Dachterrassen unterstützen darüber hinaus eine hohe Aufenthaltsqualität und das Aneignen von ›weißen Flecken‹.

Siedlungsmodell »Quartier Nord-Ost« (Städtebaulicher Rahmenplan Architekturbüro A2

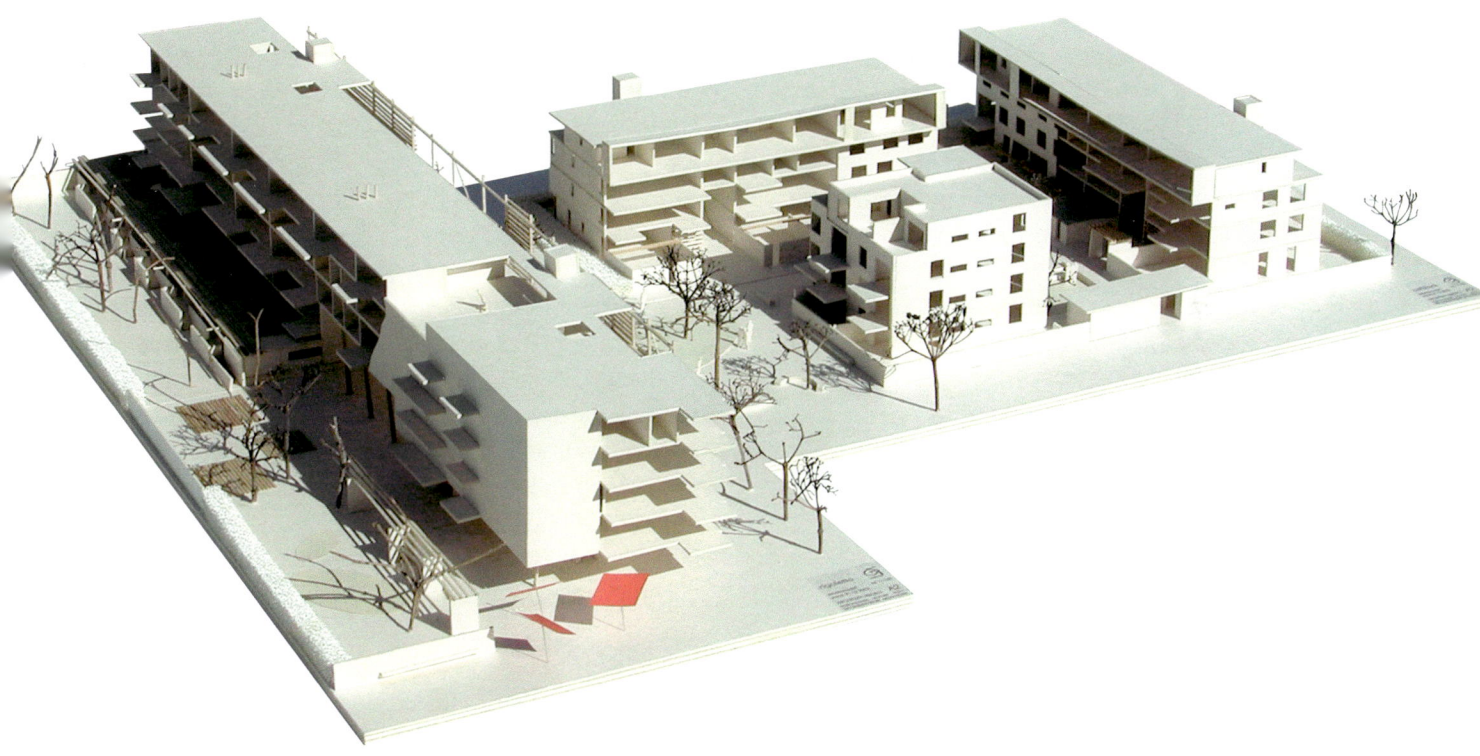

Gemeinschaftliches Wohnprojekt der wagnis GbR mit den Häusern Rigoletto, Rialto, Ostblock und ZehnVorne
(Arbeitsmodell Architekturbüro A2)

Siedlungsmodell »Am Ackermannbogen«

Entwurf und Planung: Architekturbüro A2
Koronowski Lautner Roth, Freising; Architekturbüro
Albert Blaumoser, Starnberg
Bauherr: Concept Bau, München

Adresse: Ackermannstraße
Wohneinheiten: Mehrfamilienhäuser (96 Wohn-
einheiten, 12 Reihenhäuser)
Baujahr: 2003

Das neue Stadtquartier »Am Ackermannbogen« entwickelt sich am westlichen Rand des gründerzeitlichen Schwabings im Rahmen der »Siedlungsmodelle Bayern«.

Das städtebauliche Konzept für den ersten Realisierungsabschnitt »Quartier Nord-Ost« wurde auf Basis des städtebaulichen Ideenwettbewerbes (Christian Vogel und Rita Lex-Kerfers) in einem im Jahr 2000 entschiedenen beschränkten Realisierungswettbewerb vom Freisinger Architekturbüro A2 in Abstimmung mit den verschiedenen Bauträgern und deren Architekten weiterentwickelt.

Drei überschaubare Quartiere gliedern das Baufeld zwischen der ›großen Wiese‹ und dem Anger an der Deidesheimer Straße. In der vorgeschlagenen Kammstruktur lassen sich unterschiedliche Haustypen realisieren. Die klare Zonierung von öffentlichem Raum mit Gemeinschaftszonen zu klar abgegrenzten Freiflächen ermöglicht ein attraktives Wohnumfeld.

Im mittleren Baufeld realisiert die Concept-Bau 77 Geschosswohnungen und 12 Reihenhäuser, die von zwei unterschiedlichen Architekturbüros realisiert werden. Die Ost-West-Orientierung der Reihenhäuser ermöglicht trotz der baulichen Dichte eine gute Besonnung und Belüftung des nördlich gelegenen Geschosswohnungsbaus.

Wohnungsbau im Norden und Osten: Innerhalb der vorgegebenen Struktur entsteht im Geschosswohnungsbau (Architekturbüro Blaumoser) ein hohes Maß an Flexibilität. Pro Hausmodul lassen sich unterschiedlichste Wohnungsgrößen realisieren. Eine platzartige Aufweitung vor den Treppenhäusern mit Fahrradabstellflächen und Sitzbänken vermittelt zum öffentlichen Raum. Gartenanteil, Balkon oder Dachterrasse schaffen für jede Wohnung einen attraktiven Freiraum. Der punktartige Kopfbau als Abschluss der Zeile im Westen öffnet sich zur großen Wiese. Die Wohnungen innerhalb der östlichen Straßenrandbebauung orientieren sich zum ruhigen Innenbereich.

Reihenhäuser im Süden: Im Wettbewerb als »wachsende Häuser« konzipiert, ermöglichen die Reihenhäuser (Architekturbüro A2) die individuelle Anpassung an den jeweiligen Wohnraumbedarf der Bewohner. Den Häusern zugeordnete Schuppen für Fahrräder und Gartengeräte schützen die Privatgärten und ermöglichen inmitten der Stadt den Traum vom eigenen Haus. Der im Westen als Abschluss entstehende Geschosswohnungsbau ebenfalls von A2 bietet auch kleineren Wohnungen einen gut nutzbaren privaten Freiraum in Form von Gärten, Loggien und Dachterrassen zur ›großen Wiese‹ an.

Modellfotos: Mehrfamilienhäuser und Reihenhäuser

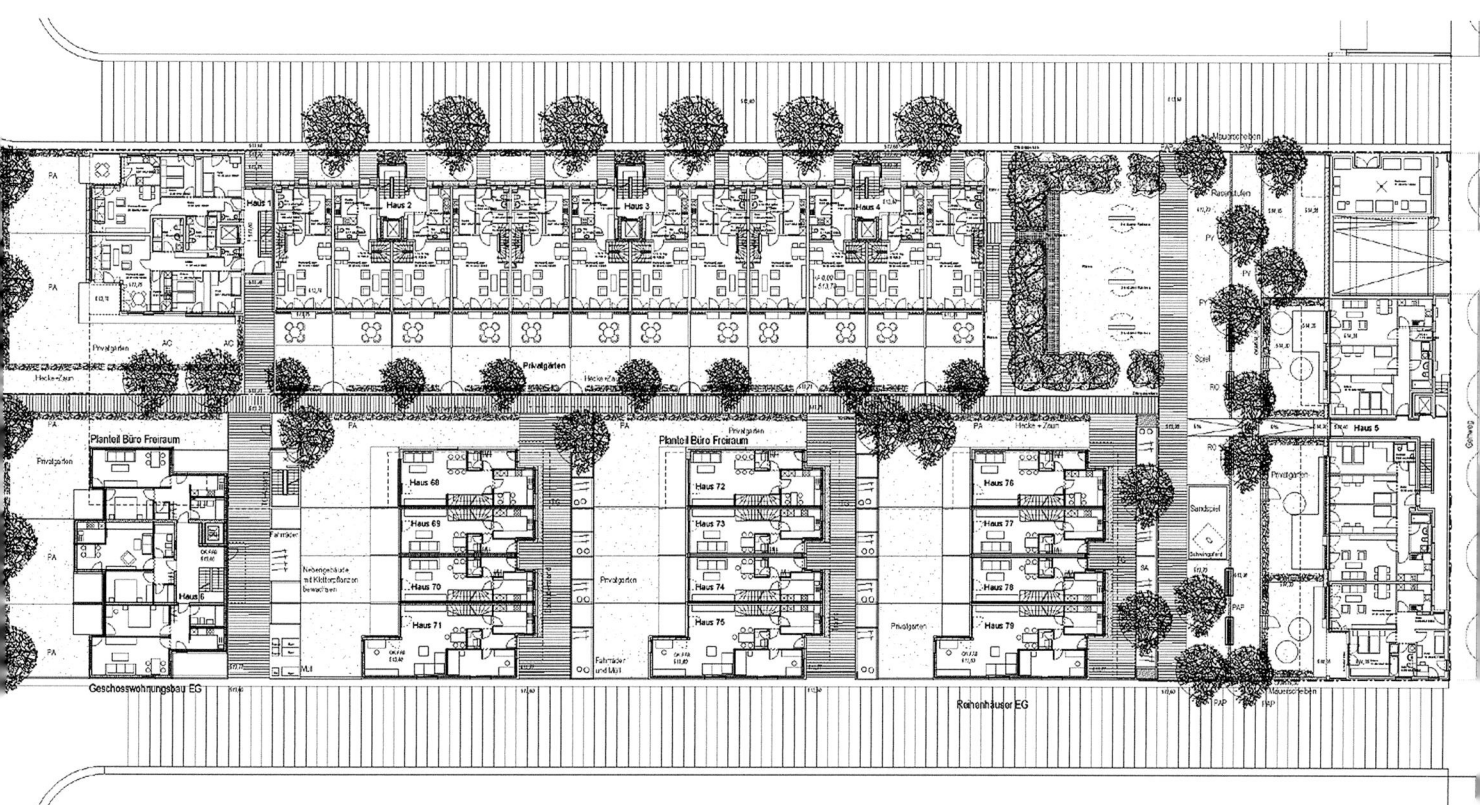

Lageplan mit Grundriss

Theresienhöhe

Städtebaulicher Gesamtentwurf:
Steidle + Partner, München
Bauherr: Baywobau, Concept Bau, Cordula,
Investa, KPMG, LHM und andere

Standort: Schwanthalerhöhe und Sendling
Geländegröße: circa 47 Hektar
Bauzeit: 2000 – 2005

Nach dem Entschluss, die Messe München von ihrem alten Standort auf der Theresienhöhe nach München-Riem auf das ehemalige Flughafengelände zu verlegen, ergab sich die Möglichkeit, das ganze Gelände neu zu beplanen. Hier wird ein attraktiver Stadtteil entstehen: Geplant sind in erster Linie rund 200 000 qm Büro- und Geschäftsflächen (4000 – 5000 Arbeitsplätze), aber auch circa 1600 Wohnungen auf einer Gesamtfläche von 45 Hektar um den historischen Bavariapark. Darüber hinaus wird das Viertel über die nötigen Infrastruktureinrichtungen verfügen: über Läden, eine Grundschule, Kindergärten und ein Jugendzentrum. Für den Erhalt des denkmalgeschützten Teils der Messehallen wird ebenfalls Sorge getragen. Die Grünflächengestaltung sieht zusätzlich zum historischen Park weitere attraktive Freiräume vor, wie z. B. den neuen Park oberhalb des Bahndeckels. Bis 2005 soll das Schmuckstück »Theresienhöhe« fertig gestellt sein. Das neue Stadtquartier liegt zwischen Sendling und Westend und wird künftig den Namen »Am Messepark« tragen.

Den ersten Preis für den städtebaulichen Entwurf errang 1997 das Büro Otto Steidle + Partner. Die Leitgedanken formuliert der Architekt mit den Worten: Das neue Quartier »… soll eine eigene Charakteristik von historischen Spuren (z. B. Bestand Messehallen, Bahntrasse) erhalten … Alle diese Komponenten resultieren aus der Geometrie des Quartiers, in Längs- und Querrichtung, mit Orientierung zum Messepark. Das Blockraster … wird nach vorhandener Situation und geplanter Absicht in der Größe modifiziert und in der Haustypologie differenziert. Grundsätzlich hat jeder Block perspektivisch stabile Kanten zum öffentlichen Raum hin. Aus Nutzungsgründen (Licht, Luft, Sonne, Grün) wird der Dialog von Block, Punkt und Zeile gesucht. Dennoch soll durchgängig ein urbaner Charakter vorherrschend sein. Da Blockraster und vorhandene Hallen korrespondieren, können diese kurz-, mittel- oder langfristig in die Entwicklung und Mentalität des Quartiers einbezogen werden.«

Auch hier wird das Leitmotiv der Münchener Stadtentwicklung – »kompakt, urban, grün« – planerisch umgesetzt und die Richtlinien für die Mischung der Nutzungen, der Wohnungstypen und Finanzierungsformen (40 Prozent geförderter Wohnungsbau) eingehalten.

Inzwischen haben große Teile des neuen Stadtviertels bereits Gestalt angenommen. Im Folgenden werden einige repräsentative Bauten an diesem Standort vorgestellt.

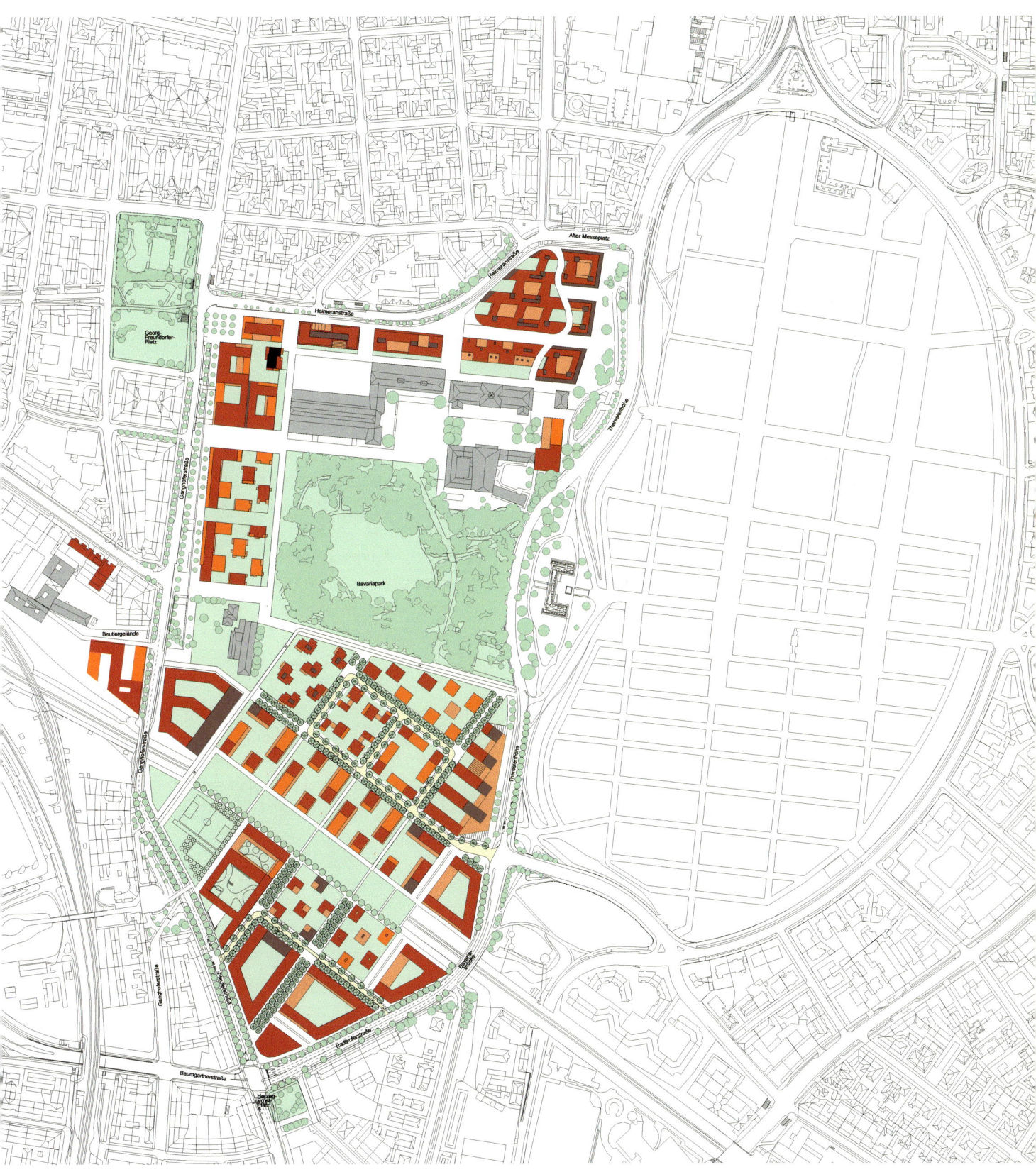

Städtebaulicher Entwurf

Schule Theresienhöhe

Architekt: Prof. Dr. Rudolf Hierl, München
Bauherr: Landeshauptstadt München, Schul- und Kultusreferat

Adresse: Ganghofer Straße
Bruttogrundrissfläche: 7150 qm
Bauzeit: 2003–2005

Die neue Schule auf der Theresienhöhe liegt im Südwesten des alten Messegeländes an der Ganghoferstraße. Sie wird aufgrund von Vorplatz und Innenhöfen bewusst als städtische Schule mit urbanem Charakter begriffen. Sie schließt als öffentlicher Bau die von Südwesten kommende Randbebauung ab und öffnet sich zu einer großzügigen Stadtloggia, die sowohl Schülern als auch Bürgern als witterungsgeschütztes Quartiersforum dient. Die sich anschließenden Freiflächen nehmen die Sportbereiche der Schule auf. Sie verbinden sich mit der Grüninsel an der Ganghofer Straße zu einem signifikanten Grünbereich, der den Übergang in den Westpark städtebaulich schlüssig formuliert.

Der zweigeschossige Kindergarten liegt im ruhigeren Nordosten und orientiert sich zu einem im Innenhof gelegenen Freibereich. Die ebenfalls zweigeschossig organisierte Schule gliedert sich im Erdgeschoss in Tagesheim und Fachklassen; im Obergeschoss befinden sich die Normalklassen sowie die Verwaltung der Schule.

Für den Innenhof des Kindergartens wird das Thema einer bewegten Topographie gewählt, um die Entwicklung der motorischen Fähigkeiten, des räumlichen Vorstellungsvermögens sowie des kognitiv-haptischen Lernens der Kinder zu fördern. Der Schulhof wird entsprechend der vielfältigen Nutzungsanforderungen in unterschiedliche Bereiche gegliedert, die durch ein differenziertes Wegesystem miteinander verbunden sind.

Für die Sportflächen ist ein grüner Hain aus Feldahornen vorgesehen, der eine Raumkante bildet und eine klimatische Ausgleichszone mit schattenspendenden Ruheflächen schafft.

»Der Entwurf für die Grundschule und den Kindergarten auf der Theresienhöhe bedient sich einer bewusst städtischen Typologie. Die Randbebauung formuliert einerseits klare Straßenräume, andererseits differenzierte Innenhöfe. Eine großzügige Stadtloggia für die Bürgerschaft bildet den signifikanten Auftakt dieser Raumfolge, ihr folgt ein geschlossener Pausenhof für die Schule, zuletzt kommt der intime, halboffene Freibereich der Kindertagesstätte«, so der Architekt.

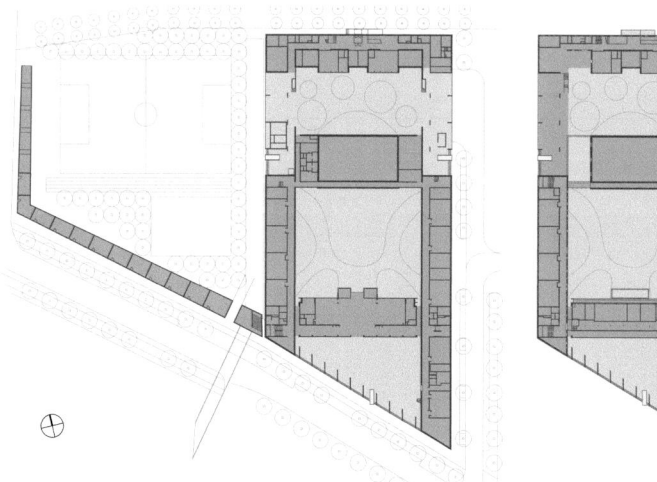

Grundriss

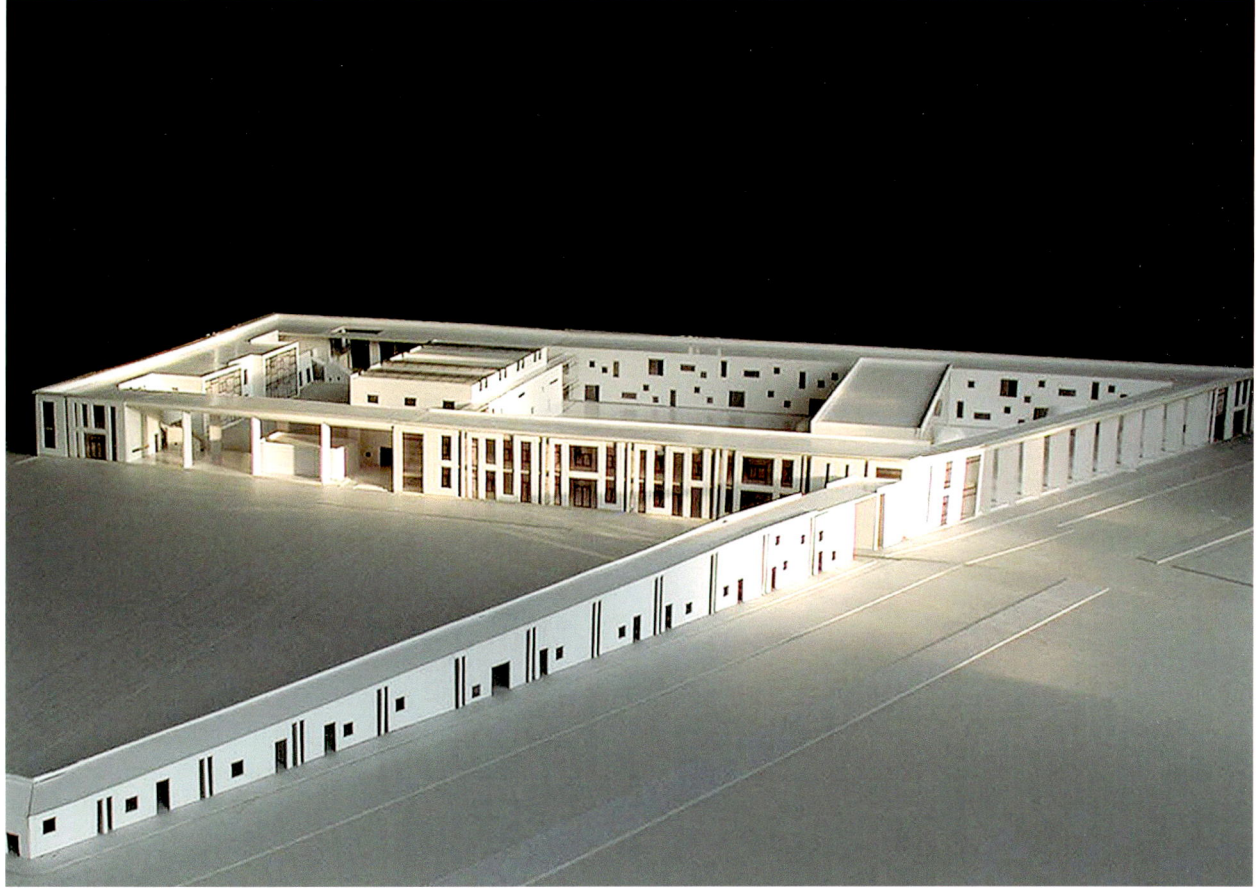

Modell

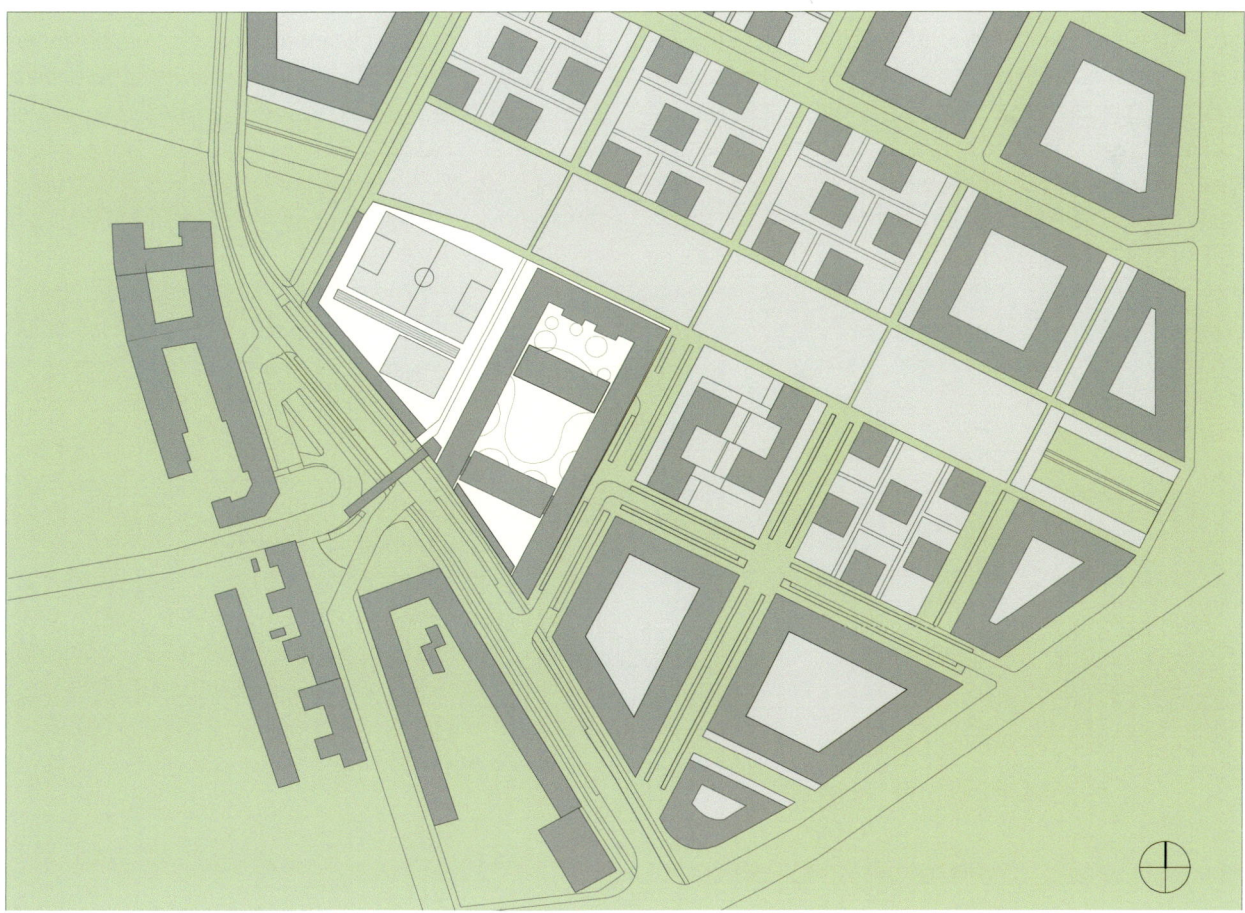

Lageplan

Wohnturm Theresienhöhe und Kinderkrippe

Architekt: Steidle + Partner, München
Bauherr: investa Unternehmensgruppe München
Adresse: Hans-Dürrmayer-Weg 2 und 4
Bauzeit: 2001–2002

Bruttogeschossfläche: 5438 qm/Wohnturm;
707 qm/Kinderkrippe
Farbkonzept: Erich Wiesner, Berlin
Licht-Design: Ingo Maurer, München

Der Wohnturm ist Bestandteil des städtebaulichen Konzeptes, welches das Büro Steidle für den neuen Stadtteil auf der Theresienhöhe entwickelt hat. Der Turm ist gewissermaßen eine Reminiszenz an den ehemaligen, in den 1950er Jahren abgerissenen Messeturm. Der »Wohnturm«, auch »Park-Plaza« oder »Investa-Tower« genannt, hat mit circa 43 Metern dieselbe Höhe, wie sie der historische Turm hatte. Zusammen mit den alten Messehallen bildete er ein Ensemble und stand kompositorisch im Dialog mit ihnen.

Die Idee, den Turm als Wohngebäude zu gestalten, nimmt Bezug auf die Nachbarschaft zum Wohnviertel Westend. Wiewohl benachbarte Viertel, könnten die beiden Quartiere nicht unterschiedlicher sein – High-Class-Viertel das neue, Bürgerquartier das andere. Im Wohnturm sind in erster Linie Familienwohnungen vorgesehen – auch dies ein Gegensatz zu den Einzelhausquartieren der neuen Bebauung. Wenn in den umliegenden Büros die Lichter ausgehen, erwacht der Wohnturm zum Leben. »Im Wohnturm brennen abends die Lichter, während die Büros unten in die normalen Quartiere im Stadtgeschehen integriert sind. So kehrt sich das Image der Hochhäuser um in ein herausragendes vitales Zeichen im Gefüge der Stadt. Entsprechend betonen die Architektur und die Farbe den Aspekt der lebendigen bewohnbaren Stadt«, so Professor Steidle.

Für den 15-geschossigen Turm hat wieder der Berliner Künstler Erich Wiesner die Farbgestaltung übernommen. Die Fassade ist gelb mit orangefarbenen Flächen; an der Westseite leuchtet bei Nacht im Bereich des innenliegenden Treppenhauses auf jeder Etage ein andersfarbiges Fenster. Auch die anderen beiden Hausseiten sind in Gelb und Orange gehalten. Im Inneren des Gebäudes, in den Treppenhäusern und den einzelnen Etagen, wiederholen sich die Außenfarben an den Innenwänden.

Weit auskragende, besonders großzügige Balkone sind unregelmäßig über die Fassaden verteilt; sie wirken wie offene Schubladen. Die geschlossenen, kantigen Erker sind vorgelagert an der Fassade angebracht.

Die Kinderkrippe befindet sich im Sockelbereich des Gebäudes. Neben dem Hochhaus stehen auf derselben Parzelle noch das KPMG-Gebäude und das ParkLoft an der nordöstlichen Ecke des Gesamtgeländes Theresienhöhe. Durch die Ganghoferstraße sind sie vom neugestalteten Georg-Freundorfer-Platz getrennt.

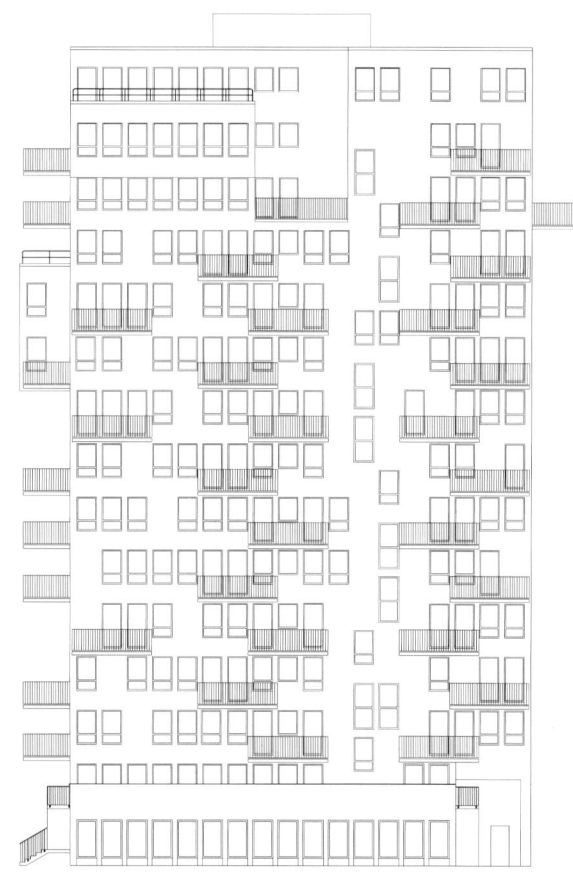

Ansicht

KPMG-Gebäude

Architekt: Steidle + Partner, München
Bauherr: KPMG-Deutsche Treuhand Gesellschaft + Wirtschaftsprüfungsgesellschaft/
Generalübernehmer investa Projektentwicklungs-
und Verwaltungs GmbH

Adresse: Ganghofer Straße 29a
Bruttogeschossfläche: 28 000 qm
Bauzeit: 2000−2002
Farbkonzept: Erich Wiesner, Berlin
Licht-Design: Ingo Maurer, München

Der städtebauliche Entwurf von Steidle + Partner für das Gesamtquartier Theresienhöhe sieht die Entwicklung eines homogenen Stadtviertels vor. Die Architektursprache der Wohn- oder Bürohäuser sollte sich optisch trotz unterschiedlicher Einzelprojekte nicht allzu deutlich unterscheiden und sich in das Bild der umliegenden Stadtteile einfügen. Nach Steidles Auffassung muss erst das Ganze stimmen, bevor man sich den Details widmet.

Blick in das Gebäudeinnere

Diesem Prinzip von Architektur und Städtebau folgt auch der Entwurf für das Bürohaus der KPMG an der Ganghoferstraße. Die Fassaden sind transparent und gläsern, bilden aber dennoch einen stabilen Baukörper – ein mit Keramik verkleidetes Skelett. Das Farbspiel ergibt sich hier nicht aus dem Fassadenanstrich, vielmehr erzeugen farbige Fensterlaibungen je nach Blickrichtung und Standort des Betrachters ein unterschiedliches Bild. Die bestimmenden Farben der Vorderfront sind Gelb, Grün und Orange, an den Seiten entschied man sich für ein einheitliches Weiß, Gelb oder Rot.

Das Gebäude wird über einen Eingangshof erschlossen; dieser bildet zugleich auch das Zentrum des Hauses. Über eine Treppenanlage gelangt man von hier aus in alle Bereiche. Diese Art der Erschließung ist auf einen einzelnen Nutzer zugeschnitten, es ist aber auch denkbar, einzelne Bürohäuser oder auch Wohnhäuser herauszunehmen und sie mit eigenen Zugängen zu versehen.

Die Jury hatte sich eindeutig für Steidles Entwurf entschieden, und zwar aufgrund der hervorragenden inneren Organisation des Gebäudes. Am 20. November 2000 wurde der Grundstein für die neue Niederlassung der KPMG gelegt.

Mittelpunkt im Innern ist eine himmelsleiterartige Treppe. Zu ihr orientieren sich auch die als Galerien ausgebildeten Flure. Der Lichtkünstler Ingo Maurer hat die Stufenunterseite mit farbigen Neonelementen nachgezeichnet.

Ansicht des KPMG-Gebäudes von der Ganghofer Straße

Wohn- und Geschäftshaus »ParkLoft«

Architekt: Prof. Adolf Krischanitz, Wien
Bauherr: investa Unternehmensgruppe München;
Gerling Lebensversicherung AG, Köln
Adresse: Heimeranstraße 37 und 39

Bruttogeschossfläche: Wohnhaus (3350 qm),
Bürohaus (3400 qm)
Wohneinheiten: 28
Bauzeit: 2001–2002

Das »ParkLoft« des Architekten Adolf Krischanitz entstand auf derselben Parzelle wie das KPMG-Gebäude und der Wohnturm von Steidle und Partner an der Heimeranstraße. Der H-förmige Baukörper kann unterschiedlich genutzt werden – für Wohnungen wie für Büros. Das Auffällige an diesem Gebäude mit seiner Kalksteinfassade ist der Grundriss: Die Figur des Baukörpers teilt sich in einen vertikalen, scharfkantigen Mittelteil, der an den Enden auf dreiseitig vorspringenden Querbalken ruht. Diese Eckbauten weisen gleichmäßige, über die Fassade verteilte, raumhohe Fenster auf, sodass fast von einer Vollverglasung die Rede sein kann. Stein und Glas schließen und öffnen die Fassade. Die kopfbauartig ausgeformten Eckbauten sind fünfgeschossig und werden vom Mittelteil um zwei Stockwerke überragt. Im Erdgeschoss ist ein umlaufendes sockelartiges Band als Ladengeschoss ausgebildet. Die zur Straße hin glatten Fassaden weisen an der West- und an der Südseite ausgestülpte Balkone auf; an der Rückseite auch Terrassen, die die unterschiedlichen Nutzungen sichtbar machen. Insgesamt 28 Eigentumswohnungen sind hier untergebracht, deren Größe von 60 bis 155 qm reicht. Die Räume sind mit einer lichten Höhe von 3,10 Meter außergewöhnlich hoch. Die Wohnungen haben »Loftcharakter« mit variablen Grundrissen. Zusätzlich sind gewerbliche Nutzungen auf einer Fläche von circa 3400 qm im Haus vorgesehen. Der Wiener Architekt Adolf Krischanitz über sein Gebäude: »Die vielfältige Nutzung – Wohnungen, Büros, Läden nebeneinander – ist ein urbanes, ein modernes Konzept. Es ist heute immer weniger möglich, sich auf eine Nutzung festzulegen und alle anderen auszuschließen. In der Langzeitflexibilität eines Gebäudes, vielleicht sogar in der möglichen Nutzung der Einheiten als Büro oder als Wohnung, bemisst sich sein eigentlicher Wert, da es nicht absehbar ist, wie sich der Markt in den nächsten zehn, fünfzehn Jahren entwickelt.«

Diese Flexibiliät entspricht einer realistischen zukünftigen Anforderung an Architekten und Planer, nämlich Universalgebäude für alle eventuellen Nutzungen zu schaffen.

Für die äußere Gestaltung ist die optisch unaufgeregte klare Sprache plausibel. Das Gebäude soll verschiedene Funktionen erfüllen, ohne die gleichmäßig durchgängige Präsenz und Rhythmisierung des Baukörpers aufgeben zu müssen. So entstand schließlich dieser multifunktionale Hybrid mit einer nur leicht differenzierten Fassade: »Stein, Verputz und Glas als alternierende Materialien strukturieren die Fassade vertikal und horizontal derart, dass sie gleichermaßen einen Schwebezustand statischer, ebenso wie zwischen offener und geschlossener Wirkung erhalten, ohne dies jedoch allzu offensichtlich auszuspielen«, so Prof. Krischanitz.

Schnitt

Ansicht von Süden

Deutsches Museum – Verkehrszentrum

Architekten: Reichert, Pranschke, Maluche
Architekten GmbH, München
Bauherr: Deutsches Museum, München

Adresse: Alte Messehallen, Theresienhöhe
Bruttogeschossfläche: 12 700 qm (insgesamt)
Bauzeit: 2001–2005

Am 11. Mai 2003, dem 100. Geburtstag des Deutschen Museums, zog das Verkehrsmuseum in eine der drei denkmalgeschützten alten Messehallen auf der Theresienhöhe um – in die einzigen Bauten, die künftig davon zeugen werden, dass sich hier einst das Ausstellungs- und Messegelände Münchens befand.

Die historischen Messehalten 3, 5 und 7 liegen nördlich des Bavariaparks und wurden in den Jahren 1907/1908 nach den Plänen des Architekten W. Bertsch, Leiter des Münchener Stadtbauamts, erbaut. Sie waren Teil des Münchener Ausstellungsparks, der 1908 anlässlich der 750-Jahr-Feier der Stadt München gestaltet wurde. In der Zeit davor war der Ausstellungspark ein kultureller Fixpunkt Münchens für Ausstellungen aller Art und auch für musikalische Darbietungen.

Die Hallen nehmen in der Architekturgeschichte Münchens eine besondere Position ein: Bezüglich Bautypus (Ausstellungs- und Festhallen) und Bautechnologie (Eisen- bzw. Eisenbetonkonstruktionen) verkörpern sie eine für damalige Verhältnisse außergewöhnlich moderne Lösung. Sie verfügen in der Detailausbildung über einen hohen gestalterischen Anspruch und heben sich so von reinen Zweckbauten ab.

Die Haupthalle 1 (ehemals »Prinz-Ludwig-Halle«) misst 51 x 59 Meter und ist 21 Meter hoch. Die unverkleidete Eisenskelettkonstruktion bildet zwei Schiffe und zwei Obergaden zur Belichtung und Belüftung aus. Die Stirnseiten sind im oberen Bereich verglast. Der Ostgiebel mit den beiden vorgelagerten Flügelbauten und dem früheren Haupteingang stand im städtebaulichen Bezug zum Hauptportal des Ausstellungsgeländes. Halle 2 wurde als Eisenskelettbau konstruiert. Die Form der Eisenbinder vermittelt den Eindruck eines langen stützenfreien Saales. Bei Halle 3 handelt es sich um den bis 1908 in Deutschland und Europa größten Hallenbau in Eisenbetonkonstruktion. Die Länge des stützenlosen Raumes beträgt 104 Meter; er ist circa 3000 qm groß. Der Raumeindruck wird bestimmt durch die Abfolge von Dreigelenk-Rahmenbindern aus Eisenbeton mit einer Spannweite von circa 27 und einer Höhe von 22 Metern.

Da das Erscheinungsbild der Hallenfassaden nicht mehr dem historischen Zustand entsprach und auch der Zustand der Bausubstanz nicht mehr zufriedenstellend war, entschloss man sich zur Sanierung der historischen Gebäude. Das Büro Reichert, Pranschke, Maluche führte im Rahmen der Sanierungsarbeiten folgende Aufgaben an den ehemaligen Hallen 3, 5 und 7 durch, die nun Halle 1, 2 und 3 heißen: Wiederherstellung der Standsicherheit, Sanierung der Hallentragkonstruktion und Außenhüllflächen; Rückführung der Hallen in den ursprünglichen Bauzustand, Ergänzung und Erneuerung von Fassaden; Berücksichtigung der Anforderungen an das Gebäude zwecks Nutzung als Museum, Integration der Ausstellungskonzepte (Einbauten) in die historische Bausubstanz.

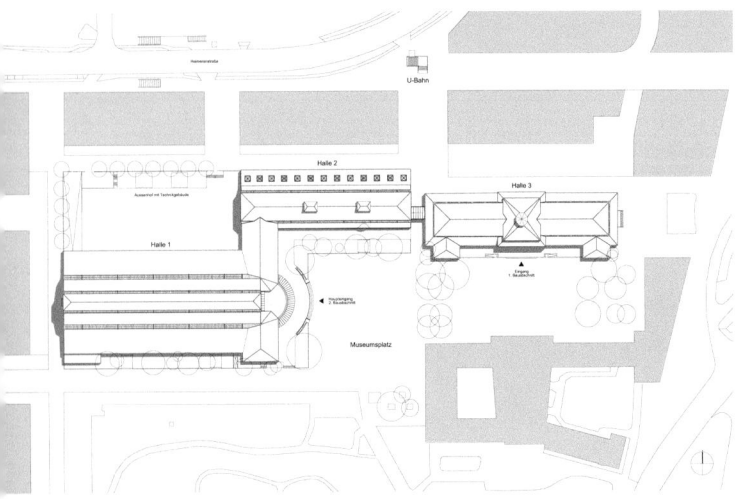

Lageplan

Halle 3

Halle 1 (Entwurf Eingangshalle)

Bürokomplex Esplanade und Wohnhäuser »Bavaria 8«

Architekten: Steidle + Partner, Hilmer & Sattler
und Albrecht, Ortner & Ortner, München und Wien
Bauherr: Baywobau Bauträger AG und Weichinger
Projektentwicklungs GmbH, München

Adresse: Ganghoferstraße/Am Bavariapark
Bauzeit: 2000–2001/Bürokomplex;
2000–2003/Wohnbauten

Entlang der Ganghoferstraße liegt der »Bürokomplex Esplanade«, errichtet nach Plänen des Architekturbüros Steidle + Partner. Auf der dem Park zugewandten Seite liegen auf derselben Parzelle acht von verschiedenen Architekten entworfene Wohnhäuser.

Die beiden komplexen Bürohäuser an der Ganghoferstraße korrespondieren mit der Wohnbebauung aus den 1930er Jahren auf der gegenüberliegenden Straßenseite. »Die großstädtische Dimension der Esplanade wird unterstützt durch die ruhigen Baukörper und die zurückhaltende und dennoch entschiedene Fassadendifferenzierung. Die Fassade soll zwar eigenständig sein, sich jedoch zugunsten des städtischen Charakters nicht besonders hervortun«, so Prof. Steidle. Der klassische Fassadenaufbau ist in Sockel-, Mittel- und Dachzonen unterteilt. An der Straßenseite ist

das Haus mit einer farblich leicht abgestuften Keramikfassade verkleidet, an der Rückseite knüpfen farbige Putzfassaden an die Wohnbebauung an.

Den restlichen Teil des Geländes zur Parkseite hin teilen sich drei namhafte Architekturbüros: Hier finden sich acht einzeln, aber gegeneinander versetzt stehende Wohnhäuser mit dem Namen »Bavaria 8«, von denen Prof. Otto Steidle ein Haus, Hilmer & Sattler und Albrecht drei Häuser und Ortner & Ortner vier Häuser – im jeweils unverkennbar eignen Stil – entworfen haben. Die frei stehende Lage der Objekte ermöglicht Fenster auf allen vier Hausseiten und somit optimale Licht- und Sichtverhältnisse zum Park hin.

Das Haus von Otto Steidle ist ein Unikat im Gefüge der acht Häuser: Das so genannte »Studio-Haus« soll Einheit in der Vielfalt zum Ausdruck bringen. »Dieses Haus fügt sich in den Städtebau- und Gestaltkanon ein und ist doch selbständig. Der architektonische Ausdruck verarbeitet Begriffe wie architektonische Ordnung und individuelle Entfaltung«, so kommentiert es Steidle. Es ist farblich so gestaltet, dass die einzelnen Flächen eigenständig zur Wirkung kommen: ein warmes Spanischgelb zum Park hin, oxydrot ist der Vorplatz nach Norden und der Sockel des Zugangs nach Westen. Die Dachterrassenzone ist genau wie bei den anderen Häusern weiß. Hier oben befindet sich die als »Ereignisraum« gestaltete Dachterrasse zum Park, zur Festwiese und zur Stadt hin gelegen.

Bei den vier Wohnhäusern von Ortner & Ortner sind »Stadthäuser« von hoher Qualität entstanden. Architektur fern von Moden und Zeitgeist-Design – angestrebt war kein kurzlebiger, exotischer Ausdruck, sondern eine Betonung klassischer Kriterien. »Der Charme der Münchener Architektur liegt in der italienischen Provenienz begründet. Warme Farben, Materialien wie Putz und Stein, die Wärme aufnehmen ... verleihen ihr ... vor allem Wohnlichkeit, die wesentlich zur Attraktivität Münchens beiträgt«, meint Manfred Ortner. Die vier sieben- bis achtgeschossigen Häu-

Luftbild der Gesamtanlage (linkes Bürogebäude KPMG mit Wohnhochhaus von Steidle + Partner)

Bürogebäude von Steidle + Partner entlang der Ganghoferstraße

Wohnhaus von Steidle + Partner, im Hintergrund Bürogebäude

ser sind mit ihrer schlanken Gestalt fast Wohntürme und nehmen jeweils variiert das Thema der italienischen Villa auf. Der Fassadenaufbau folgt der klassischen Ordnung Sockel, Schaft und Gesims. Auch die Farben Ocker, Steingrau und Venezianischrot folgen italienischem Vorbild.

Drei punktförmige Einzelgebäude von Hilmer & Sattler ergänzen schließlich das Ensemble. Im Gegensatz zu den anderen scharfkantigen Häusern hat eines ihrer Häuser eine organisch geschwungene Körperhaftigkeit und bildet somit einen bewussten Kontrast zu seinen Nachbarn. Ein zweites Haus des Büros schafft ein anderes Licht- und Schattenspiel der Fassade durch horizontale Gesimse und vertikale Lisenen, deren Geometrie den inneren Aufbau des Hauses widerspiegeln und je nach Sonnenstand wechselnde Eindrücke erzeugen. Dies und die spezielle Farbgebung geben den Häusern ihre unverwechselbare Eigenart.

Ein kleiner luxuriös anmutender Wohnpark mit acht unterschiedlichen »Individuen«.

Wohnhaus von Hilmer & Sattler und Albrecht, rechts Wohnhaus von Ortner & Ortner

Wohnhaus von Hilmer & Sattler und Albrecht

Wohnhäuser von Ortner & Ortner

Wohnhäuser von Ortner & Ortner, links Wohnhaus von Hilmer & Sattler und Albrecht

Avalon-Bürogebäude / Theresienhöhe

Architekten: Ortner & Ortner, Berlin/Wien
Bauherr: Cordula Grundstücksverwaltungs-
gesellschaft, Düsseldorf

Adresse: Radlkoferstraße 16
Bruttogeschossfläche: 11 400 qm
Bauzeit: 2001–2003

An der Theresienhöhe gelegen, mit Blick auf die Stadt und die Festwiese, bildet dieses Bürogebäude eine Ecke des Gesamtquartiers. Anliegen der Architekten war es, dem Gebäude eine prägnante, ruhige und feste Gestalt zu geben. Es gewinnt Eigenständigkeit aus seiner Lage, betont durch die ausgeprägte Spitze, die sich an der Radlkoferstraße über die gesamte Länge der Fassade mehrfach wiederholt, das Thema der Ecke und macht damit die städtebauliche Funktion des Gebäudes durch die sich wiederholenden ›Zacken‹ deutlich.

Das fünfgeschossige Gebäude hat an der Radlkoferstraße eine Länge von 81 Metern und ist 18 Meter hoch. Auf einem zweigeschossigen Sockel sind weitere drei Geschosse derselben Höhe aufgesetzt. Hohe, schmale und rechtwinklige Fensterbänder überziehen alle Seiten des Hauses in regelmäßigen Abständen.

Zunächst fällt die prägnante Ausbildung der Fassade – einer vorgehängten, cremefarbenen Natursteinfassade aus Juramarmor – auf. So genannte Krustenplatten, ebenfalls aus Juramarmor, springen circa 100 mm aus der Fassade hervor, sie scheinen plastisch versetzt auf den weißen Untergrundflächen angebracht zu sein. »Über die rationale Bürofassade legt sich eine Art steinernes Fell; noch nicht

ganz glatt, verleiht es dem Gebäude die in dieser Lage nötige Vitalität«, erläutert Manfred Ortner.

Boden und Wände des Foyers sind aus edlem rötlich braunem Marmor. Zum Innenhof hin hat das Foyer eine rahmenlose gläserne Wand.

Das Herz des Gebäudes liegt im Innenhof: Umschlossen von Fassaden aus Holz und Glas – ähnlich denen traditioneller Veranden und Wintergärten – liegt ein intimer Hof mit sattem grünem Moosteppich. Bänke aus Lärchenholz mit steinernen Sockeln stehen auf Schotterstreifen und Begrünung. Ein messinggedeckter Umgang reflektiert und bricht das Licht, verleiht dem Hof am Abend eine angenehme Atmosphäre oder, wie Manfred Ortner es ausdrückt, – im Innenhof herrscht nahezu die kontemplative Stimmung eines klösterlichen Hofes.

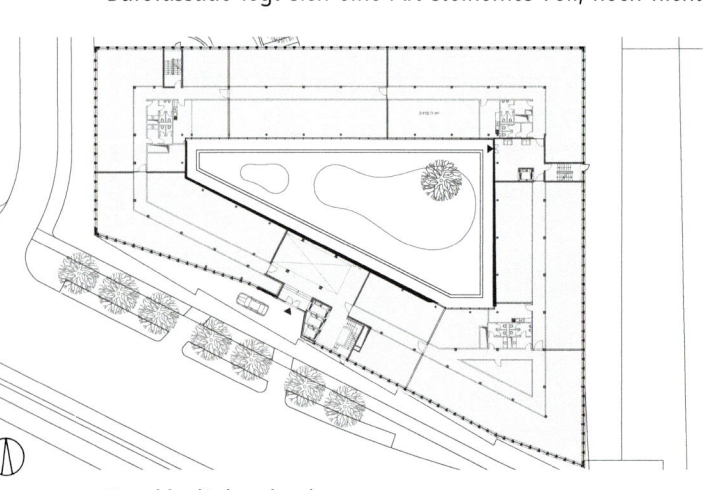

Grundriss (Erdgeschoss)

Ansicht der Fassadenausbildung

Foyer

Innenhof

Wohnhäuser am Bavariapark

Architekten: Schultz-Brauns & Reinhart, München
Bauherr: Concept Bau, München
Adresse: Carlamaria-Heim-Straße 12
Wohneinheiten: 42
Bauzeit: 2002–2003

Architekt: Prof. Dr. Rudolf Hierl, Architekt, BDA, München
Bauherr: Concept Bau, München
Bruttogeschossfläche: 2520 qm
Bauzeit: 2002–2003

Auf diesem Grundstück südlich des historischen Bavariaparks im neuen Stadtteil Theresienhöhe entstehen unter dem Label »Wohnen am Bavariapark« Wohnhäuser, die von verschiedenen Architekturbüros entworfen wurden und von zwei Bauherren realisiert werden.

Die Concept-Bau realisiert vier Häuser – drei stammen vom Büro Schultz-Brauns & Reinhart. Sie liegen an der Carlamaria-Heim-Straße, direkt am historischen Bavariapark: Auf einem keilförmigen Grundstück werden drei kompakte Stadthäuser errichtet. In zwei Gebäuden werden Atelierwohnungen/Lofts mit circa 120 qm Wohnfläche und 2,80 Meter Raumhöhe realisiert, die eine individuelle Aufteilung und flexible Raumgrößen ermöglichen und gleichermaßen als Wohn- und Bürofläche nutzbar sind. Das Raumkonzept orientiert sich dabei an der Flexibilität der im Umfeld der Theresienhöhe vorhandenen Gründerzeitbauten, in denen durch die Raumhöhen und -größen vielfältige Nutzungsarten und -änderungen verwirklicht werden können. Der Entwurf für das Ensemble von drei kubischen, äußerlich gleichen und einem verwandten Einzelbaukörper sieht Folgendes vor: Die Atelierhäuser W 1 und W 2 haben pro Geschoss zwei Wohnungen, deren Grundrisse variabel sind und sogar eine loftähnliche Nutzung ermöglichen. Großzügige Treppenhäuser mit brückenartigen Hauptpodesten und verglasten Aufzügen sowie große Fensterelemente unterstreichen diesen Gebäudetyp.

In Haus W 3 gruppieren sich im 1. bis 4. Obergeschoss je zwei Zweizimmerwohnungen und zwei Dreizimmerwohnungen um einen innenliegenden Treppenraum. Sämtliche Wohnungen sind mit Balkonen oder Freisitzplätzen ausgestattet. Die Wohnungen in den obersten Geschossen sind durch innere Treppen mit den pavillonartigen Dachaufbauten verbunden. Weitere Merkmale der Häuser sind über Eck auskragende Balkone und streng angeordnete, tief heruntergezogene, geteilte Fenster. Die pastellfarbigen Fassaden korrespondieren mit den Wohnhäusern auf der Westseite des Bavariaparks.

Der Architekt Rudolf Hierl realisierte das Einzelprojekt auf dieser Parzelle: ein eigenwillig individuell gestaltetes Punkthaus im Kanon der acht übrigen, das auffallen und anders sein will – die Primadonna im Reigen der Häuser am Park vielleicht.

Es beginnt schon mit der Farbgebung – als Referenz zum nahen Park changiert die Fassade in verschiedenen Gelb-Grau-Grün-Tönen. Man könnte auch sagen, das Gebäude trägt sein farbiges Kleid als Camouflage und als eigenen Ausdruck – wenn die Bäume im Park ohne Laub sind, ist es immer noch grün. Den Architekten interessierte das Thema Punkthaus generell: Im Erdgeschoss schafft er Maisonnette-Wohnungen mit dazugehörigem Gartenanteil für die Kinder. Erst ab dem 2. Obergeschoss gibt es Balkone, die, was ihre Größe anlangt, eher als ein weiteres Zimmer anzusehen sind. Hier wurde versucht, die Idee des »Außenwohnzimmers« auf 15–18 qm zu realisieren – eine Fläche, auf der man durchaus leben und vielleicht sogar nächtigen kann. Im Haus sind auf sechs Geschossen insgesamt 22 Wohnungen mit unterschiedlichen Grundrissen untergebracht. Ein einheitliches »französisches« Fensterformat von circa 2,40 x 0,80 Meter geht raumhoch über alle Hausseiten und Stockwerke. So wird von außen die Nutzung verdeckt und der Konflikt zwischen öffentlich und privat gemildert. Die Stockwerke werden durch ein innenliegendes Treppenhaus und einen gläsernen Aufzug erschlossen. Eine riesige Terrasse auf dem Dach ist den Wohnungen im obersten Stock zugeordnet. Von hier aus lässt es sich bei klarer Sicht über die Stadt und weit in die Berge schauen.

Atelierhäuser erbaut von Schultz-Brauns & Reinhart

Wohnhaus erbaut von Prof. Hierl

Wohnen am Bavariapark II

Architekten: Kirchner Blodig Armbruster.
Architektinnen, München (Häuser 1–3)
PRPM – Perret Reichert Pranschke Maluche,
München (Häuser 4 und 5)
Bauherr: Wowobau, Wohnungsgesellschaft mbH,
München

Adresse: Am Bavariapark
Wohneinheiten: 47 (Häuser 1–3),
34 (Häuser 4 und 5)
Baujahr: 2002–2003

Zusätzlich zu den vier Häusern der Concept-Bau der Architekten Hierl und Schultz-Brauns stehen auf diesem fast dreieckigen Grundstück am Park noch fünf weitere Häuser der Wohnungsgesellschaft Wowobau. Der Auftrag für die Bebauung wurde an zwei Büros vergeben: Gemäß dem städtebaulichen Entwurf wählten beide Architekturbüros den Gebäudetypus des versetzt angeordneten, punktförmigen Wohnhauses und die Grundform des kompakten Würfels. Die versetzte Anordnung lässt wichtige Sichtverbindungen frei und gibt den Häusern mehr ›Luft‹ bei der doch relativ dichten Bebauung des Grundstücks.

Die beiden nebeneinander am Parkrand gelegenen Häuser 4 und 5 entwarf das Büro PRPM: Die Grundrisse sind nach einem klaren Ordnungsprinzip gegliedert, dabei jedoch flexibel. Je nach Größe werden zwei bis vier Wohneinheiten pro Stockwerk untergebracht. Badezimmer und Nebenräume sind durchweg um den Treppenhauskern angeordnet. Alle Wohnräume haben immer Ausblicke nach zwei Himmelsrichtungen: nach Süden, um möglichst viel Sonne einzufangen, und nach Norden mit Ausblick zum Park. Über Eck versetzte, weit auskragende Balkone schlie-

ßen eine gegenseitige Störung der Bewohner aus. Das Erdgeschoss liegt 70 Zentimeter über dem Gehsteigniveau; zu den hier liegenden Wohnungen gehören Gärten, die durch Hecken abgetrennt sind. Die Dachflächen können als Gemeinschaftsterrassen und als Gärten genutzt werden.

Auch die drei Häuser der Architektinnen Armbruster, Blodig und Kirchner sind würfelförmig mit einer ›Kantenlänge‹ von 16 x 16 x 16 Metern. Charakteristisch für die drei kubischen Punkthäuser ist die Stapelung der Wohnebenen in split-level-Bauweise. Dieses Spiel mit verschiedenen Ebenen innerhalb einer Wohnung ermöglicht eine differenzierte Vielfalt an städtischen Wohnformen und besondere innerräumliche Qualitäten. Diese werden am deutlichsten in den Erdgeschoss- und in den Dachwohnungen. Es ergibt sich ein so genannter »Luftraum« inmitten der Wohnung, was ihr etwas Luftig-Großzügiges verleiht. Im Erdgeschoss können die Bewohner über zwei Etagen mit Garten und über eine mögliche Erweiterung im Souterrain verfügen. Im obersten Stockwerk gibt es großzügige luxuriöse Dachterrassen mit spektakulärem Blick über die Stadt. Die geschossweise versetzten raumhohen Fenster verraten das Split-level-Prinzip und variieren das Thema Lochfassade.

Lageplan

Split-level-Bauweise (Modell)

Häuser 4 und 5 von PRPM

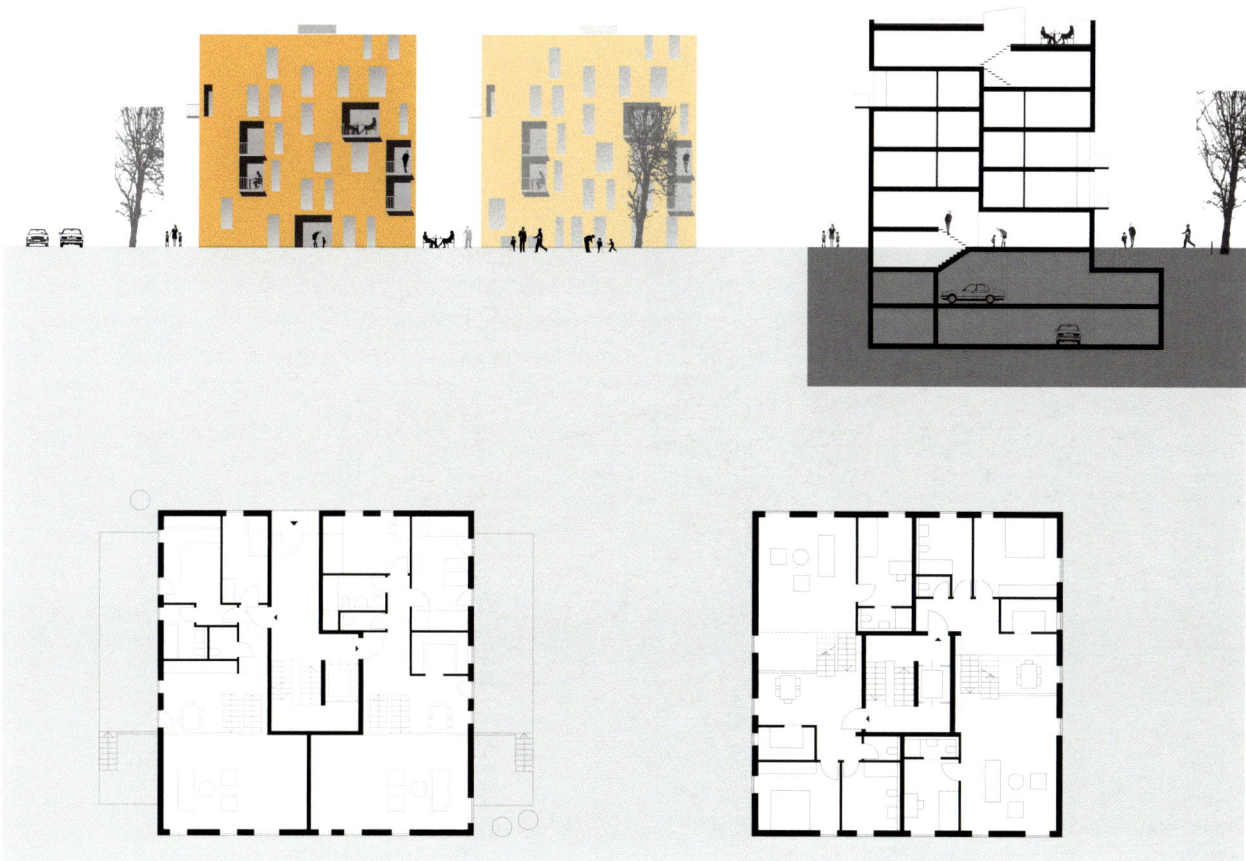

Häuser 1–3 von Kirchner, Blodig, Armbruster

Parkstadt Schwabing

Städtebaulicher Entwurf: André Perret, München
Landschaftsarchitektur: Prof. Rainer Schmidt, München
Bauherr: Argenta, Dr. Röschinger, Langenscheidt, Fries, MWG, City-Tec, Viterra, Weichinger, Baywobau und andere

Fläche: Brutto-Baugebiet: 402 246 qm
Lage: Schwabing Nord
Bauzeit: 2001 bis voraussichtlich 2. Hälfte des Jahrzehnts

Wo bisher Brachland, Wiese und Industrieland war, soll nun auf einem 40,5 Hektar großen Gelände ein völlig neues Quartier mit Park, Wohnungen, Büros, Gewerbe, Straßen und Plätzen entstehen – die so genannte »Parkstadt Schwabing«.

Die prominente Lage zwischen Schenkendorf-, Neußer- und Domagkstraße sowie der Autobahn A 9 stellt die Architekten vor die Herausforderung, hier ein besonders einladendes Stadt-›Entree‹ zu schaffen.

An diesem Ort sollen sowohl das städtebauliche Leitbild »kompakt – urban – grün« als auch die Verwandtschaft mit dem benachbarten Stadtteil Schwabing zum Ausdruck gebracht werden, und dies natürlich mit einer zeitgemäßen architektonischen Formensprache: Eine Variation der beliebten Schwabinger Maßstäbe, der Straßenecken, der offenen Innenhöfe und Vorgärten, wird angestrebt. Das Mischungsverhältnis sieht 12 000 Arbeitsplätze im Dienstleistungs- und Gewerbesektor, 1500 Wohnungen, aber eben auch ein hohes Maß an Grün- und Freiflächen mit einem zentralen Park vor. Die Stadt München schafft hier Baurecht im großen Stil im Rahmen der »sozial gerechten Bodennutzung«, also der Beteiligung der planungsbegünstigten Grundstückseigentümer und Investoren an notwendigen sozialen Infrastrukturmaßnahmen sowie der Herstellung von öffentlichen Straßen, Wegen und Grünflächen gemäß dem vereinbarten städtebaulichen Vertrag. Zu den zeitgemäßen Mitteln gehören eine neue Formensprache, die passive Nutzung von Sonnenenergie, zweigeschossige Wohnungen, Türme, Terrassengärten etc. Büro- und Wohnbauten sollten nicht zu unterschiedlich behandelt werden, um ein einheitliches Stadtbild zu gewährleisten. Auch die Verwaltungsbauten sollen abwechslungsreich und lebendig sein, sei es durch begehbare Dachterrassen, Gärten für die Mitarbeiter, begrünte Innenhöfe, Brücken und Loggien. Die Straßen im neuen Stadtviertel sind übrigens nach Künstlern des Bauhauses benannt – ob sich Mies van der Rohe oder Walter Gropius allerdings mit allem, was hier entstehen wird, hätten identifizieren können, steht auf einem anderen Blatt.

An den beiden Ecken der Parkstadt Schwabing, entlang der Autobahn, sind Hochhäuser geplant. Somit wird die amphitheaterförmige Reihe von Hochhäusern entlang der nördlichen Hälfte des Mittleren Rings, die mit BMW und HypoVereinsbank Hauptwirtschaftsaktivitäten Münchens markieren, um ein wichtiges Element erweitert.

Modellfoto mit zentralem Park

Städtebaulicher Entwurf

Zentraler Park der Parkstadt Schwabing

Landschaftsarchitekt: Prof. Rainer Schmidt, München
Bauherr: City-Tec Maßnahmeträger GmbH, München

Fläche: circa 42 000 qm
Baujahr: 2001–2002

Der zentrale Park der Parkstadt Schwabing liegt im rechten Drittel des neuen Stadtviertels; er verläuft in Nord-Süd-Richtung entlang der Oskar-Schlemmer-Straße und parallel zur Autobahn A 9 nach Nürnberg. Seine Fläche beträgt circa 600 mal 70 Meter. Er liegt im Zentrum der Bürogebäudekomplexe. Diverse Themengärten sind die Herzstücke der Parkanlage des Münchener Landschaftsarchitekten Rainer Schmidt. Die Erkenntnis, dass die zentrale öffentliche Grünfläche einen hohen Identifikationswert in Stadtteilen schafft und als »grüne Lunge« eine wichtige Funktion übernimmt, hat sich glücklicherweise immer mehr durchgesetzt. Hier wird durch den zentralen Park dem neu entstehenden Viertel ein eigenes Gepräge gegeben. Neben der Erholung für die Anwohner dient der Park als Kommunikations- und Aufenthaltsbereich für die Beschäftigten der angrenzenden Kern- und Gewerbegebiete.

Die Anlage gliedert sich in eine Abfolge baumüberstellter Bereiche und freier Rasenflächen. Eingestreut in diese weitläufigen Flächen sind thematisch gestaltete Gärten, die mit topographischen und gärtnerischen Elementen sowie Spieleinrichtungen versehen sind. Diese Gärten geben als abstrahierte Persiflagen die unterschiedlichen Landschaften zwischen München und den Alpen wieder, die von den hohen Gebäuden aus bei Föhnwetter gut sichtbar sind. Sie fügen sich entlang eines »roten Fadens« in die Gesamtanlage, bieten aber mit ihrer kleinteiligen Struktur eine neue Maßstäblichkeit. Die Themengärten tragen folgende Namen: Feldflurgarten, Forstgarten, Gras-/Hügellandschaft, Bergseegarten, Geröllgarten und Felsengarten.

Offene Pavillons dienen als Orientierungselemente, sie sind Teil des Parkkonzepts. Sie bilden räumliche Skulpturen von 10 x 10 x 10 Metern und sind architektonische Fixpunkte im fließenden Raum der Grünanlage. Sie können später für kommerzielle oder kulturelle Zwecke umfunktioniert werden. Die offenen Pergolen bestehen aus weiß lackierten Stahlgerüsten und sind entsprechend den Themengärten teilweise berankt.

Auch die Wohngebiete im Westen des neuen Stadtquartiers sind gegliedert durch Grünzüge. Sie sind mit Bäumen unserer Breiten bepflanzt – mit Kiefern, Birken oder Eichen.

Feldflurgarten

Geröllgarten

Gesamtansicht Zentraler Park

Forstgarten

Felsengarten

Park-Gate

Architekten: Planungsgemeinschaft Perret, Reichert, Pranschke, Maluche, München
Bauherr: Parkstadt Schwabing GmbH/Weichinger Projektentwicklungs GmbH und Baywobau Bauträger AG

Adresse: Marcel-Breuer-Straße/Parkstadt Schwabing
Bruttogeschossfläche: MK 14 und MK 15: 17 000 qm und 18 000 qm
Baujahr: 2000–2003

Der Bürokomplex »Park-Gate« an der Nordseite der Parkstadt Schwabing erfüllt auch städtebauliche Funktionen: Die Baugruppe besteht aus zwei Blöcken mit Innenhöfen und einer privaten Straße in der Mitte, die sowohl eine Art Fußgängerentree als auch eine Torsituation für die Parkstadt bilden. Die einfache Geometrie absorbiert die starke Unregelmäßigkeit der Grundstücke zwischen Domagkstraße und Marcel-Breuer-Straße und fügt die Baumassen in das orthogonale System der Parkstadt ein. Die zwei Baukörper haben, wie alle Projekte der Parkstadt, die Aufgabe, eine vertraute und möglichst mit Schwabing verwandte urbane Stimmung zu erzeugen, in einem Gebiet, das bisher eher eine Stadtrandlage war. Die beiden Gebäude des »Park-Gates« sind durch gleichmäßige Traufhöhen, klare Eingangsfugen zwischen Straße und Innenhof und einem Wechselspiel zwischen massiven und transparenten Fassaden geprägt. Alle Dächer sind begrünt, und der freie Blick nach Süden aus dem Dachgeschoss wird durch eine Minimierung und Konzentration der Technik im Nordbereich ermöglicht. Die präzise Lage der Bauten nach dem Bebauungsplan garantiert sehr gute Außenblicke und Lichtverhältnisse für alle Bürogeschosse und ist die erste Garantie für eine gute Nutzung der Häuser. Die strenge äußere Erscheinungsform entspricht der Nutzung als Bürokomplex. Die Innenraumtemperatur wird im Sommer durch Kühldecken und einen externen Sonnenschutz an den durchgehenden Fensterbändern reguliert. Die Häuser verfügen über vier Stockwerke, der Eingangsbereich im Erdgeschoss ist etwas zurückgesetzt und von Säulen gestützt.

Das Gebäudekonzept gestattet ein Höchstmaß an Variabilität. Alle Raumkonzepte sind umsetzbar: Zellenbüro, Kombibüro und Großraumlösungen. Das individuelle Anforderungsprofil des Mieters entscheidet. Mit zwei Haupteingängen und zwei Nebeneingängen ist jedes Haus durch vier oder acht Geschosseinheiten teilbar.

Die verkehrsgünstige Anbindung an die U-Bahn, Haltestelle »Alte Heide«, und die Autobahn A 9 vor der Haustür werten den Standort zusätzlich auf.

Die landschaftsarchitektonische Gestaltung der Innenhöfe entwarf Prof. Rainer Schmidt. In erhöhte Pflanzinseln eingeschnittene LED-Lichtbänder in Weiß oder Blau strukturieren die Höfe bei Tag und bei Nacht.

Grundriss

Nachtaufnahme

Park-Gate (Modellfoto)

Pflanzinseln mit Lichtbändern im Innenhof

Go Green Office

Architekten: Allmann, Sattler, Wappner, München
Bauherr: Hans Fries Grundstücksverwaltung und
Baubetreuung
Adresse: Walter-Gropius-Straße/Marcel-Breuer-
Straße

Bruttogeschossfläche: 19 000 qm
Gebäudetyp: Verwaltungsgebäude
Baujahr: offen

Mit den Holländern MVRdV, die mit ihrem Pavillon »Gestapelte Natur« auf der Expo 2000 in Hannover Preise und Lobeshymnen einheimsten, hielt die Natur Einzug in die Architektur. In München-Unterföhring umstellten die Hamburger Architekten Bothe, Richter, Teherani ein Versicherungsgebäude mit einem grünberankten Gitter. Für die Parkstadt Schwabing ist das so genannte »Go Green Office« der Architekten Allmann, Sattler, Wappner geplant. Das Bürogebäude steht zwischen einer stark befahrenen Straße und einer öffentlichen Grünfläche. Auf der Straßenseite erhält das Gebäude eine Aluminiumfassade, zum Park hin besteht die ›Fassade‹ aus einer Pflanzenschicht, die den Baukörper bis zum Dach bedeckt. Hinter dem Konzept steht die Idee, unter Verwendung modernster Technologie und Büroarchitektur den hier Beschäftigten das Gefühl zu vermitteln, ›im Grünen‹ zu arbeiten und gleichzeitig ein urbanes Umfeld genießen zu können. Dafür sorgt nicht nur die grünberankte Fassade, sondern auch ein Bambusgarten im Innenhof, gleichsam ein schallgeschützter Erholungsbereich. Die Architekten bezeichnen ihre Fassade als einen »vertikalen Garten«: Die grüne Wand wächst nicht allmählich, sondern ist vom ersten Tag an vorhanden: Die vorgesehenen Weinzweige wachsen aus ungezählten kleinen Pflanzkästen heraus und überziehen das Gebäude

gleichmäßig mit ihren Ranken – sofern sie sich dem Willen der Planer unterordnen. Durch auf dem Dach gesammeltes Regenwasser und ein Leitungssystem werden die Pflanzen bewässert. Je nach jahreszeitlich bedingtem Wechsel – Blühen, Wachsen, Gedeihen und Verwelken – verändert sich der Anblick des Hauses. Über kurz oder lang soll auch aus dem Flachdach eine wahre Parklandschaft ›erwachsen‹. Das Gebäude bekommt so etwas Natürliches, Naturverbundenes und nahezu Poetisches. Die unterschiedliche Höhenstaffelung sowie diverse Vor- und Rücksprünge gliedern das Gebäude in Einzelsegmente. Auch innen ergeben sich dadurch eine Vielzahl von Räumen, die unterschiedlich genutzt werden können – Arbeits- und Aufenthaltsräume sowie Freiflächen. Durch eine großzügige doppelgeschossige Eingangshalle betritt man das Gebäude von der begrünten Nord-West-Seite her. Die Halle verbindet Außenterrasse und Bambusgarten. Von hier aus gelangt man außerdem in die Tiefgarage oder eines der sechs Obergeschosse über Aufzüge oder die zentral gelegenen Treppen. Die Struktur des Gebäudes ist eindeutig: Alle Büroräume werden durch die zweigeschossige Halle erschlossen. Auf jedem Stock gelangt man zunächst in eine Lounge, durch die getreppte Anordnung des Gebäudes verfügt jedes Stockwerk über einen Dachgarten.

Foyer

Schnitt

Begrünte Fassade

Nahversorgungszentrum – Parkstadt Schwabing

Architekten: Grüner + Schnell + Partner, München
Bauherr: MWG – Müller Wohn- und Gewerbebau GmbH
Adresse: Ecke Alfred-Arendt-/Wilhelm-Wagenfeld-Straße

Bruttogeschossfläche: oberirdisch 14 400 qm/ unterirdisch 12 900 qm
Bauzeit: 2003–2004

Das künftige Nahversorgungszentrum mit dem offiziellen Namen »Parkstadt-Center« wird den bestehenden Bedarf an Verkehrsflächen, die verbrauchernahe Versorgung der Bevölkerung insbesondere mit Waren des täglichen Bedarfs im Bereich der Parkstadt Schwabing, aber auch der angrenzenden Gebiete Alte Heide, Studentenstadt sowie im künftigen Baugebiet Funkkaserne abdecken.

Von den insgesamt 14 000 qm Geschossfläche sind circa 4000 qm als reine Verkaufsfläche vorgesehen. Im Wesentlichen werden sich hier Verbrauchermärkte, Läden, Dienstleister, Restaurants, ein Fitnesscenter sowie Arztpraxen ansiedeln; aber auch Büroflächen werden hier entstehen.

Das Zentrum liegt südlich der Domagkstraße an der Alfred-Arendt-Straße und entlang der Wilhelm-Wagenfeld-Straße. Es besteht aus drei kubischen Hauptbaukörpern und ist aus drei unterschiedlichen Materialien erbaut, die mit den drei Inhalten korrespondieren und zu einer städte-baulichen Strukturierung und Konturierung dieser großen Baumasse beitragen sollen. Der größte der drei Baukörper, der für die beiden Verbrauchermärkte vorgesehen ist, erhält eine durchscheinende Glasfassade, das Büro- und Ärztehaus eine dunkle Natursteinfassade aus Basalt, und der Baukörper mit dem Fitnesscenter wird nach außen mit einem glänzenden, weitgehend geschlossenen Metall->Kleid< versehen.

Erschlossen wird das »Parkstadt-Center« über eine gläserne, zweigeschossige Mall, die quasi als ›Bindegewebe‹ zwischen den Baukörpern fungiert, mit einem Haupteingang an der Alfred-Arendt-Straße und einem Nebeneingang in der Wilhelm-Wagenfeld-Straße.

In zwei Untergeschossen sind circa 400 Stellplätze für Pkws vorgesehen. Die Bauarbeiten sollen noch 2003 beginnen, damit der vorgesehene Eröffnungszeitpunkt Ende 2004 eingehalten werden kann.

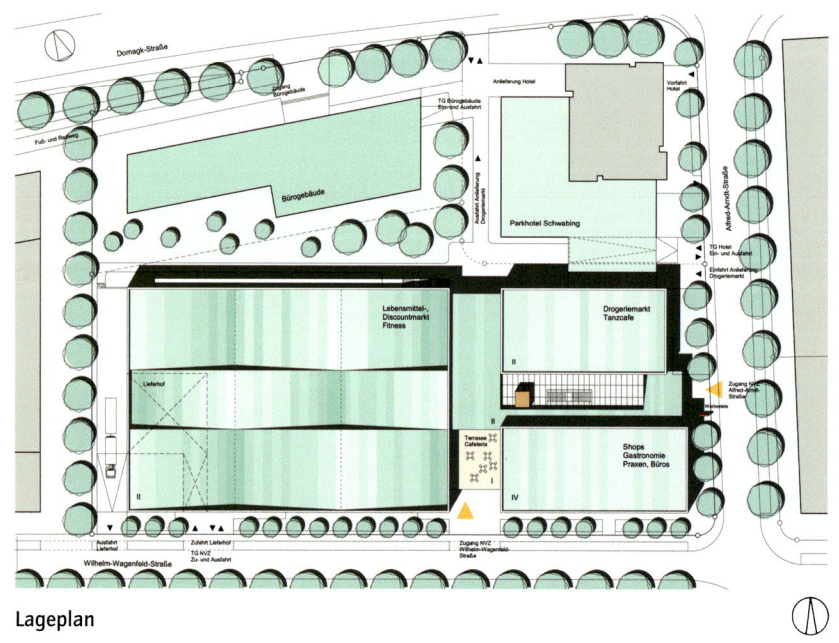

Lageplan

Modellfoto

Park Karree / MK 8

Architekt: Grüner + Schnell + Partner, München
Bauherr: Argenta Internationale Anlagengesellschaft & Co. Grundbesitzges. OHG
Adresse: Ecke Oskar-Schlemmer-Straße / Anni-Albers-Straße / Walter-Gropius-Straße

Bruttogeschossfläche: 26 600 qm oberirdisch / 12 200 qm unterirdisch
Bauzeit: circa 2004

Das Büro- und Verwaltungsgebäude liegt sozusagen im Herzen der neuen Parkstadt Schwabing und wurde zur Unterbringung von möglichst variablen und flexiblen Bürostrukturen entwickelt. So erlaubt das Fassadenraster in Zusammenhang mit zwei- und dreibündigen Bürobereichen eine einfache Umsetzung von Büroräumen als Zellenbüros, Kombibüros oder auch Großraumbüros – sowie eine Mischung dieser Varianten. Die Flexibilität des Gebäudes erlaubt eine Vermietung an entweder nur einen Nutzer oder eine Unterteilung in viele kleine Mieteinheiten. Im Erdgeschoss sind ein großzügiges Foyer sowie ein Casino vorgesehen.

Entlang der Anni-Albers-Straße wurde eine kleine Ladenzone für den täglichen Bedarf mit einem Gastronomiebetrieb integriert. Hier liegt auch die Zufahrt in die zweigeschossige Tiefgarage mit circa 260 Stellplätzen.

Die auf dem Grundstück zu errichtende Bebauung besteht gemäß den Vorgaben des Bebauungsplans aus zwei etwa gleich großen, fast quadratischen Baukörpern von circa 50 Meter Kantenlänge in Form einer mehrgeschossigen Blockrandbebauung. Die beiden Blöcke wurden an der Parkseite durch ein niedriges Bindeglied miteinander verbunden. Von dort erfolgt auch die Haupterschließung.

Im Zentrum der beiden Blöcke befinden sich begrünte Innenhöfe. Durch Gebäuderücksprünge vom 1. bis zum 3. Obergeschoss in Nord-Süd-Richtung mit vorgelagerten begrünten Dachterrassen wird der Innenhof nach oben aufgeweitet und gewährt so auch in den Innenhofbereichen beste Licht- und Arbeitsbedingungen.

Zum zentralen Park sind die niedrigeren fünfgeschossigen Baukörper orientiert, während zur Walter-Gropius-Straße hin die höheren siebengeschossigen Baukörper auch visuell den östlichen Abschluss der Parkstadt Schwabing markieren.

Modellansicht von Westen

Modellansicht von Süden

Wohnanlage Gunta-Stölzl-Straße

Architekt: Steidle + Partner, München
Bauherr: Viterra, München
Wohneinheiten: 74 (1. Bauabschnitt)
Bruttogeschossfläche: circa 7750 qm

Farbkonzept: Erich Wiesner, Berlin
Adresse: Gunta-Stölzl-Straße
Bauzeit: 2000–2003

Die Wohnanlage besteht aus Winkelelementen und Punkthäusern und wird in drei Bauabschnitten realisiert. Im 1. Bauabschnitt wurden per Direktauftrag an das Büro Steidle 74 Eigentumswohnungen realisiert. »Ein echter Steidle – hell und optimistisch«, ließ die Presse vernehmen, als die Anlage Gestalt annahm. Das liegt u. a. ein weiteres Mal an der farblichen Gestaltung der Fassaden durch Erich Wiesner; hier überwiegend in einem kräftigen Rostrot und einem warmen Sonnengelb.

Die klare Architektur und markante Fassadengestaltung mit der teils raumhohen Befensterung und den weit auskragenden Balkonen ist ein weiteres Erkennungsmerkmal für die Bauweise Prof. Steidles, der für sein Schaffen im Jahr 2000 den Architekturpreis der Landeshauptstadt München erhielt.

An diesem Ort fanden die Architekten ein schwierig zu beplanendes Grundstück vor. Der so genannte »Wohnwert-Park« sollte über Eck winkelförmig an zwei Straßen anschließen. Den Vorgaben des Bebauungsplans gemäß bedeutete dies tiefe Nord-Süd-Baukörper sowie eine schwierige Ecke mit Nordost-Belichtung. Die städtebaulich

geforderte L-förmige Anlage, der »Winkel«, wurde in vier Einzelhäuser aufgeteilt und an die Innenseite des Winkels, ein wenig abgerückt, ein fünftes Punkthaus mit dunkelrotem Fassadenputz gestellt. Im Einzelhaus finden sich verschiedene Wohnungstypen: Im Erdgeschoss liegen zweigeschossige Wohnungen, zum Teil mit separatem Eingang. Im Obergeschoss liegen individuelle Wohnungen mit eingeschnittenen Terrassen, und die Wohnungen der mittleren Geschosse haben tiefe, weit auskragende Balkone. In der gelb gehaltenen Wohnanlage hingegen gibt es Zwei- bis Vierzimmerwohnungen mit Dachterrassen, Südbalkonen und Loggien.

Die Zugänge zu den gelb gestrichenen Einzelhäusern erfolgen über einen Vorhof, der die Fassade aufbricht und die Belichtung der Nordzimmer über Eck ermöglicht. Ein umlaufender Balkon im 4. Obergeschoss verbindet die Einzelhäuser miteinander. Auf der Südseite, im Innenhof gewissermaßen, finden sich ebenfalls umlaufende Terrassen und Balkone – hier ist die Farbgebung ruhiger in Weiß und Grau gehalten.

Wohnanlage im Kontext der Parkstadt (Fotomontage)

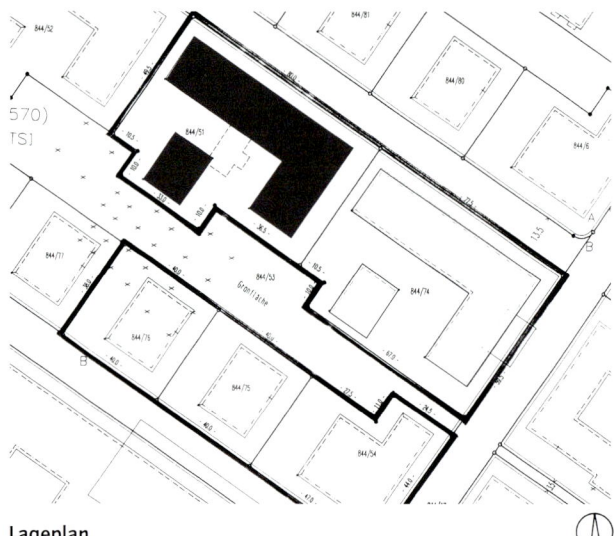

Lageplan

Ansicht von Westen

Domagkstraße

Architekten: Ortner & Ortner, Berlin und Wien
(1. Preis Ideenwettbewerb)
Grundstückseigentümer: Bundesrepublik Deutschland, DIBAG Industriebau AG, Deutsche Telekom –

Sireo Real Estate Asset Management GmbH,
Siemens Real Estate GmbH & Co.
Größe: 63 Hektar
Baubeginn: voraussichtlich 2004

Das 63 Hektar große Gelände erstreckt sich beiderseits der Domagkstraße im Münchner Norden und grenzt unmittelbar nördlich an die Parkstadt Schwabing an. Im Wesentlichen besteht das Grundstück aus ehemals militärisch genutzten Flächen und wird daher auch »Funkkaserne« genannt. Auf dem Gelände befinden sich 53 Gebäude, die zum Teil unter Denkmalschutz stehen und erhalten werden müssen. Nach dem Abzug der Bundeswehr richteten Kunstschaffende hier in den letzten Jahren ihre Ateliers ein, in andere Gebäude zogen Büros oder Werkstätten. Mit der Panzerhalle, später Alabamahalle, hatte auch die Jugend hier einen Treffpunkt. Insgesamt entwickelte das Gebiet ein eigenes Flair, was auch in die Überlegungen der künftigen Umstrukturierung mit einbezogen werden soll.

Bei einem Ideenwettbewerb 2002 errang das Büro Ortner & Ortner Baukunst, Berlin und Wien, den ersten Preis. Der Entwurf sieht vor, alle drei Teilbereiche des Geländes sinnvoll miteinander zu verknüpfen und durch klar gefasste städtische Grünräume zu strukturieren: das ehemalige Funkkasernengelände, das Areal der DIBAG und die Flächen der Telekom/Siemens.

Die Kasernenfläche wird in zwei klar definierte Baufelder im Norden und Süden aufgeteilt. Das nördliche am Frankfurter Ring ist für Gewerbebauten vorgesehen. Auf dem südlichen Teil entstehen Wohnbauten entlang der Kleingartenanlage.

Auf den Flächen von Siemens sind künftig Punkt-Wohnhäuser mit circa 1800 Wohnungen vorgesehen; darüber hinaus werden in gewerblich genutzten Blocks, die eine klare Abgrenzung zur Leopoldstraße herstellen, circa 2500 bis 3000 Arbeitsplätze entstehen.

Auch in Zukunft werden im Südosten 20 000 qm der kulturellen und künstlerischen Nutzung vorbehalten bleiben bzw. ein kunst- und kulturorientiertes Stadtviertel entstehen, dessen Wirkung auf ganz München ausstrahlt. Als Grünflächen sollen sechs Hektar gestaltet werden.

Die Neugestaltung des Areals bedeutet eine große strukturelle Verbesserung und Chance für den Norden der Stadt. Die Domagkstraße verbindet die Ungerer- und die Leopoldstraße – zwei stark befahrene Ausfallstraßen nach Norden – und liegt unweit der Autobahn München–Nürnberg.

Lageplan

WOHNEN AM KASERNEN PARK

DER GRÜNE PLATZ

BLICK IN DEN SIEMENSPARK

Panzerwiese / Nordheide

Städtebaulicher Entwurf: Architektengemeinschaft Engel / Jötten / Fink-Prechter, Augsburg
Fläche: circa 200 Hektar
Wohneinheiten: 2500

Bauherr: diverse: u. a. Klaus, GBW AG, Schwaiger, Aicher, Baywobau, Terra, Züblin
Lage: nördlicher Stadtrand
Bauzeit: 2001 – circa 2007

Auf einem Teil des Biotops Panzerwiese – das, wie der Name verrät, ein ehemaliger Panzerübungsplatz war – entsteht ein neues Wohnquartier: Von den insgesamt 200 Hektar Fläche am nördlichen Stadtrand Münchens werden wegen der hohen ökologischen Bedeutung der europaweit einmaligen Primärheideflächen nur circa 30 Hektar (15 Prozent) bebaut. Der Rest des Geländes steht unter Naturschutz. Das Gesamtkonzept stammt von der Augsburger Architektengemeinschaft Engel / Jötten / Fink-Prechter, die als Sieger aus einem städtebaulichen und landschaftsplanerischen Wettbewerb hervorging. Der Entwurf vereint zwei wichtige Zielvorstellungen auf sehr prägnante Weise: Das Prinzip der Nord-Süd-Zeilenbebauung führt die Heidelandschaft tief in das Wohngebiet hinein. Zum andern bieten die unterschiedlichen Gebäudehöhen einen spannungsreichen Wechsel in der Quartierstruktur. Die neue Stadtgestalt ergänzt – beinahe wie ein Viertelkreis – die vorhandene Bebauung.

Die 2500 geplanten Wohneinheiten umfassen Eigentumswohnungen, Sozialmietwohnungen sowie 500 Studentenwohnungen, zusätzlich werden circa 650 neue Arbeitsplätze entstehen. Für eine ausreichende Infrastruktur sorgen Mischgebiete mit Dienstleistungsangeboten,

Geschäften und Büros entlang der Schleißheimer Straße und der Neuherbergstraße. Außerdem entstehen hier ein Einkaufszentrum, ein katholisches Gemeindezentrum, eine Grundschule mit Tagesheim, Kindertagesstätten, Kinder- und Freizeiteinrichtungen, ein Alten- und Servicezentrum sowie öffentliche Grünanlagen mit Kinderspielplätzen und kleinen Parks.

Eine gute Bus- und U-Bahnverbindung garantiert der neue Bahnhof Dülferstraße – von hier gelangt man binnen 15 Minuten ins Stadtzentrum. Die Lage des neuen Viertels bedeutet für das westlich der Schleißheimer Straße liegende Quartier Hasenbergl eine Befreiung aus seiner bisher isolierten Lage. Das Image des als sozial schwierig geltenden Viertels mit hohem Ausländeranteil wird dadurch aufgebessert. Schon merkt man, dass sich dort neue Aktivitäten entwickeln.

Die Leitlinien für die Bebauung des Areals sind u. a. der Erhalt der einmaligen Naturlandschaft und deren Einbeziehung in das Bebauungskonzept, die Bebauung möglichst zu verdichten, Freiräume und Grünflächen für alle Generationen zu schaffen, eine hohe Wohnqualität zu gewährleisten, die Sozialstruktur zu mischen und konsequent auf Energieeinsparung hinzuwirken.

Panzerwiese mit zukünftiger Bebauung (Fotomontage)

Wohnpark an der Nordheide (Panzerwiese Ost)

Architekten: Franke und Rössel, Architekten GbR
Wohneinheiten: 149 Miet- und 57 Eigentums-
wohnungen
Bauherr: GWG/Gemeinnützige Wohnstätten- und
Siedlungsgesellschaft mbH, München

Adresse: Rose-Pichler-Weg
Bauzeit: 1998–2001

Die Bebauung der einst durch die Bundeswehr militärisch genutzten »Panzerwiese« am nördlichen Rand der Landeshauptstadt nimmt Gestalt an. Hier entstanden 149 Mietwohnungen und 57 Eigentumswohnungen der GWG. Durch die Randlage auf dem Grundstück bietet sich ein unverbaubarer Blick auf die europaweit einmalige »Primärheide«. Die Grundstücksfläche von circa 3,2 Hektar gliedert sich in drei Parzellen, die von drei verschiedenen Bauträgern gestaltet wird. Den nördlichen und den westlichen Ortsrand bilden die Gebäude der GWG, vier Gebäude mit 149 öffentlich geförderten Mietwohnungen und zwei Gebäude mit 57 Eigentumswohnungen. Das Spektrum der Wohnungen reicht von Ein- bis Fünfzimmerwohnungen bis hin zu 19 zweigeschossigen Maisonnette-Wohnungen. Jede Wohnung ab der Größe von 1,5 Zimmern verfügt zudem über einen Balkon bzw. über eine Terrasse. Kleine Läden innerhalb der Wohnanlage sowie ein gemeinsamer Quartiersplatz werten die Infrastruktur auf. Ebenfalls zur Anlage gehört eine Tiefgarage.

Die Häuser sind in Mischbauweise ausgeführt: Die Außenwände in Mauerwerksbau, die tragenden Innenwände und Geschossdecken in Stahlbetonkonstruktion, nichttragende Innenwände in Leichtbauweise. Die im Bebauungsplan vorgeschriebenen Flachdächer sind begrünt. Zudem entwickelten die Architekten ein Farbkonzept, das die Anlage angenehm akzentuiert und auflockert: Nach Norden zu wählten sie erdige Farben, nach Süden zum Quartiershof sind die Häuser weiß. So gehen Landschaft und Architektur eine Symbiose ein.

Die klare Gestaltungs- und Formensprache des Eigentumswohnbaus ergänzt die differenzierte Gestaltung der Mietbauanlage, nimmt sich bewusst zurück und vervollständigt die Gesamtanlage eigenständig und elegant.

Der Wohnpark an der Nordheide erreicht mit ›einfachen‹ – im besten Sinn des Wortes – baulichen Details und großem gestalterischen Anspruch, geringen Unterhaltskosten und hohem Ausbaustandard gute Voraussetzungen für urbanes Wohnen und ist ein weiterer Beitrag zum Abbau der Wohnraumnot in der Landeshauptstadt München.

Zentraler Platz der Wohnanlage

Innenhof

Ansicht Rose-Pichler-Weg

Ostbahnhof / Pfannigelände

Architekten: O 3 München, Garkisch, Schmid, Wimmer
Grundstückseigentümer: Eigentümergemeinschaft Ostbahnhof
Baubeginn: vermutlich 2006

Lage: Berg am Laim, Haidhausen
Gesamtfläche: 115 Hektar
Wohneinheiten: 1500–2000
Arbeitsplätze: circa 6000
Grünfläche: circa 3 Hektar

Rund um den Ostbahnhof, auf dem so genannten »Pfannigelände«, dem ehemaligen Sitz der gleichnamigen Firma, hatte sich mit dem Kunstpark Ost in den letzten Jahren die Münchener Szene etabliert. Hier war rund um die Uhr eine Menge los: Es gab Künstlerateliers, Flohmärkte, Händler,

Kino, Clubs, Veranstaltungssäle, und sogar die Kantine der ehemaligen Knödelfabrik wurde sogar zur Kneipe umfunktioniert – kurz, der Kunstpark Ost war die »hipste« Gegend für die Kids in der Stadt. Die Trauer war groß, als die Veranstalter das Areal räumen mussten, um einer neuen, auf Dauer wahrscheinlich wichtigeren Entwicklung Platz zu machen: Rund um den Ostbahnhof entsteht in den nächsten Jahren ein neues Stadtquartier. Nördlich und östlich davon wird durch die Verlagerung von Betrieben, die Stilllegung von Bahnflächen sowie durch Umstrukturierung und Verdichtung Neues ermöglicht.

Das Gebiet ist eine der letzten zusammenhängenden Flächen in Innenstadtnähe mit hervorragender Anbindung an öffentliche Verkehrsmittel. Ziel ist eine innerstädtische Mischung mit Dienstleistungsbetrieben, modernem Gewerbe, Einzelhandel, Gastronomie- und Freizeiteinrichtungen. Darüber hinaus sind bis zu 30 Prozent des Geländes für Wohnungen vorgesehen.

Die übergreifende Grünverbindung zwischen Truderinger Wald und Ostbahnhof wird verstärkt ausgebaut. Außerdem entstehen neue Grün- und Erholungsflächen mit hoher Aufenthaltsqualität. Die sehr gute Erschließung durch öffentliche Verkehrsmittel ermöglicht eine Beschränkung der Parkplätze. Die Zugänge zu den beiden S-Bahnhöfen Ostbahnhof und Leuchtenbergring und deren Gestaltung werden verbessert.

Das junge Architekturbüro O 3 München, das den 1. Preis des Ideenwettbewerbs errang, überzeugte durch die abwechslungsreiche und spannungsvolle Entwicklung und Gestaltung der öffentlichen Räume innerhalb des neuen Stadtteils. Ein großzügiger neuer Park schafft eine funktionale und differenziert gestaltete Verbindung zu den umgebenden Quartieren und verknüpft die Stadtteile Haidhausen und Berg am Laim.

Städtebaulicher Entwurf

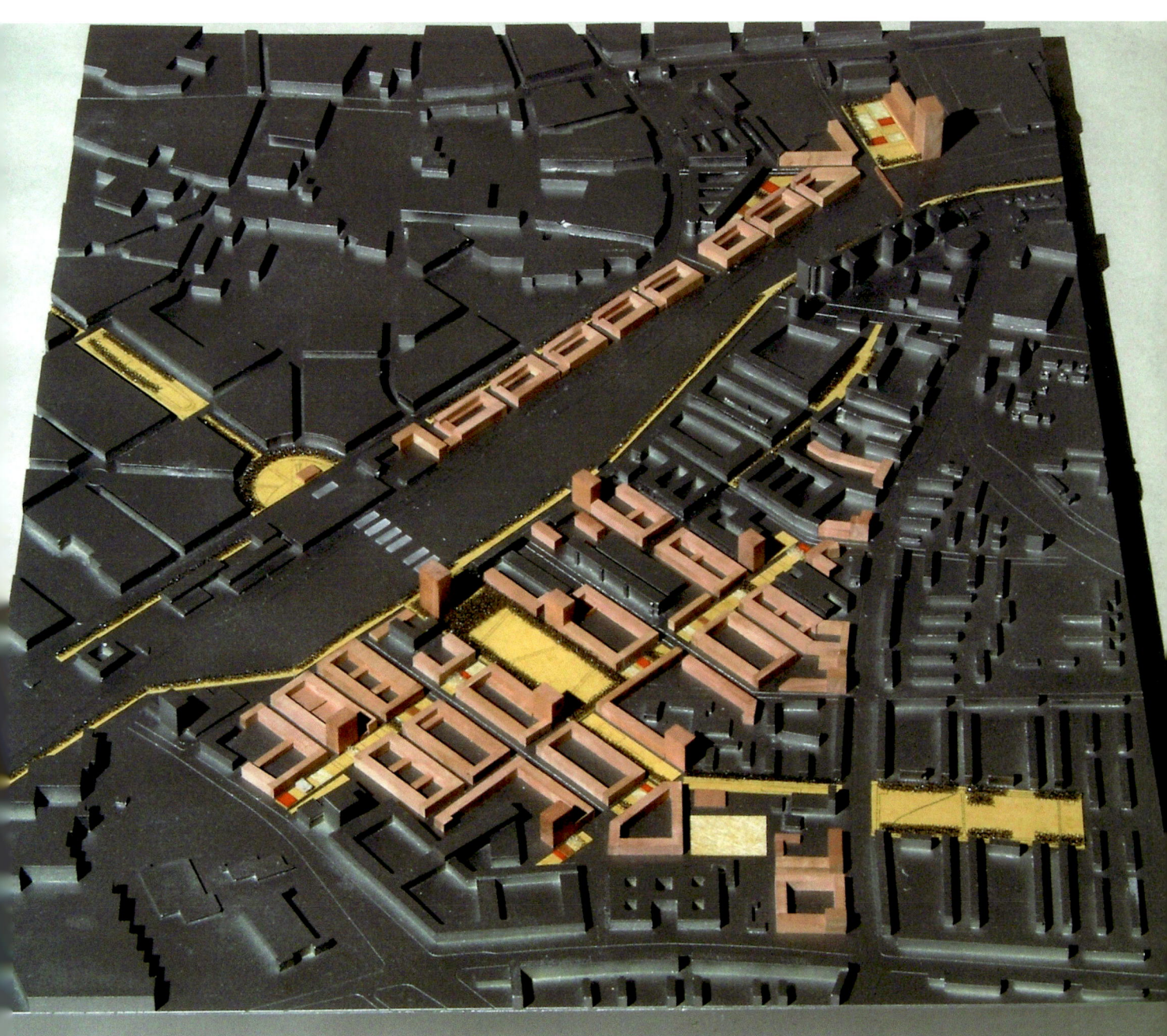

Modellansicht

Kirchenstraße / Altes Postgelände

Architekten: lauber architekten, münchen
Bauherr: Concept Bau, Investa Projektentwick-
lungs- und Verwaltungs GmbH, Deutsche Telekom-
Sirea Real Estate, Landeshauptstadt München
Lage: Karree Kirchen-, Spicheren-, Orleans- und
Elsässer Straße

Rechtsberatung: Kanzlei Helmut Wagensonner,
München
Gesamtfläche: 4,7 Hektar (Wohnen 38 000 qm/
Gewerbe 44 000 qm/Grün u. Freiraum 20 000 qm)
Wohneinheiten: 500
Baubeginn: 2004

Im Stadtteil Haidhausen, auf der derzeitigen Brachfläche im Karree der Kirchen-, Orleans-, Spicheren- und Elsässer-straße, boten nach Auflassen des Alten Postgeländes die Deutsche Post AG und die anderen Eigentümer das Grund-stück zur Neubebauung an. Bei einem Workshop, an dem sich mehrere Architekturbüros beteiligten, wurde schließ-lich der städtebauliche Entwurf des Büros lauber architek-ten favorisiert: Die Architekten schlagen vor, vorhandene Anknüpfungspunkte an die Stadtstruktur Haidhausens konsequent aufzunehmen. Die traditionelle Blockrandbe-bauung wird ergänzt und dient als Ausgangspunkt für die Entwicklung einer zeitgemäßen Wohnbebauung in einer dicht bebauten Gegend.

Durch die Verlängerung der Breisacher Straße zur Kir-chenstraße entsteht ein neuer, verkehrsberuhigter Straßen-abschnitt, der im weiten Bogen zur Kirchenstraße führt. Dies trägt der historischen Planung aus der Zeit des Stadt-baurats Theodor Fischer (1862–1938) Rechnung, nach der die Pariser Straße bis zur Kirchenstraße verlängert werden sollte.

Durch die stadträumliche Weiterführung der Breisacher Straße entsteht ein charakteristischer, bogenförmiger Straßenraum, der eine vorhandene Stadtspur von Haid-hausen nach Bogenhausen vervollständigt. Die Bogenau-ßenseite wird von einem unterbrochenen Blockrand gebil-det, dem vier Einzelhäuser gegenüberstehen. So entsteht eine räumlich klare Fassung, die gleichzeitig den öffent-lichen Park mit den mächtigen alten Bäumen zum zentra-len Bezugspunkt für die alte und die neue Bebauung des Gebiets und der angrenzenden Quartiere macht. Die Offen-heit im mittleren Bereich wird spannungsvoll ergänzt durch die introvertierten Wohnhöfe der blockartigen Bebauung im Osten mit einer geschlossenen Kante zur Orleansstraße.

Der öffentliche Raum und öffentliche Wegeverbindun-gen sowie attraktive, vielfältig nutzbare Freiflächen bilden den Hintergrund für das Stadt- und Freiraumkonzept.

Wichtigstes Ziel bei der Entwicklung des Gebietes ist die Erhaltung einer stadtteiltypischen Vielfalt. Das Mit- und Nebeneinander von Wohnen und Arbeiten sowie die Lebensqualität stehen hier im Vordergrund.

Einbindung in die Stadtstruktur Haidhausen

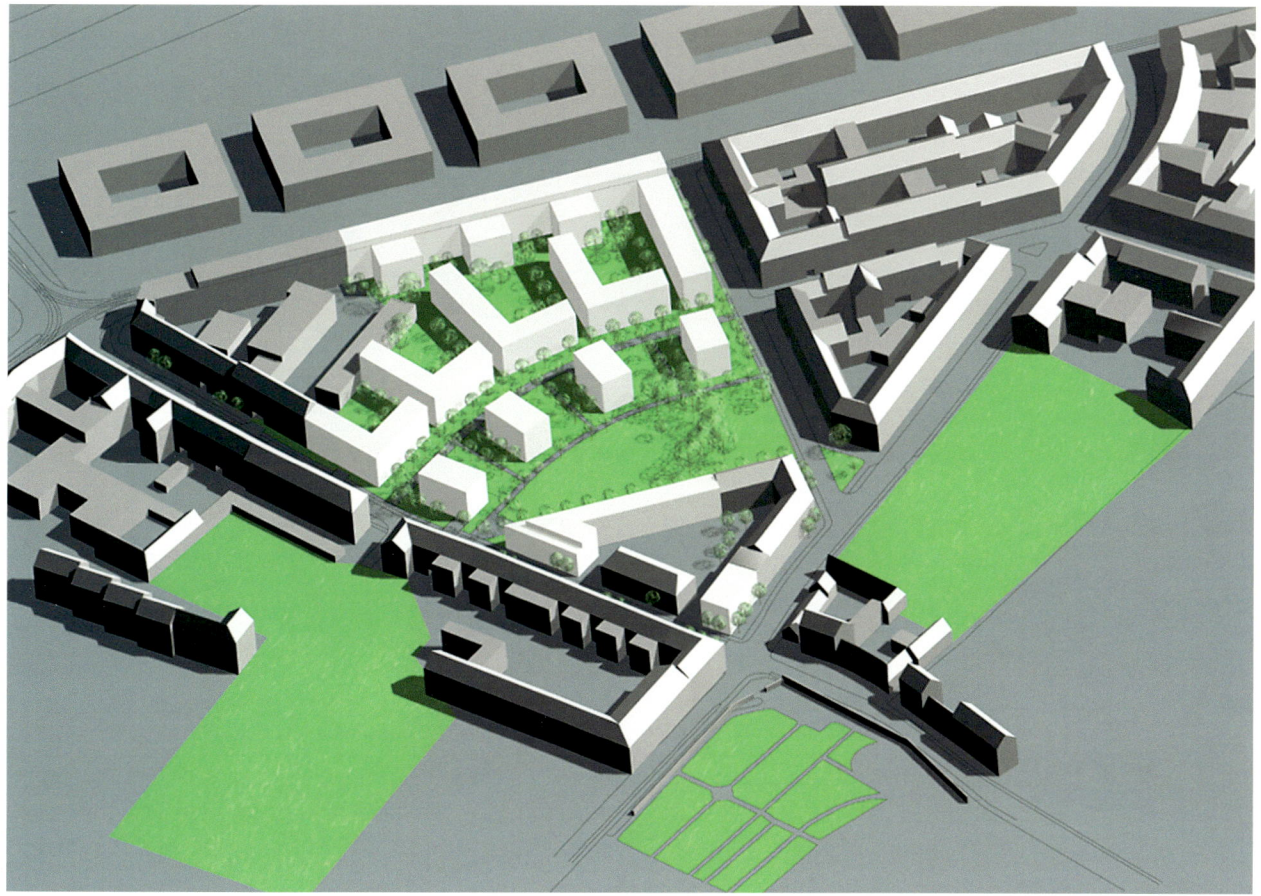

Baukörperkonfiguration

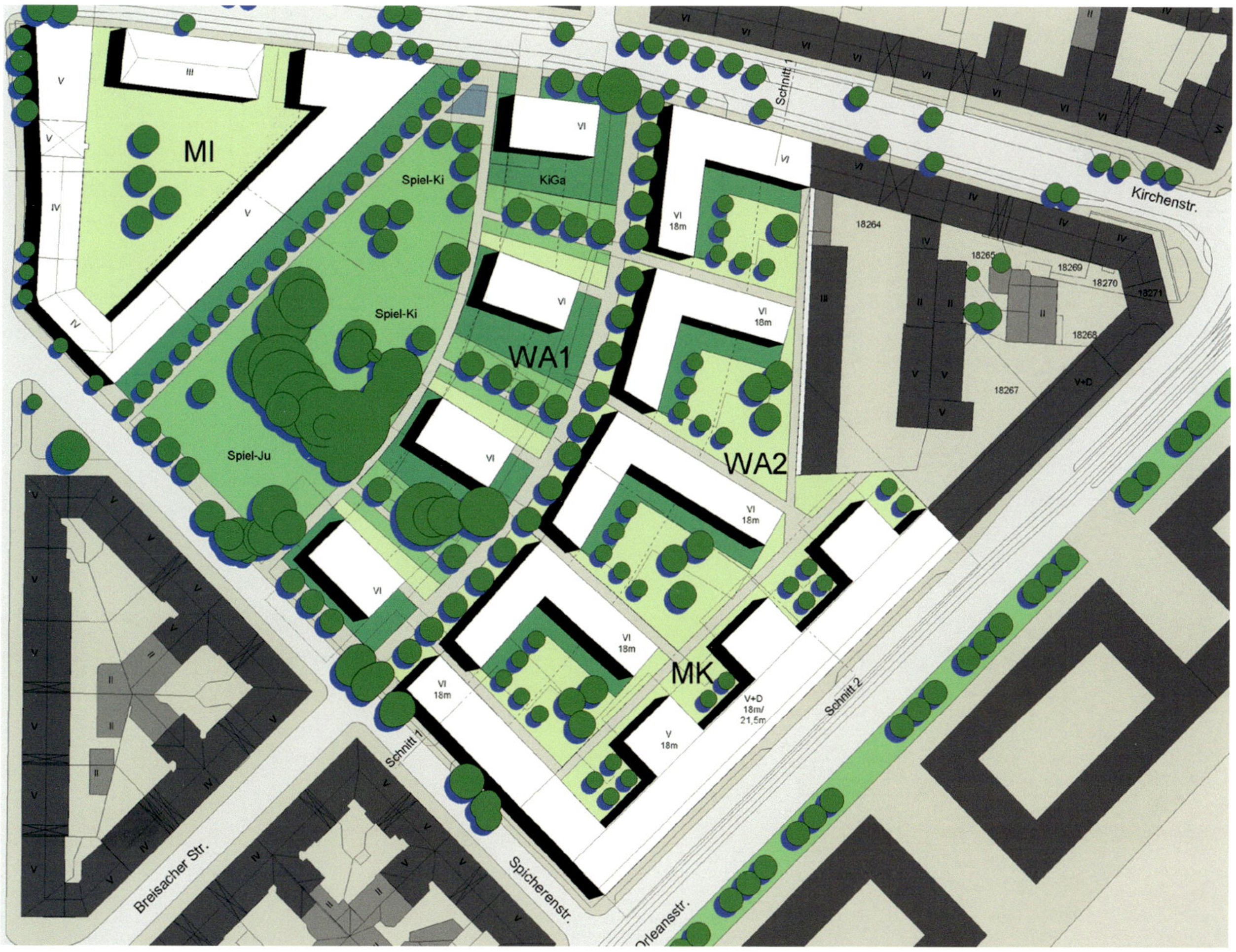

Bebauungs- und Freiraumkonzept

Langbürgener Straße

Architekten: Söldner und Stender, München
Bauherr: Gewofag, München
Adresse: Langbürgener Straße 3–11
Geschossfläche: 22 642 qm

Wohnfläche: 14 800 qm
Wohneinheiten: 238 (1–5 Zimmer)
Bauzeit: 1997–1999

Unmittelbar am Autobahnbeginn der A 8 München – Salzburg, am hier einmündenden Mittleren Ring, entstand diese Anlage des sozialen Wohnungsbaus. Als »Inseln im Lärm« wurden die fünf Gebäude der Anlage mit ihren 238 Wohnungen apostrophiert – an dieser verkehrsbeladenen Ecke sicher ein notwendiger Hinweis, um überhaupt Mieter anzulocken.

Das Lärmproblem (bis zu 71 dB tagsüber, bei einer zulässigen Lärmbelastung von 35 dB) versuchte man auf

folgende Weise zu lösen: Da das lange, aber sehr schmale Grundstück an der Autobahn keine außerhalb der Gebäude liegenden Schallschutzwände zuließ, musste der Schallschutz mit einer intelligenten Lösung in die Gebäude verlegt werden: Nebenräume wie Küche, Bad und Flur wurden an der lärmzugewandten Seite angeordnet und bieten so Schallpuffer zu den auf die zur Langbürgener Straße hin gelegenen Wohn- und Schlafräume. Eine ›bewohnte Stadtmauer‹ haben die Architekten Susanne Söldner und Dirk Stender sich ausgedacht – ein sympathischer Vergleich –, obwohl die Anlage nichts Wehrhaftes ausstrahlt.

Für den lang gestreckten ›Superblock‹, der an der längsten Stelle 200 Meter misst, entwarfen die Architekten ganz unterschiedliche Gebäudetypen mit teilweise mehrgeschossigen Wohnungen. Die Erschließung der Wohnungen erfolgt von außen her: Treppenhäuser, Laubengänge, Flure und interne Treppen dienen ebenfalls als Pufferzonen gegen den Autolärm.

Fünf viergeschossige Zweispänner mit 35 Wohnungen liegen an der Langbürgener Straße nach Westen. An der Nordwestecke der Straße und hin zum Mittleren Ring befinden sich gewerbliche Nutzungen im Erdgeschoss und darüber zwei je zweigeschossige Wohnungen, die von einem Laubengang im Hof erschlossen werden. Die Wohnungen im nördlichen, gerundeten Gebäude, direkt am Mittleren Ring, werden von Außengängen an der Nordseite erschlossen. Schlaf- und Wohnräume liegen zur südlichen Hofseite. Die Ostseite an der Autobahn, die oben erwähnte 200 Meter lange Zeile, wird durch die Aneinanderreihung von Treppenhäusern zweier unterschiedlicher Gebäudetypen gegliedert: Jeweils zwei Zweispänner und ein Vierspänner wechseln sich ab. Im Erdgeschoss des sechsgeschossigen Blocks an der Südseite liegen der Kindergarten und ein Stockwerk höher die Kinderkrippe. In den Stockwerken darüber gibt es kleinere Wohnungen. Die Lärmbelästigung, die auch hier von der Autobahn herüberweht, wird durch Wintergärten abgepuffert.

Städtebaulicher Entwurf

Nordansicht

Messestadt Riem

Städtebaulicher Entwurf: Jürgen Frauenfeld, Frankfurt; Entwurf 1. Bauabschnitt Wohnen: Prof. M. Rainer/Weber; Entwurf 2. Bauabschnitt Wohnen: Albers, Cerliani
Bauherrenkonsortium: Maßnahmeträger MRG

Grundstückseigentümer: Landeshauptstadt München, Kommunalreferat
Lage: München-Ost
Planungs- und Bauzeit: 1992–2012
Größe: circa 560 Hektar

Das ehemalige Flughafengelände München-Riem wurde durch die Verlagerung des Flughafens nach Hallbergmoos im Jahr 1992 zur Planung frei. Die hier entstehende »Messestadt Riem« ist das zur Zeit größte Stadtentwicklungsgebiet in Deutschland: Zusammen mit den angrenzenden Bereichen wächst der neue Stadtteil auf einem etwa 560 Hektar umfassenden Gebiet. Bis 2012 soll sich eine authentische kleine Stadt mit Wohngebieten, Gewerbeflächen, Gemeinschaftseinrichtungen, Einkaufszentrum und viel Grün für circa 16 000 Einwohner entwickelt haben. Zudem wurde auch das Messegelände von der alten Messe auf der Theresienhöhe nach hierher verlegt, und auf 200 Hektar der Gesamtfläche wird ein großer Landschaftspark geschaffen, in den die Bundesgartenschau 2005 integriert sein wird.

Nur 7–9 Kilometer von der Innenstadt entfernt liegt dieses neue Viertel, es hat zwei U-Bahnhöfe und eine eigene Ausfahrt an der Autobahn A 94 München–Passau.

Insgesamt werden in vier aufeinander folgenden Bauabschnitten 6600–7500 Wohneinheiten gebaut: freifinanzierte Wohnungen, Miet- und Eigentumswohnungen für mittlere Einkommen im Rahmen des »Münchener Modells« sowie Sozialmietwohnungen. Ein fünfter Bauabschnitt im Westen des Planungsgebietes stellt eine Erweiterung vorhandener Siedlungsbereiche von Trudering dar. Insgesamt sollen hier 13 000 Arbeitsplätze geschaffen werden.

Wenn man sich das gesamte Gelände von Nord nach Süd in drei Teilgebiete aufgeteilt vorstellt, befindet sich der überwiegende Teil der Gewerbe- und Büroflächen und das Messegelände mit Kongresszentrum (200 000 qm) und einem Freigelände (280 000 qm) im oberen Drittel. Die Gewerbegebiete Nord-West und Nord-Ost sowie die Messehallen, das Internationale Congress Centrum ICM, eine Park-and-Ride-Anlage, der Messesee und der Friedhof liegen in diesem Bereich nördlich der Willy-Brandt-Allee, die man sich als in Ost-West-Richtung verlaufende Trennlinie durch das Gesamtgelände denken kann.

Ein riesiges Einkaufs- und Dienstleistungszentrum (circa 30 000 qm) am Willy-Brandt-Platz, Wohngebiete sowie Gemeinschaftseinrichtungen bilden das mittlere Drittel zwischen Willy-Brandt-Allee und Park. In diesem »Mittelteil«, der ebenfalls etwa ein Drittel der Gesamtfläche einnimmt, sind neben den Wohnanlagen auch Parkhäuser für die Anwohner entstanden, außerdem ein Kirchenzentrum, Kindertagesstätten sowie eine Schule und Gastronomie.

Den Landschaftspark (200 Hektar) mit seinem großen See, Rodelhügel und anderen Freizeiteinrichtungen bildet das untere Drittel des Areals.

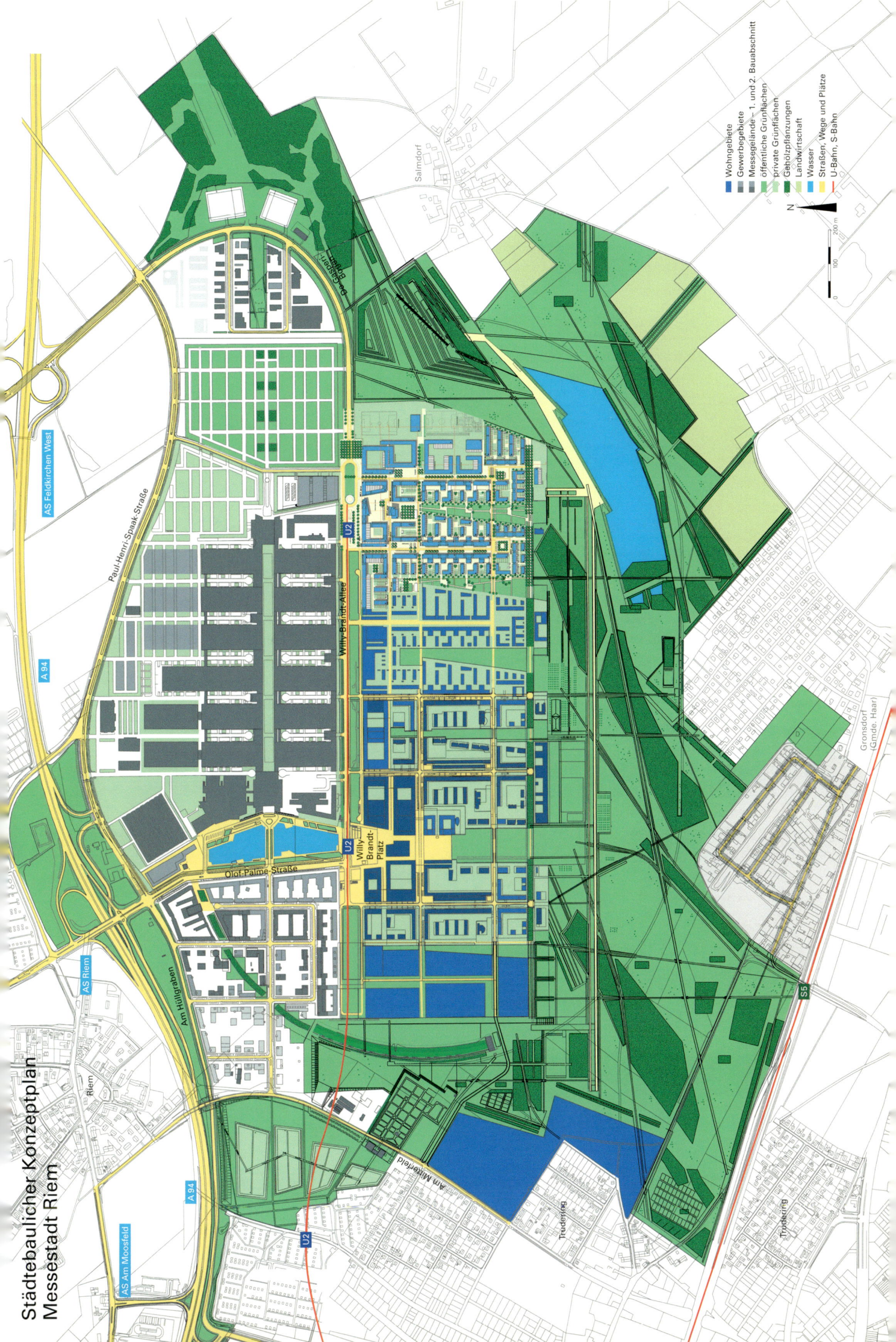

Städtebaulicher Konzeptplan
Messestadt Riem

Wohngebiete
Gewerbegebiete
Messegelände – 1. und 2. Bauabschnitt
öffentliche Grünflächen
private Grünflächen
Gehölzpflanzungen
Landwirtschaft
Wasser
Straßen, Wege und Plätze
U-Bahn, S-Bahn

Landschaftspark Riem

Landschaftsarchitekt: Gilles Vexlard, Büro Latitude Nord, Paris
Bauherr: Landeshauptstadt München

Gesamtfläche: 200 Hektar
Lage: Messestadt Riem
Fertigstellung: bis 2005

Bis 2005 entsteht in München-Riem südlich der Baugebiete ein neuer Landschaftspark. Der künftige Grünzug hat durch seine Lage eine wichtige Funktion: Er verbindet den Stadtteil Riem mit dem Park und dem Messegelände – derzeit durch die Autobahn getrennt. Mit einer Größe von 200 Hektar ist er nach dem Englischen Garten und dem Nymphenburger Park die drittgrößte der Münchner Parkanlagen. Das entspricht mehr als einem Drittel der 560 ha großen Gesamtfläche der Messestadt Riem.

Der Park-Entwurf des Pariser Landschaftsarchitekten Gilles Vexlard sieht ein System von bewaldeten Gebieten, Hainen, Hecken und Einzelbäumen vor; dazwischen liegen Wiesenflächen, und es sind Naherholungseinrichtungen wie ein Badesee mit Sandstrand und zwei Rodelhügel integriert. Die klare Orientierung in West-Süd-West / Ost-Nord-Ost-Ausrichtung bestimmt die Raumstruktur des Parks und erschließt ihn in seiner ganzen Tiefe. Der Park bezieht sich auf die umliegende Landschaft und trägt durch seine Parallelität zur Hauptwindrichtung dazu bei, dass Frischluft in die Wohngebiete hereingetragen wird. Eine Friedhofsanlage ist in den Park integriert, und es ist für den Erhalt vorhandener Biotope gesorgt. Die Anordnung der Waldgruppen auf schollenartigen Aufkantungen erhöht die Raumwirkung.

Nahe den Wohngebieten sind kleinere Garten-Parzellen, Biergärten, Spielplätze und weitere Erholungsangebote geplant.

Der Entwurf verleiht dem Park eine klare Lesbarkeit. Die Maßstäblichkeit seiner Strukturen und Räume ist seinem sehr heterogenen Umfeld angemessen und verleiht ihm doch Eigenständigkeit. Er ist offen gegenüber seiner Umgebung und steht mit ihr in Austausch.

Das neue Parkgelände im Spannungsfeld zwischen neuen Wohnvierteln und weiter Landschaft am jungen Stadtteil München-Riem bietet weitläufige Erholungsflächen für die umliegenden Stadtteile und sichert ökologische Ausgleichsflächen. Fuß- und Radwege werden den Park durchziehen, für Aktivitäten in der Natur bieten sich den Anwohnern oder Besuchern aus der Stadt mannigfaltige Möglichkeiten. Die Parkanlagen gehen fast unmerklich in das landwirtschaftlich genutzte Umland über.

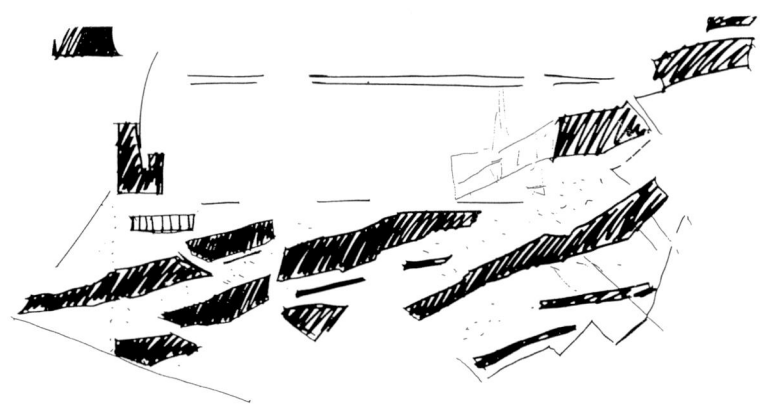

Entwurfsskizze für den Wettbewerb

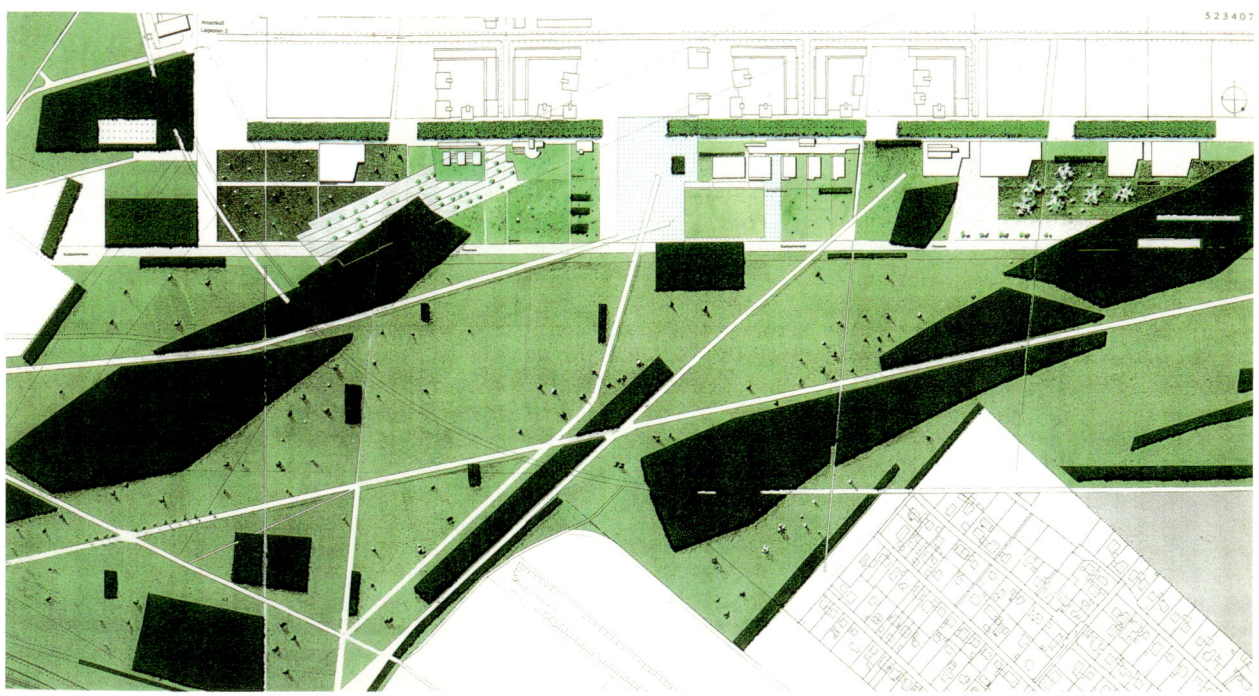

Entwurfsplan (Detail)

Park in Konstruktion

Bundesgartenschau 2005

Landschaftsarchitekt: Prof. Rainer Schmidt, München
Bauherr: Bundesgartenschau GmbH, München

Lage: Messestadt Riem-Süd
Geländegröße: 203 Hektar
Bauzeit: 2003–2005

Gleichzeitig mit der Bundesgartenschau soll sich im Jahr 2005 auch der neue Stadtteil Riem der Öffentlichkeit präsentieren. Diese Wettbewerbsvorgabe, schon im Jahr 2000 formuliert, bestimmte den Rahmen für das Gestaltungskonzept der Gartenschau:

Lage, Größe, Inhalt und Ausformung des Buga-Parks waren bereits im Voraus festgelegt, Konturen und Strukturen des Geländes schon vorab sichtbar. Die Ausstellungskonzeption musste sowohl für den neuen Stadtteil als auch für den Park entwickelt werden; dasselbe galt für zusätzliche temporäre Ausstellungsbereiche auf Baufeldern einer späteren Realisierungsstufe. Am 28. April 2005 wird die Buga, im südlichen Teil der Messestadt gelegen, ihre Tore öffnen.

Die gestellte Aufgabe bewältigte der Sieger des Wettbewerbs, Landschaftsarchitekt Prof. Rainer Schmidt und sein Team, mit folgendem Konzept: Seine originelle Gestaltungsidee sieht vor, eigenständige Teilbereiche zu präsentieren. Diese werden sich in die vorhandene Struktur des schon bestehenden Landschaftsparks einfügen, aber dennoch – trotz geringer Gestaltungselemente – spannende Erlebnisbereiche schaffen, die thematisch – von der Zelle bis zum Blatt – miteinander verbunden sind und in ihrer Mikro- oder Makrostruktur dem Besucher die Evolution der Pflanzen, das Leitthema des Organischen, vermitteln. Ein lichter Baumhain gleich am Eingang lädt ein, das Gelände zu betreten. Man kommt vorbei an Blumenhallen oder farbigen Schotterflächen, es folgen runde, malerisch bepflanzte Zellen bis hin zu alleeartig gefassten Promenaden, und schließlich erreicht man einen zentralen Festplatz mit Arena. Im Landschaftspark mit seinen diversen Mikrostrukturen werden mobile Kameras montiert; sie senden Aufnahmen aus dem Park in über das Gelände verteilte so genannte »Red Boxes«. Die Pflanzen in ihrer Mikro- oder Makrostruktur werden so im doppelten Sinn zu ›Ausstellungsobjekten‹. Die einzelnen Themengärten setzen die Idee in Variationen fort: Sie folgen in ihrer inneren Organisationsstruktur biologischen Grundformen – als »Zellengarten«, »Blattgarten«, als »Gärten der Potenzen« oder als »Plantagen«. Überall kann der Leitgedanke des »Organischen« mit ständigem Perspektivenwechsel anders erlebt werden.

Garten der Potenzen 10^{-5}

Zellengarten mit Arena

Senkgarten mit Plantage und den Gärten der Potenzen

Aussegnungshalle Riem

Architekten: Prof. Andreas Meck (meck architekten) und Stephan Köppel, Architekt, München
Bauherr: Landeshauptstadt München, vertreten durch MRG Maßnahmeträger München-Riem GmbH

Adresse: Friedhof Riem, Am Mitterfeld 68
BRI: 5510 cbm
Bauzeit: 1999–2000

Andreas Meck und Stephan Köppel wurden für die von ihnen entworfene Aussegnungshalle mehrfach ausgezeichnet. Sie erhielten u. a. eine Auszeichnung zum Deutschen Architekturpreis 2001 sowie den BDA-Preis Bayern 2001.

Es gelang den Architekten, mit hohem Einfühlungsvermögen einen Sakralraum zu schaffen, der seiner Funktion in jeder Hinsicht gerecht wird, indem er der Stimmung der Trauernden gemäß Ruhe und Kontemplation ausstrahlt.

Die nicht alltägliche Aufgabe bestand darin, die Aussegnungshalle mit Aufbahrungsbereich, Verwaltungs- und Betriebsräumen zu konzipieren. Außerdem sollten der Rie-

mer Friedhof um circa 5600 Grabstätten erweitert und ein Parkplatz mit 99 Stellplätzen geschaffen werden. Für den Friedhofsbereich fand man – wie für das Gebäude – eine ungewöhnliche Lösung: Die Bestattungsflächen sind wie Inseln gestaltet, die etwas erhaben in der sie umgebenden Wiesenlandschaft liegen. Dazwischen hat man Baumhaine mit unterschiedlichen einheimischen Baumarten angepflanzt, die jeder ›Insel‹ ihren eigenen Charakter verleihen. Von außen wirkt der neue Friedhofsteil wie ein Park; umgeben von einer Magerwiesenlandschaft mit Obstbäumen, die mit Fuß- und Radwegen durchzogen sind, fügt er sich in die Umgebung ein.

Zwischen altem und neuem Friedhofsteil, eingespannt in einen Lindendom, liegt das Kernstück der Bauaufgabe, die Aussegnungshalle: Fast klösterlich streng wirkt das Geviert von außen. Die Gebäude sind als schwere, wie aus der Erde wachsende Körper gedacht: Die verwendeten Baumaterialien Eiche, Cortenstahl und Stein unterstützen diesen Eindruck. Alle Materialien sind roh belassen, um die natürliche Alterung, die den Prozess des Lebens und Sterbens symbolisiert, zu gewährleisten. Durch die Umfassungsmauer aus ebenfalls roh belassenem Gestein entsteht ein in sich abgeschlossener Ort, den man durch ein Tor in der Mauer betritt. Drei Höfe gliedern die Anlage. Der mittige führt in die Aussegnungshalle und zu den Aufbahrungszellen.

Ein weit auskragendes Vordach aus Stein schützt den gläsernen Eingangsbereich. Zur linken des Eingangs, an der Natursteinmauer entlang, ist ein Wasserbecken angebracht. Das Wasser gibt golden schimmernd die Farben der Steinwand und der Eichenwand der Halle wider. Die eigentliche Halle, der Andachtsraum mit den Aufbahrungszellen, ist ein Kubus aus Eiche mit einem Boden aus Naturstein. Eine weitere Wasserfläche reflektiert ihr warmes Licht im Innenraum, was – gepaart mit Kerzenlicht – den sakralen Charakter des Raums noch verstärkt.

Innenraum Aussegnungshalle

Eingangshof mit Blick zur Aussegnungshalle

Kirchenzentrum Riem

Architekten: Florian Nagler Architekten, München
Bauherr: Landeshauptstadt München
Adresse: Erika-Kremer-Straße

Bruttogeschossfläche: circa 5000 qm
Bauzeit: 2002–2005

Das neue ökumenische Kirchenzentrum der Katholischen und Evangelisch-Lutherischen Kirche in Riem behauptet sich am Übergang von der Stadt zum Land als ein nach außen hin großes Volumen, das den Stadtplatz mitprägt. Auf den zweiten Blick jedoch wird man gewahr, dass es sich

Ansicht des Turms

um ein durchlässiges, vielschichtiges Gefüge aus Räumen handelt, die unterschiedlich genutzt werden können, gleichsam eine Stadt im Kleinen. Nach außen hin gibt sich das Gebäude eher zurückhaltend, im Inneren jedoch empfängt den Besucher eine andere Welt, die geprägt ist von Ein- und Durchblicken, Höfen und Brunnen.

Der Stadtplatz erhält, wie im städtebaulichen Grundkonzept angelegt, durch die eindeutig ausgebildete Platzkante die gewünschte Fassung und dadurch Ausrichtung zum Grünzug beziehungsweise zum Berg. Prägnant und einprägsam werden auch die Eingänge zum Kirchenzentrum formuliert und durch die pointierte Stellung des Turms zusätzlich akzentuiert. Im Übrigen greifen die Baukörper des Kirchenzentrums die vorgefundenen städtebaulichen Linien und Raumkanten auf und fügen sich so ganz selbstverständlich in den näheren Kontext ein.

Das neue Kirchenzentrum wird ganz wesentlich von den verwendeten zeitlosen Materialien geprägt, die in Würde altern werden, in Verbindung mit einer modernen Formen- und Architektursprache, deren Grundlage eine einfache, präzise Ordnung ist. Nach außen hin gibt sich eine Schale aus weiß geschlämmtem oder gekalktem Sichtmauerwerk eher spröde, vermittelt aber gleichzeitig zu den umliegenden, überwiegend verputzt ausgeführten Wohnungsbauten. In den Höfen und Gärten kommen durch naturrotes Ziegelmauerwerk und Holzwerkstoffe überwiegend Baustoffe mit warmen Farben zur Verwendung. In den Innenräumen bis hin zu den beiden Kirchenräumen werden diese Materialien teilweise weiter veredelt beziehungsweise artifiziell eingesetzt. Daraus resultiert eine Steigerung ihrer sinnlichen Qualitäten und der von ihnen geprägten Räume, je tiefer man in die »kleine Stadt« eindringt.

So entsteht inmitten des neuen Stadtteils ein besonderer Ort, der sich jedoch nach außen hin, mittels Geometrie und Material, ganz selbstverständlich ins Stadtgefüge einbindet.

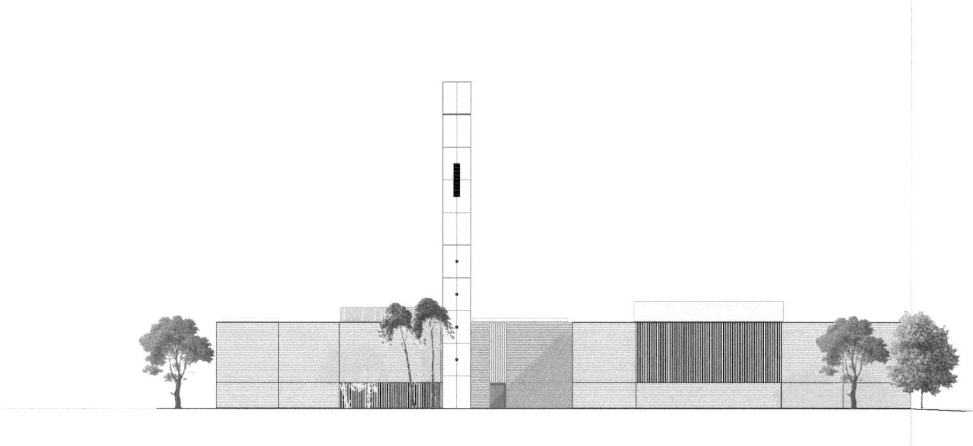

Schnitt

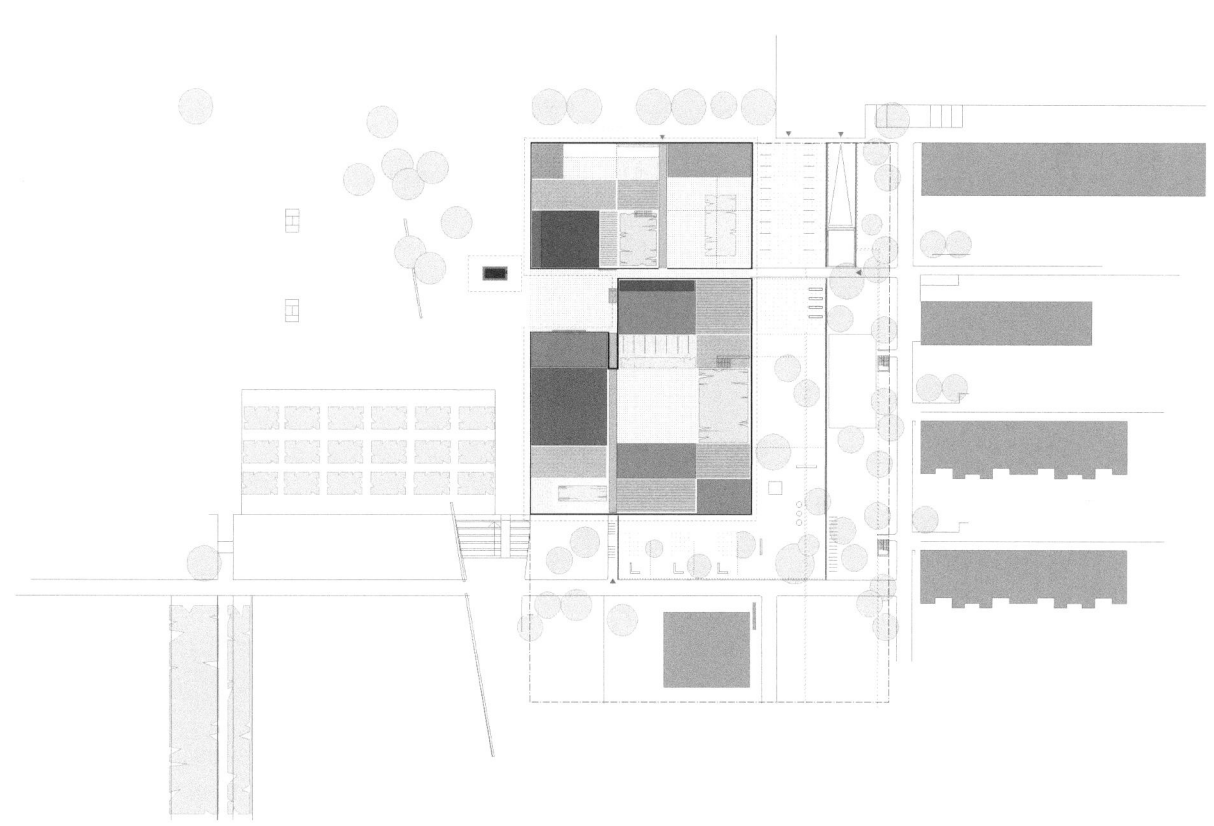

Lageplan

Neue Messe Riem

Architekt: Planungsgemeinschaft Neue Messe: Prof. Peter Kaup, Dr. H. Scholz, Roland Jesse
Bauherr: Neue Messe GmbH, MMG, München

Adresse: Willy-Brandt-Allee
Bruttogeschossfläche pro Halle: 11 000 qm
Bauzeit: 1994–1998

In nur fünf Jahren entstand auf dem ehemaligen Flughafengelände Riem die gewaltige Anlage der neuen Messehallen und des ICC. Neben den anderen Gebäuden und Grünanlagen, die im neuen Stadtteil Riem entstehen, nimmt das Messegelände in etwa ein Fünftel des früheren Flughafens ein.

Die städtebauliche Anordnung und die Grundstruktur der Messearchitektur umfassen zwei mal sechs Ausstellungshallen, die kammartig, symmetrisch entlang eines Grünstreifens angeordnet sind. Das Gelände liegt an der Willy-Brandt-Allee im oberen Drittel des Stadtteils Riem.

In einer äußerst kurzen Planungs- und Bauzeit wurde hier eine hohe städtebauliche und architektonische Qualität angestrebt. Man hat neueste Technik eingesetzt, in erster Linie bei den Kommunikationsanlagen und bei der Energieversorgung (Photovoltaik, Blockheizkraftwerk).

Das Messegelände ist über drei Eingänge zu erreichen; der eigentliche Haupteingang zum Gelände befindet sich an der Westseite am so genannten »Messesee« in der Nähe des alten Flughafen-Towers. Ebenfalls in der Nähe des West-Eingangs gelegen sind die Bauten des Internationalen Congress-Centers. Entlang der Willy-Brandt-Allee im Süden gelangt man zu den Parkplätzen und zum Messeturm, wo sich auch der Eingang-Ost befindet. An der Paul-Henri-Spaak-Straße nördlich liegt schließlich der Eingang Nord. Parkhäuser und Pkw-Stellplätze bieten den Autofahrern den nötigen Komfort, und der U-Bahn-Anschluss sorgt für eine gute Anbindung mit öffentlichen Verkehrsmitteln.

Die Architektur der Hallen spiegelt nach außen ihre Funktion wieder – »form follows function«: Die riesigen Hallen, mit den Ausmaßen von 161 Metern Länge und 71 Metern Breite, sind 11,5 Meter hoch; eine von ihnen sogar 16 Meter hoch. Sie sind mit leicht gebogenen Dächern gedeckt, deren Charakteristik und Musterung an die von Flugzeug-Tragflächen erinnern. Oberlichtbänder an den Längsseiten, großflächige Giebelverglasungen und Lichtöffnungen in der Dachkonstruktion sorgen für ausreichendes Tageslicht. Das Innere der Hallen ist ausschließlich auf Serviceaufgaben, auf Praktikabilität und auf Optimierung der Ausstellungsfunktion ausgerichtet. Die Hallen sind stützenfrei und bieten circa 11 000 qm Grundfläche.

Das Erscheinungsbild der Hallen ist von der Horizontalen und den zehn Meter hohen Eingangsportalen bestimmt. Die Farben der Hallen sind Weiß, Grau und Silber: Die weißen Putzwände werden durch grau gestrichenes Stahl, silberfarbenes Aluminium und hellgrauen Naturstein ergänzt. Riesige Glasfronten lockern auf und verleihen Transparenz. Türen und Fenster sind dunkelgrau umrandet. Lediglich die Hinweisschilder fallen durch ihr Signalrot aus der einheitlichen Farbpalette heraus.

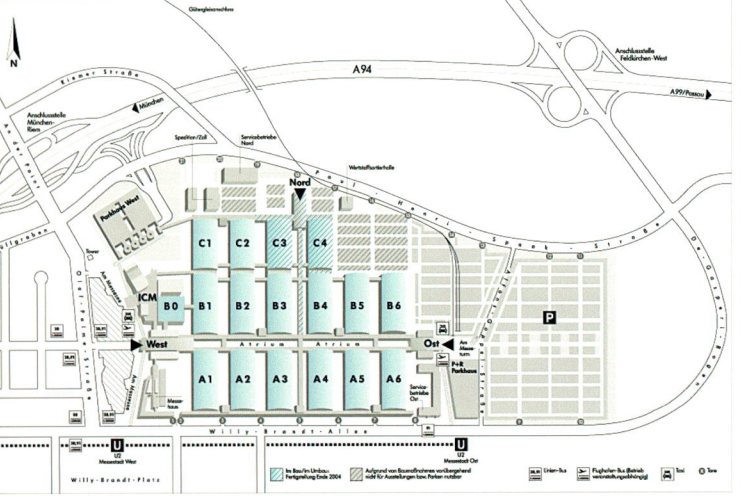

Lageplan

Seitenansicht Halle B6

Innansicht Halle A1

Riem-Arcaden

Architekten: Allmann, Sattler, Wappner, München
Bauherr: DIFA Grundstücksgesellschaft mbH, Essen
Adresse: Willy-Brandt-Platz
Fläche: gesamt 11,9 Hektar

Bruttogeschossfläche: Läden: 30 000 qm,
Büros: 20 000 qm; Freizeit: 5500 qm
Wohneinheiten: circa 60
Bauzeit: 2001–2004

Am Willy-Brandt-Platz, gegenüber den Messehallen und direkt an der U-Bahn-Station »Messestadt-West«, entsteht das StadtQuartier »Riem-Arcaden in der Messestadt«. Auf 11,9 Hektar Nutzfläche wird hier ein Mix aus Geschäften, Restaurants, Büros, Hotels, Freizeiteinrichtungen und Wohnungen geschaffen. Zusätzlich ist mit 2600 Parkplätzen für die Unterbringung der Autos gesorgt. Die Anlage ist Zentrum und Kern des künftigen Stadtviertels und Anziehungspunkt für den gesamten Münchener Osten. Der Entwurf ist das Ergebnis eines Wettbewerbs.

Ein Gebäude dieser Größe und inhaltlichen Komplexität wird durch die Spezifika eines Bebauungsplanes maßgeblich beeinflusst. Eine durchgehende Ost-West-Gasse trennt die Baumasse in zwei Baufelder. Sie wird im Norden durch hochwertige, nach Süden orientierte Fassaden flankiert und aufgewertet. Das nördliche Baufeld hat drei Zäsuren in Nord-Süd-Richtung und legt sich so als eine Art Filter mit wechselnder großer bzw. geringer Durchlässigkeit vor das großvolumige StadtQuartier.

Die Dramatik des Einschnittes durch die Schrägstellung der Fassaden am Willy-Brandt-Platz wird relativiert durch ein die Allee begleitendes Vordach. Der Platz erfährt eine räumliche Fassung und wird als Volumen begreifbar. Gleichzeitig ist dieses Dach eine Art Klammer für die Einzelvolumina, die, durch Gassen getrennt, jeweils eigene Adressen im Gesamtkomplex bilden. Die Gliederung des Gesamtvolumens aktiviert sämtliche Fassaden, optimale Erschließungs- und Belichtungssituationen für die Einzelgebäude werden geschaffen sowie öffentliche Durchwegungen formuliert. Als stabilisierende Auflager des Portikus wirken die Randgebäude im Westen und Osten. Sie lehnen sich in Material und Struktur an den Portikus an. Das westliche Auflager beinhaltet die Nutzungen Wellness und Diskothek, das östliche Auflager wird durch das Bürogebäude gebildet. Hotel und Kino liegen dazwischen und sind mit vorhangähnlichen Fassaden umkleidet. Sie säumen den Willy-Brandt-Platz und darüber hinaus im Sinne eines Bühnenvorhangs das Entree für das Einkaufszentrum und die »Neue Mitte Riem«.

Das Investitionsvolumen beträgt mehr als 500 Millionen Euro. Man rechnet mit einem Einzugsgebiet von 665 000 Einwohnern und einem Nachfragevolumen von vier bis sechs Milliarden Euro. Die Eröffnung ist für Beginn des Jahres 2004 geplant.

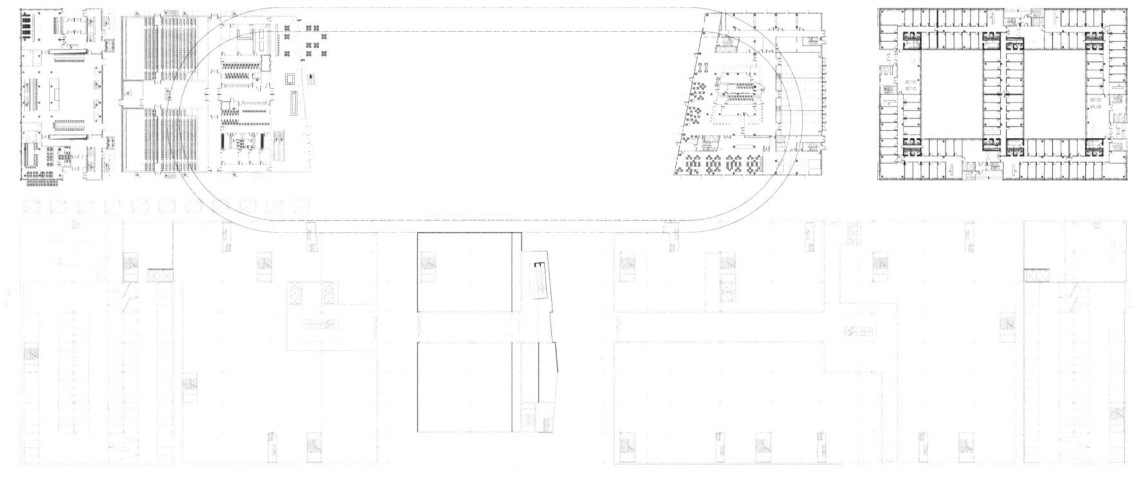

Grundriss

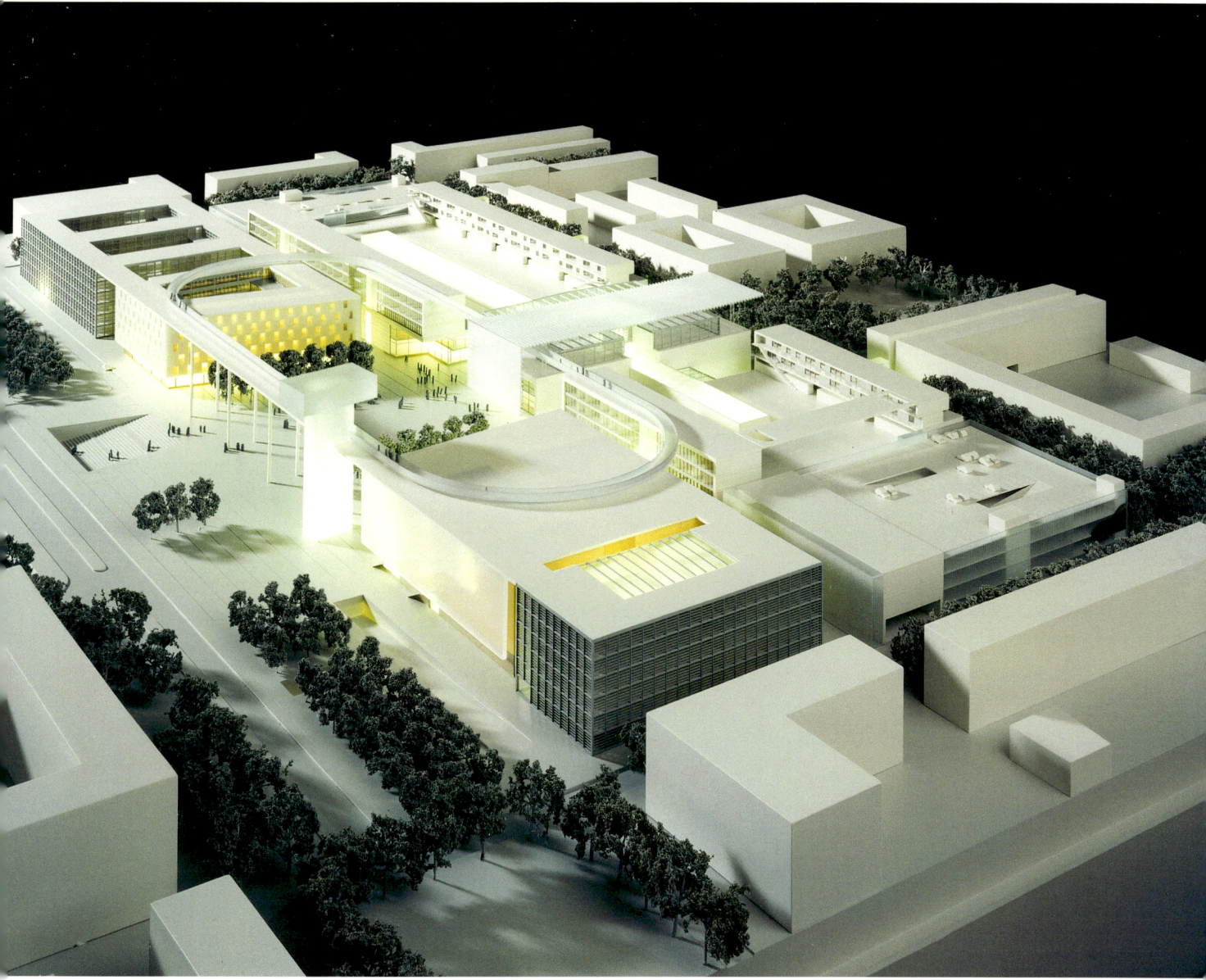

Modellfoto

Nemetschek-Hauptverwaltung

Architekten: lauber architekten, München
Bauherr: Concentra GmbH, München
Adresse: Konrad-Zuse-Platz 1

Bruttogeschossfläche: 30 000 qm gesamt/
16 000 qm oberirdisch
Bauzeit: 1999–2000

Das so genannte »Zentrum für Informationstechnologie« für die Nemetschek-AG, einen der führenden Software-Entwickler für Architekten, war ein Direktauftrag an das Büro »lauber architekten« und entstand gegenüber der denkmalgeschützten Wappenhalle. Das Gewerbegebiet wurde von der Stadt München als »moderner Gewerbepark« konzipiert, der den Bedürfnissen innovativer und wachstumsorientierter Branchen entgegenkommt, insbesondere Betrieben aus dem Medien- und High-Tech-Umfeld.

In kürzester Zeit – Planung und Realisierung des Bauwerks in nur 27 Monaten; reine Bauzeit 17 Monate – entstand ein modernes und flexibles Bürogebäude: »Hardware für Software«, wie eine Fachzeitschrift titelte. Das Gebäude sollte nicht nur schnell, sondern auch äußerst wirtschaftlich und nutzerfreundlich errichtet werden.

All diese Vorgaben wurden umgesetzt. Für knapp 50 Millionen DM entstand dieser transparent und fast filigran wirkende Verwaltungsbau. Durch eine großzügige, zentrale Einganghalle werden alle Stockwerke erschlossen. Im Erdgeschoss sind sämtliche Sonderbereiche – Schulungsräume, ein Versammlungs- und Veranstaltungssaal – sowie eine Cafeteria an die Halle angegliedert. Auch die wichtigsten Erschließungselemente sind sichtbar in der Halle angeordnet: ›Himmelsleiter‹, Sichtbetonaufzüge und Galerien. Der Weg zum Arbeitsplatz wird dadurch direkt erfahrbar.

Der Baukörper beschreibt ein Rechteck, in dessen Innerem zwei Höfe liegen. Von zentraler Bedeutung war den Architekten die hohe Arbeitsqualität der Büroflächen. Durch helle, luftige, transparente und flexible Räume wollte man für die hier Beschäftigten ein optimales Arbeitsumfeld schaffen. Die Arbeitsplätze sind in 15 Meter breiten Riegeln um den Innenhof herum angeordnet und ermöglichen unterschiedliche Arbeitsplatzkonzepte, im normalen Zellenbüro über Kombibüros bis hin zu offenen Büroflächen im Großraum mit einigen eingestellten, verglasten Büroräumen. Die raumhohe Fassade zum Hof sorgt für eine ausreichende Tagesbelichtung. Der Innenhof, gestaltet von der Landschaftsarchitektin Susanne Burger, bietet den Mitarbeitern abwechslungsreiche Blicke ins Grüne und erhöht damit die Qualität des Arbeitsplatzes.

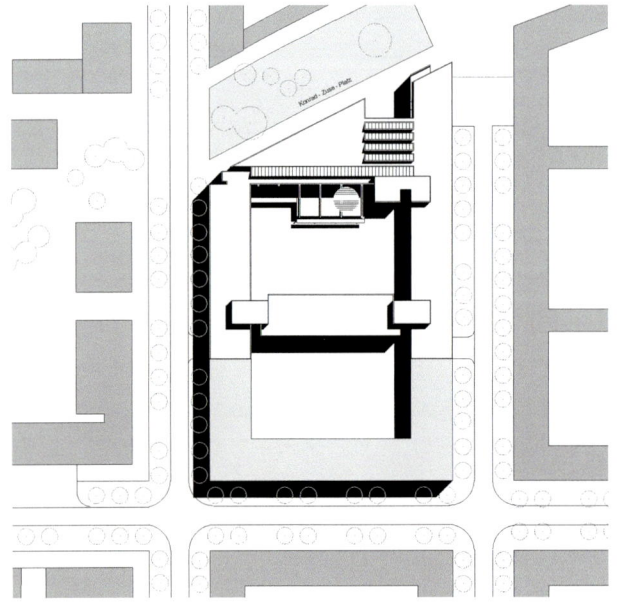

Lageplan

Innenhof

Rechte Seite: Foyer/Eingangshalle

Wohnanlage in Riem WA 1

Architekten: Herzog + Partner, Diplomingenieure, Architekten BDA, GbR München; Hanspeter Müller & Roland Naegelin Architekten BSA, Ateliergemeinschaft, Basel
Bauherr: Gewofag, München

Adresse: Willy-Brandt-Allee
Wohneinheiten: 104 und 10 Künstlerateliers
Bruttogeschossfläche: 13 500 qm / Herzog + Partner; 10 300 qm / Atelier Müller
Bauzeit: 2002–2004

Diese Wohnanlage in der Messestadt Riem wurde von den beiden Architekturbüros Herzog + Partner, München, und Atelier Müller, Basel, gemeinsam entworfen: Das Münchner Büro ist zuständig für den Nordriegel, den Südriegel und die drei Punkthäuser. Ostriegel, Kindertagesstätte und Familienzentrum plant das Schweizer Büro.

Das Gebäudeensemble setzt sich zusammen aus einer massiven Großform, dem offenen Rechteck Nord-, Ost-, und Südriegel. Die drei Punkthäuser liegen an der Westseite des Rechtecks und die Gemeinschaftseinrichtungen in der Mitte zwischen Wohnblock und Punkthäusern.

Für den Wohnblock wurden einfache, klar geschnittene Baukörper gewählt, um eine kostengünstige Herstellung zu gewährleisten. Die Erschließungen und die Installationskerne sind zusammengefasst, was Flexibilität bei der Einteilung der Flächen zu Wohnungen unterschiedlicher Größe erlaubt.

Die riegelartigen Gebäude bilden zusammen einen Hof, in dem, wie oben beschrieben, die Punkthäuser und die Gemeinschaftsfunktionen liegen. Alle Gebäude sind also im Grunde nach Westen ausgerichtet und bieten Aussicht auf das sich anschließende Buga-Gelände und bei guter Sicht sogar bis zu den Alpen.

Nord- und Südriegel weisen architektonisch gleiche Gestaltungsmittel in Material und Konstruktion auf, ebenso ist dies beim langen Ostriegel und den Punkthäusern der Fall. Die Fassaden des Nord- und Südriegels sind mit Holz-

elementen verkleidet und haben an den Stirnseiten eine Tonfassade. Die Längsseiten haben abwechselnd opake Fassadenelemente mit Lärchenholzschalung und transparente Flächen mit raumhohen Fenstertüren. Im Südriegel liegen 29 Geschosswohnungen mit je 105 qm Wohnfläche. Über dem vierten Obergeschoss befindet sich eine Dachterrasse. Im Erdgeschoss des Nordriegels sind zehn Künstlerateliers untergebracht, was in Verbindung mit den darüber liegenden fünfzig kleineren Geschosswohnungen über fünf Stockwerke eine soziale Durchmischung ergibt, die urbanem Leben entspricht.

Die Punkthäuser sind um ein halbes Geschoss angehoben, verfügen über drei Etagen und haben ein eingerücktes Terrassengeschoss; damit gewinnen sie an Höhe und behaupten sich gegen die Riegelbauten. Die Eingänge liegen auf der Hofseite, die Grundrisse sind an der Diagonale gespiegelt.

Der Ostriegel hat aufgrund seiner Größe nahezu eine mauerartige Wirkung. Straßenseitig hat er eine rhythmisierte Lochfassade mit gleichartigen Fensteröffnungen. Zur Hofseite hin gibt es raumhohe Fenster und durchgehende Balkone. Hier sind insgesamt 82 Wohnungen untergebracht.

Die Räume der Gebäude, die im Innenhof zwischen Ostriegel und Punkthäusern liegen, sind im Erdgeschoss für eine Kindertagesstätte und für ein Familienzentrum im 1. Obergeschoss vorgesehen.

Gesamthof Riem WA 1 (Modell)

Planzeichnung (Ansicht Süd)

Galeriahaus

Architekten: Röpke Architekten, München
Bauherr: Max Aicher, München
Adresse: Lehrer-Wirth-Straße 117–121

Bruttogeschossfläche: 14 500 qm
(Atrium 1500 qm)
Wohneinheiten: 172

Ein einmaliges experimentelles Wohnprojekt entstand südlich der Messebauten an der Lehrer-Wirth-Straße. Die Idee ist nicht neu: Geschützte Innenräume wie hier findet man normalerweise jedoch eher in Shopping Malls als in Wohngebäuden.

Rund um ein glasgedecktes, 1500 qm großes Atrium sind über vier Geschosse an der Straßenseite und fünf Geschosse zur Hofseite 172 Wohnungen und Künstlerateliers angeordnet, die alle über Treppen und die Laubengänge im Innern der Halle zu erreichen sind. Das Gebäude misst 25 mal 28 Meter; die Höhe der Halle beträgt am höchsten Punkt der leicht tonnenförmigen Dachwölbung 15 Meter.

Außenansicht

Hier geht man wirtschaftlich und sozial neue Wege: Im Laubenganghaus wohnen derzeit 470 Bewohner, fast die Hälfte sind Kinder unter 16 Jahre. Das Miteinander, das diese Wohnform anbietet, hat also in erster Linie Familien angezogen. Die Wohnungsgrößen reichen von 33 bis 110 qm und fördern soziale Vielfalt. Das hohe, lichte, viergeschossige Atrium mit seinen Grünpflanzen und Treppenaufgängen und rundum laufenden Gängen auf jedem Stockwerk lässt erst gar keine Assoziationen an »Gefängnisarchitektur« aufkommen.

Es wird nicht versucht, die kostensparende industrielle Fertigung zu kaschieren: Eine lang gestreckte, serielle Fassade wirkt eher wie Ausstellungsarchitektur. Der Rohbau wurde kostengünstig mit Betonfertigteilen aus dem Werk des Bauherrn errichtet, und es wurden auch standardisierte Holz-Glas-Fassaden eingeplant. Dennoch hat man für ein Projekt des sozialen Wohnungsbaus normalerweise unübliche Baumaßnahmen getroffen wie z. B. den Einbau von Fußbodenheizungen und die Verwendung ökologischer Materialien. Die Kopfbauten an den beiden Enden der Halle führen den Innenraum ins Freie fort.

Mit dem Galeriahaus versuchte man ganz gezielt, neue Wege zu gehen, die den immer gleichen fantasielosen Miethäusern etwas Innovatives und Menschlicheres entgegensetzen. Das Atrium eignet sich hervorragend als Treffpunkt und als Raum für gemeinsame Feste, wovon auch häufig Gebrauch gemacht wird. Natürliche Entlüftung verhindert im Sommer Überhitzung, Abwärme aus den Wohnungen im Winter die Unterkühlung. Die Temperatur fällt im Winter nie unter 11 bis 13 Grad. Begegnungen, Plaudereien, Spielfläche für die Kinder, Feste und Veranstaltungen – all diese Möglichkeiten bietet die »Galeria«, ein Raum, der so viel mehr ist als ein konventioneller Hausflur.

Glasgedecktes Atrium

Bauzentrum / Riem

Architekten: Hild und K, München
Bauherr: Max Aicher, Freilassing
Adresse: Willy-Brandt-Allee

Bruttogeschossfläche: 2996 qm
Bauzeit: 2003

Auf einem schmalen Grundstück im Stadtteil Riem entsteht das neue Münchner Bauzentrum mit einer Ausstellungsfläche von circa 3000 qm. Als städtische Institution soll es verschiedenen Firmen die Möglichkeit bieten, sich und ihre Produkte dauerhaft einem privaten Bauherrenkreis zu präsentieren.

Das Gebäude wird durchgängig in Stahlbeton-Fertigbauweise errichtet; seine Fassade kann als eine Stapelung von großen, aneinandergereihten Schaufenstern gelesen werden. Diese circa 3,5 mal 6 Meter großen Verbundglasscheiben werden ohne Rahmen in die Betonschalen eingesetzt, die zwischen die Gebäudestützen gefügt sind. Alle Oberflächen des Gebäudes bleiben unbehandelt und zeigen den Fertigungsprozess. Im Inneren des Gebäudes liegen sechs Ausstellungsgeschosse an einer über alle Geschosse geführten einläufigen, offenen Treppe. Büros, ein Vortragssaal und verschiedene Seminarräume ergänzen das Raumangebot im Hof; auf dem Dach ist jeweils eine Außenausstellung des Bauzentrums vorgesehen.

So präsentiert der Bau auf fünf Stockwerken dem privaten Bauherrn eine Dauerausstellung, die ihm einen Überblick über das Marktangebot geben und dabei helfen soll, die für ihn richtige Entscheidung zu treffen.

Das Gebäude misst knapp 60 Meter in der Länge, 21 Meter in der Höhe und ist nur 6 Meter tief. Das Spektakuläre ist die Vorderfront, die mit ihren großformatigen Fenstern eigentlich eine riesige Glasfassade, ein ›Schaufenster‹ darstellt. Hinter der Glasfassade verläuft die steile Himmelsleiter-Treppe, die an der Außenfassade durch die Anordnung der Fensterscheiben nachgezeichnet wird und über die die Ausstellungsstockwerke zu erreichen sind.

Das Gebäude schließt sich unmittelbar rechts an das ebenfalls von Hild und K erbaute Parkhaus an und wird von drei Seiten eingebaut, sodass in der Tat nur die ›Schauseite‹ zu sehen sein wird.

»Himmelsleiter-Treppe« im Gebäudeinnern

Modellfoto

Parkhaus / Riem

Architekten: Hild und K, München
Bauherr: Max Aicher, Autopark Riem GmbH
Bauzeit: 2000–2002

Adresse: München-Riem
Nutzfläche: 30 000 qm
Stellplätze: 687

Ein Gebäude vom Typ Parkhaus war für Architekten bislang eine eher unsinnige Aufgabe. Innovative Ansätze tragen zu einem Wandel dieser Nutzbauten bei. Aus hässlichen Unorten werden reizvolle Parkmaschinen. Auch beim Parkhaus Riem mit seinen 687 Stellplätzen ist es dem hohen kreativen Potential des jungen Münchener Architekturbüros Hild und K zu verdanken, dass eine optisch ansprechende Lösung für diese Aufgabe gefunden wurde. Im Zuge des Parkraumkonzeptes Riem bekommen die Anwohner Parkplätze in verschiedenen, in die Blockränder integrierten, oberirdischen Parkhäusern zugewiesen. Das Gebäude ist ein offenes Parkhaus, seine Struktur besteht aus einem in Ortbetonbauweise errichteten Stützenraster mit Bodenplatten – die Wandflächen und die Brüstungsteile sind als Fertigteile angeliefert worden. Und hierin liegt die optische Besonderheit des Zweckbaus: Um der starren Regelmäßigkeit der 14 gleichen Parkebenen entgegenzuwirken, wurde ein 15 Meter langes, 1,5 Meter hohes und 25 cm dickes Brüstungsteil entworfen. Das geschweifte Element bildet durch Kombination, Drehung und Spiegelung eine frei

geschwungene Linie auf der Fassade, die sich nie wiederholt. Von der Ferne wirken diese versetzt gegeneinander angebrachten hellen Fertigteile wellenförmig; die dunklen Betonflächen nehmen das Motiv auf und setzen es in einem strengen geometrischen Muster fort, das wie Zähne ineinander greift. Durch die verschiedenen Farbnuancen wird das Gebäude zusätzlich optisch strukturiert. Ein gelber Anstrich nimmt dem Innenraum jede Düsternis.

Die Firma Aicher erstellt und bewirtschaftet die Parkflächen des Parkraumkonzeptes in der Messestadt. Da sie über ein eigenes Fertigteilwerk verfügt, sollte das Parkhaus überwiegend aus Stahlbetonfertigteilen errichtet werden. So besteht die Tragkonstruktion aus 28 cm starken, punktgestützten Stahlbetondecken. Die Geschosshöhe konnte so auf 2,48 Meter reduziert werden. Gegenüber einer Stahlkonstruktion wurde ein komplettes Geschoss – etwa 85 Stellplätze – gewonnen.

Die Zwischenräume zwischen den geschwungenen Brüstungsteilen bieten einen wunderbaren Ausblick auf die Berge und den hier entstehenden Landschaftspark.

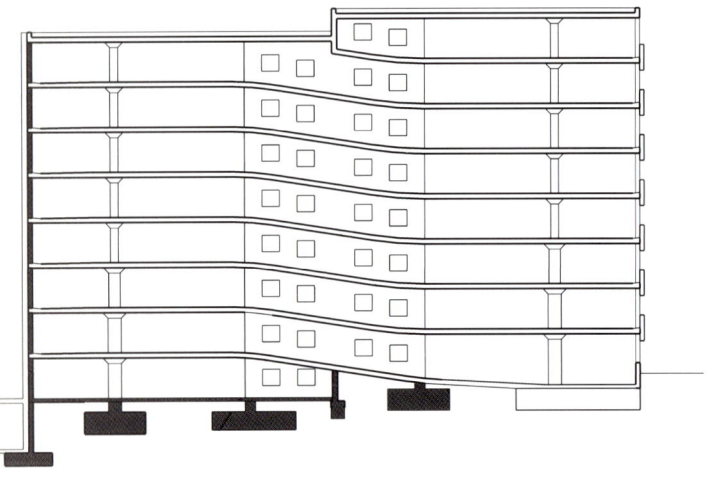

Schnitt

Fassadendetail

Das Parkhaus aus der Luft gesehen

Bajuwarenstraße

**Städtebauliches und landschaftsplanerisches
Konzept:** Dragomir Stadtplanung, München
Grundstückseigentümer: Familie Bornschein, vertreten durch ALBA BauProjektManagement GmbH,
Bayerische Hausbau GmbH

Investoren: u. a. Bayerische Hausbau GmbH
Lage: München-Trudering
Größe: circa 30 Hektar
Wohneinheiten: circa 1250
Baubeginn: circa 2004

Das Planungsgebiet liegt im Osten Münchens im Stadtteil Trudering, nördlich und südlich der Ausfallstraße B 304 nach Haar und Wasserburg (Kreillerstraße), sowie westlich und östlich der Bajuwarenstraße. Im Norden befindet sich der U-Bahnhof »Truderinger Bahnhof« (S 5 und U 2) und ein städtischer Busbahnhof.

Mit einer Fläche von knapp 30 Hektar ist es eines der größten noch unbebauten Areale, das vollständig von Wohnbebauung umgeben ist. Das Bruttobauland umfasst 24 Hektar.

Folgende Planungsziele sind formuliert worden: Schaffung von Wohnraum (circa 1250 Wohneinheiten) – zum Teil im öffentlich geförderten Wohnungsbau, mit einem möglichst vielfältigen Angebot von unterschiedlichen Wohnungstypen; Aufwertung des Quartierzentrums Trudering mit einer Ausweitung bis zum Bahnhof Trudering; Ansiedlung von Läden sowie Gewerbe- und Dienstleistungsbetrieben (circa 500 Arbeitsplätze); Verbesserung der Versorgung mit sozialen und sonstigen Infrastruktureinrich-

tungen wie z. B. Kindertagesstätten, Stadtteilbibliothek, VHS-Außenstelle; Verknüpfung der vorhandenen Grünbeziehungen und Schaffung einer Grünfläche für die wohnungsnahe Erholung; Verbesserung der Fuß- und Radwegesituation; Verhinderung von Schleichverkehr.

Das städtebauliche Konzept basiert auf den folgenden für Trudering typischen städtebaulichen Gestaltungselementen: die weitgehend orthogonale, vielfach jedoch geringfügig gegeneinander verschobene Straßenstruktur; die Abfolge von kleinen, rechteckigen, von Straßen umgebenen Quartiersgrünflächen; die starke Durchgrünung des Gebietes; die relativ geringe Höhenentwicklung mit punktuell höheren Gebäuden.

Diese Gestaltungselemente wurden weiterentwickelt und außerdem ein System von Grünflächen geschaffen, das eine durchgehende öffentliche Grünverbindung von der St.-Augustinus-Straße bis zum Quartierszentrum von Strasstrudering herstellt. Diesem Grünzug sind überwiegend die Geschosswohnungsbauten zugeordnet, während in den Randzonen zweigeschossige Gebäude den Übergang zur bestehenden Bebauung bilden. Platzartige Aufweitungen markieren wichtige Orientierungspunkte im Quartier: an der Truderinger Straße in Fortführung des Quartierszentrums; an der Kreillerstraße zur Definierung der Eingänge in die Baugebiete; an der Bajuwarenstraße in Verbindung mit einer wohngebietsbezogenen Nahversorgung.

Durch das zu den Hauptverkehrsstraßen offene Erschließungssystem wird die Verkehrsbelastung der umliegenden Wohnstraßen sowie der Bajuwarenstraße aufgrund von Ziel- und Quellverkehr aus den Neubaugebieten so gering wie möglich gehalten.

Städtebaulicher Entwurf

Lageplan

ISAR SÜD

**Sieger des städtebaulichen und landschafts-
planerischen Wettbewerbs:** Büro Jaspert, Steffens,
Watrin, Drehsen, Köln, mit Landschaftsplaner
Lill + Sparla, Köln
Bauherr: Siemens AG, München/vertreten durch:
Isar-Süd Grundstücksentwicklungs-GmbH, München

Adresse: Karree Hofmannstraße/Gmunder
Straße/Baierbrunner Straße/Rupert-Mayer-
Straße/Colmarer Straße/Siemensallee
Größe des Areals: 44 Hektar
Bauzeit: 2004 – bis circa 2016

An ihrem größten Einzelstandort weltweit – im Münchener Süden – wird die Siemens AG ihr Areal umstrukturieren. Das High-Tech-Unternehmen stellt auf einem 44 Hektar großen Grundstück Flächen für Büros, Wohnungen, Einzelhandel, höherwertiges Gewerbe und Dienstleistungen bereit. Das heute nicht öffentliche Betriebsgelände soll bis 2016 in verschiedenen Bauabschnitten zu einem lebendigen und zukunftsweisenden Quartier umgestaltet werden. »ISAR SÜD«, so der Name des Projekts, wird ein offener Stadtteil und keine »Siemens-City«. Der neue Stadtteil entsteht auf einem bereits bebauten Gelände und wird somit auch zu einer Revitalisierung dieses Areals beitragen.

Das Konzept des ersten Preisträgers eines städtebaulichen Ideenwettbewerbs sieht als Mitte des neuen Quartiers eine circa 5 Hektar große, lang gestreckte Grünfläche, einen »Central-Park«, vor. Das bereits bestehende Siemens-Hochhaus, das unter Denkmalschutz stehende so genannte »Maurer-Haus«, wird renoviert, qualitativ verbessert und mit zwei weiteren Hochhäusern zu einer gestaffelten Dreiergruppe erweitert. Am Nordende des Parks bilden ein Hotel und ein weiteres markantes Gebäude den Abschluss auf dieser Seite und das Pendant zu der Hochhausgruppe im Süden. Die Büroflächen werden in mehreren gemischt genutzten Bauquartieren entlang des Parks angesiedelt.

Zwei Drittel der alten Bausubstanz wird abgerissen und durch Neubauten ersetzt. Eine Aufwertung des gesamten Münchener Südens ist eines der gewünschten Ergebnisse dieses Projektes.

Das Werksgelände stellt bislang noch eine erhebliche Barriere in diesem Stadtteil dar. Die Neubebauung und Öffnung des Areals wird eine völlig neue Situation schaffen. Wohnen, Arbeiten, Freizeit und die entsprechende Infrastruktur werden hier angesiedelt und mit den bestehenden Stadtteilen vernetzt werden.

Die neuen Wohngebiete konzentrieren sich überwiegend auf die beiden Bereiche nördlich der Gmunder Straße und östlich der Koppstraße. Damit werden die an das Planungsgebiet angrenzenden Wohnquartiere sinnvoll ergänzt. Ab 2004 wird die Art der Bebauung durch verschiedene Architekturwettbewerbe entschieden werden.

Gesamtansicht ISAR SÜD

Modell des Siegerentwurfs

Ratzingerplatz

Architekt: Martin Gebhardt, Vohenstrauß
Lage: Obersendling

Gesamtfläche: 11,5 Hektar
Bauzeit: voraussichtlich ab 2005/2006

Das Planungsgebiet liegt im Südwesten Münchens im Stadtteil Obersendling. Das Gelände umfasst den Ratzingerplatz sowie die nördlich und südlich der Boschetsrieder Straße und östlich der Aidenbachstraße angrenzenden städtischen Grundstücke. Das Gebiet ist einerseits gekennzeichnet durch eine hervorragende Verkehrsanbindung mit U-Bahn und Bus sowie einer Park-and-Ride-Anlage, andererseits aber durch Nutzungen, die dieser Erschließung nicht gerecht werden, mit anderen Worten – es ist ein trostloser Ort mit Abbruchflächen, einem Fernbusterminal, einem Einkaufszentrum mit wuchtiger 1970er-Jahre-Architektur. Daher schien es geboten, in einem Wettbewerbsverfahren eine neue Planung für dieses Areal anzuregen.

Der preisgekrönte Entwurf des Architekten Martin Gebhardt sieht folgende Entwicklungen vor:
– Städtebaulich anspruchsvolle Lösung für die Neugestaltung des Ratzingerplatzes als »Promenade« und Quartierszentrum: Die »Ratzingerpromenade« entlang der Bo-

schetsrieder Straße und der Zeppelinpark mit Forum an der Zeppelinhalle/Ecke Gmunder-/Hofmannstraße bilden zwei neue Stadträume, um die sich die Neubauten gruppieren.
– Schaffung von dichten, höherwertigen Kerngebietsnutzungen auf den städtischen Grundstücken mit circa 200 Wohneinheiten und 1500 Arbeitsplätzen.
– Erhalt der Zeppelinhalle mit vorgelagertem, multifunktionalem Platz: Mit der so genannten Zeppelinhalle verfügt das Areal über einen markanten Baukörper, der für den Stadtteil identitätsbildend wirkt. Um das Potenzial der Halle nutzen zu können, bedarf es jedoch einer verbesserten Einbindung in die Umgebung und eines Nutzungskonzeptes.
– Schaffung eines Parks als Verbindung zwischen Vorplatz, Zeppelinhalle und Boschetsrieder Straße.
– Neubau einer Park-and-Ride-Anlage.
– Vernetzung des Gebiets durch Grün- und Wegebeziehungen.

Um die Übersichtlichkeit zu gewährleisten, wurde das Planungsgebiet in die Quadranten I–IV unterteilt (siehe Abb.). Im Quadrant II soll ein Einkaufszentrum errichtet werden. 20 Prozent der Flächen sind für Wohnungen vorgesehen, vorwiegend in den oberen Geschossen der Bebauung in den Quadranten I und III mit Beziehung zum Park. Im Quadranten IV sind gemeinschaftliche Einrichtungen wie Kita, Volkshochschule, Sozialbürgerhaus und ein Bürgersaal geplant.

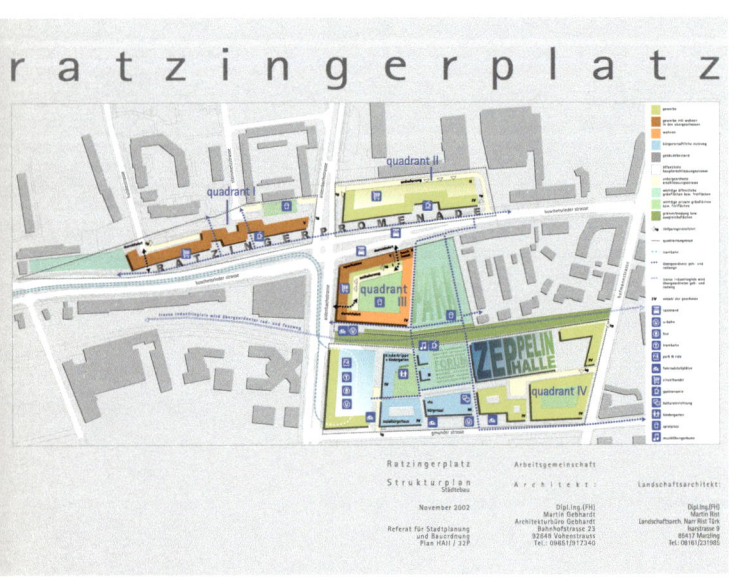

Lageplan

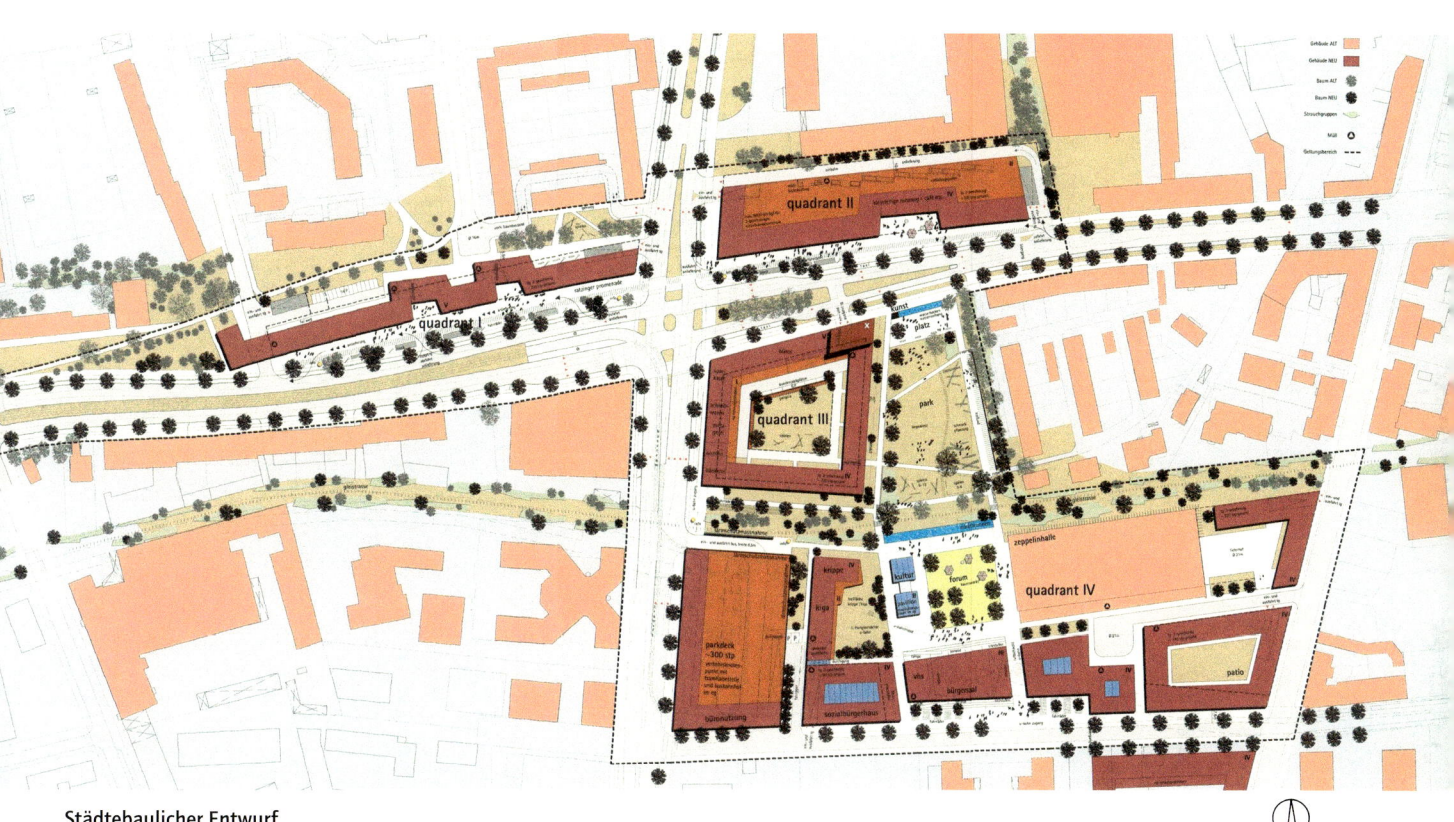

Städtebaulicher Entwurf

Am Stiftsbogen

Architekten: Goergens + Miklautz, München
Bauherr: Freistaat Bayern
Lage: Hadern

Gesamtfläche: 12 Hektar
Baubeginn: 2006/2007

Im Südwesten der Stadt, im Stadtteil Großhadern, zwischen Bundesautobahn München-Lindau (A 96), der Schröfelhofstraße, der Kurparkstraße, dem Stiftsbogen und dem Walter-Hopf-Weg, liegt eine Freifläche, die derzeit noch landwirtschaftlich genutzt wird.

Hier sollen Wohnungen für Staatsbedienstete und den frei finanzierten Wohnungsbau, eine Polizeidienststelle und öffentliche Grünflächen entstehen; zusätzlich will das Studentenwerk 510 Appartements schaffen und damit die Wohnungsnot unter den Münchener Studenten ein wenig lindern. Das Planungsgebiet ist aktuell durch eine sehr heterogene städtebauliche Umgebung gekennzeichnet. So unterschiedliche Baumassen wie das Altenstift Augustinum im Westen und die bis zu 13-geschossigen Wohnbauten in Neuhadern oder die kleinteilige Einfamilienhausbebauung strukturieren das Gebiet.

Den städtebaulichen und landschaftsplanerischen Wettbewerb gewann das Münchener Büro Goergens + Miklautz. Die Grundidee des Entwurfs basiert auf einer konsequenten Weiterentwicklung der vorhandenen Bebauungsstruktur. Ein großzügig angelegter Stadtteilpark »Am Stiftsbogen« bildet eine Zäsur zwischen Bestand und den Neubauquartieren. Die neuen Wohnanlagen entwickeln sich südwestlich der Schröfelhofstraße; die städtebaulich prägende Radialstruktur der westlich angrenzenden Wohnquartiere wird dabei aufgegriffen. Die Erschließung der Wohnquartiere erfolgt von der Schröfelhofstraße. Während am östlichen und westlichen Rand (drei bzw. viergeschossige) Einzelhäuser einen transparenten Übergang zu der angrenzenden Bebauung bzw. Freifläche ermöglichen, füllen im Inneren des Baugebietes viergeschossige, lang gestreckte Baukörper die strahlenförmig angeordneten Bauplätze aus.

Die radiale Struktur beginnt im Norden des Grundstücks mit einem lang gezogenen, sechsgeschossigen Studentenwohnheim als Querriegel zur Autobahn, welche nicht nur dem Lärmschutz dient, sondern darüber hinaus auch städtebauliche Qualität besitzt. Die Struktur setzt sich konsequent bis Südosten fort, wo sie einen adäquaten Abschluss durch das Polizeigebäude erhält. Sie wird unterbrochen durch leicht keilförmige öffentliche Grünflächen, welche auf eine selbstverständliche Art auch die Fortführung des öffentlichen Grünzuges aus der östlichen Kurparksiedlung in das Neubaugebiet sichern.

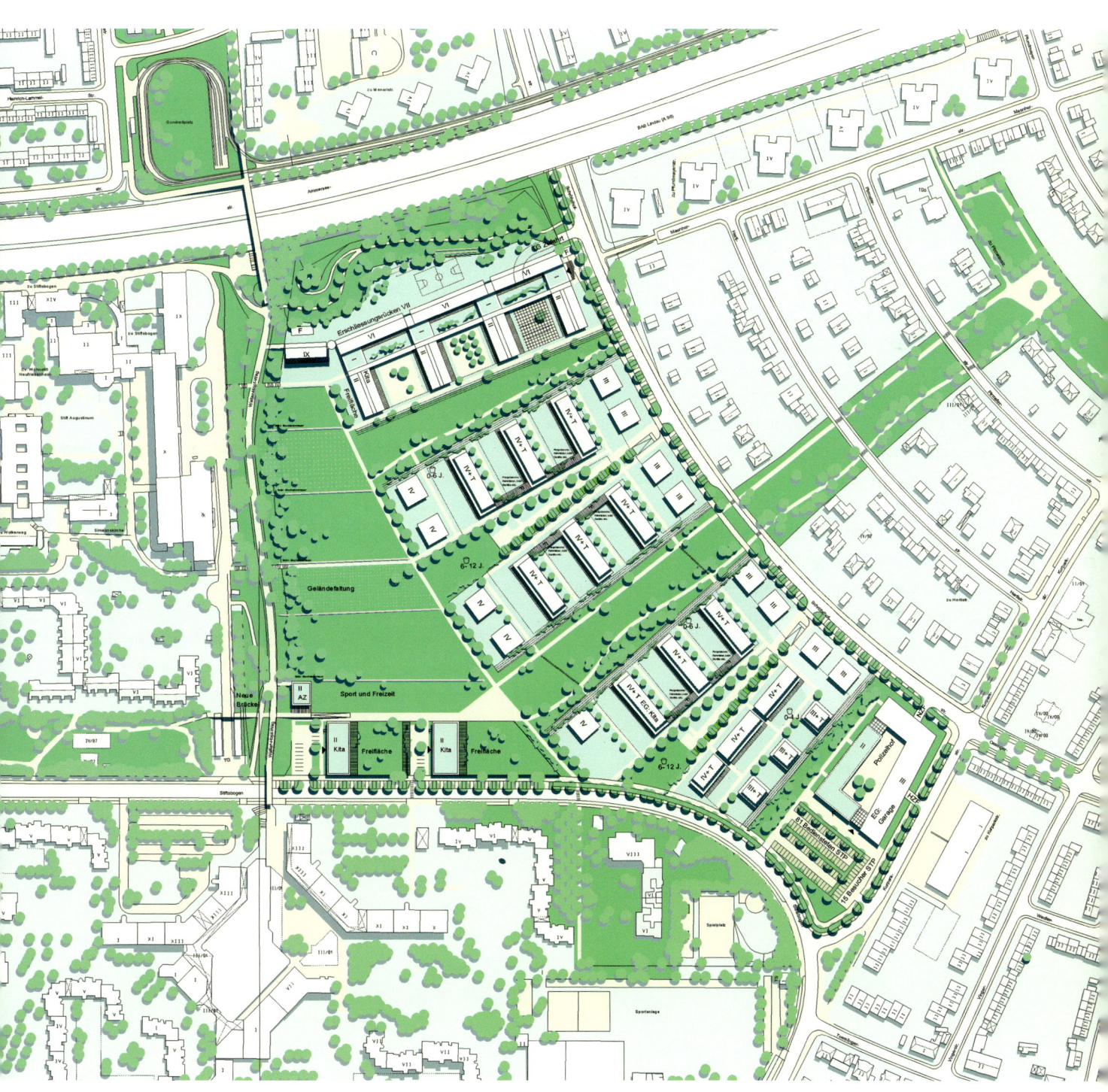

Städtebaulicher Entwurf

Meillergelände

Städtebaulicher Entwurf: PRPM – Perret, Reichert, Pranschke, Maluche Architekten, München
Landschaftsarchitekt: Prof. Rainer Schmidt, München
Grundstückseigentümer: F. X. Meiller, Fahrzeug- und Maschinenfabrik

Lage: München-Moosach
Wettbewerbsgebiet: circa 5 Hektar/Freifläche circa 4400 qm
Rechtsberatung: Kanzlei Helmut Wagensonner und Partner, München
Baubeginn: voraussichtlich 2005

Ein Teil des Betriebsgeländes der Meiller Fahrzeug- und Maschinenfabrik in Moosach wird in Zukunft nicht mehr für die Produktion benötigt. Auf der frei werdenden Fläche entstehen 170 Wohnungen, darüber hinaus werden sich hier Einzelhandel und Gewerbe (mit circa 860 Arbeitsplätzen) ansiedeln. Südlich der Untermenzinger Straße wird Platz geschaffen für ein Gewerbegebiet. Südwestlich des Memminger Platzes sind Büros für Verwaltung und Dienstleistung, aber auch Wohnungen (circa 20 Prozent) vorgesehen.

Der Entwurf, der mit dem 1. Preis des einstufigen Realisierungswettbewerbs ausgezeichnet wurde, verfolgt als übergeordnete Idee das Ziel, die negativen Auswirkungen der Bahnlinie München – Regensburg zu beheben. Freiräume genießen dabei Priorität. Bürogebäude fungieren als Randbebauung und schützen die innenliegenden Wohngebiete. Durch den Wechsel von frei stehenden Punkthäusern und Gebäudezellen werden großzügige Freibereiche, die unterschiedlich genutzt werden können, geschaffen. Vom Memminger Platz aus erstreckt sich eine durchgehende Grünachse, der »Rathgeberpark«, der das Rückgrat des neuen Quartiers bildet und die »Rathgebervilla« mit Garten, den Uhrenturm und die denkmalgeschützten Hallen in der Perspektive des lang gestreckten Parks mit einbezieht. Das orthogonale System, das dem Firmengelände zugrunde liegt, wird für die gesamte Planung aufgenommen und als Kammstruktur umgesetzt, mit Ausnahme des bestehenden Gebietes im Westen. Das Wechselspiel von parallelen Baufeldern und bandartigen Freiräumen erzeugt eine städtische Qualität mit historischen Wurzeln. Zusätzlich wird das Ensemble durch zwei längliche, öffentliche Räume strukturiert: den Park im Kerngebiet und die Erschließungsstraße im Gewerbegebiet. Die zwei neu entstandenen Bereiche werden dadurch geöffnet und erhalten eine eigene Mitte wie der Stadtteil Moosach selbst durch die Bunzlauer Straße auf der anderen Seite der Bahnlinie. Das Werksgelände der Fa. Meiller wird umstrukturiert und in zwei neue Gebiete geordnet, das Industriegebiet an der Bahnlinie schirmt ein Gewerbegebiet ab, eine ursprüngliche Lagerfläche im Nordwesten wird als Gewerbegebiet für kleinere Firmen parzelliert. Am Memminger Platz entstehen Wohnungen in zentraler Lage. Das bestehende Mischgebiet im Westen zwischen Allacher und Untermenzinger Straße wird durch Schaffung von Grünflächen angebunden. In der neuen Konfiguration sind die Gebiete funktional getrennt, aber trotzdem städtebaulich miteinander verwandt. Selbst wenn die einzelnen Baukörper sehr unterschiedlich sind, entsteht doch eine homogene städtebauliche Substanz.

Die Erschließung des Gebiets durch öffentliche Verkehrsmittel wird sich durch die geplante Verlängerung der U 3 verbessern. Die Inbetriebnahme der Linie ist für das Jahr 2009 vorgesehen.

Projektplan

Modell

Technocell / Wohnanlage Planegger Straße

Architekt: Planungsgemeinschaft Zwischenräume,
München (Städtebaulicher Entwurf, 1. Preis 1995)
Bauherr: Viterra, München
Adresse: Planegger Straße 28–40

Grundstücksgröße: 8,4 Hektar
Bruttogeschossfläche: 55 600 qm
Bauzeit: 2002–2003

Bei diesem Projekt geht es um die Umstrukturierung der Betriebsflächen der ehemaligen Papierfabrik Technocell in Pasing und um die Erweiterung des Pasinger Parks.

Die Betriebsanlagen der Papierfabrik, die hier 150 Jahre ansässig gewesen war, entsprachen nicht mehr den heutigen technischen Anforderungen. Das riesige Fabrikgelände der Technocell Dekor GmbH liegt an der Würm, einer Flussaue, die als Grünzug den westlichen Stadtbereich gliedert und die im Bereich der Fabrik eine Engstelle hat. Von der Würm wurde ein Fabrikkanal abgezweigt, der ungefähr in der Mitte des Gebietes einen Absturz von circa vier Metern hat und eine Turbine antreibt.

Mit der neuen Nutzung bot sich hier die Gelegenheit, einerseits eine dichte Wohn- und Gewerbebebauung entlang der Planegger Straße zu errichten und andererseits den Würmgrünzug und Pasinger Stadtpark zu verbreitern.

Das Bebauungskonzept, das derzeit realisiert wird, sieht vor, zwei denkmalgeschützte Gebäude, die ehemalige neuklassizistische Direktionsvilla, erbaut zwischen 1910 und 1920, sowie ein Wohnhaus aus dem Jahr 1906 von Paul Dietze an der Planegger Straße 28–32 zu erhalten und die restlichen, später hinzugekommenen Fabrikgebäude abzureißen.

Entlang der Planegger Straße ist eine Kammbebauung geplant, die einen Lärmschutz zur Straße und eine Öffnung zum Park für alle Wohnungen ermöglicht. Ein Kindergarten und ein breiter Platz leiten hier in die Tiefe und in den Stadtpark hinein. Am Platz liegen auch die Brücke und die Turbine am Kanal, die weiter zur Stromerzeugung genutzt werden soll.

Auch wenn fünf der Bauzeilen den Kanal überspringen, soll ein Weg entlang des Kanals die Promenade und damit ein attraktiver Teil des Stadtparks werden. Die Gebäude auf der Westseite stehen deshalb frei auf dem Parkboden, die Freiflächen zwischen den Häusern sind gegenüber dem Park und der Promenade nicht abgegrenzt oder differenziert gestaltet. Stege über den Kanal an jedem Wohnweg schaffen kurze Verbindungen und eine direkte Anbindung an der Ostseite, sodass man von parkenden Autos und störendem Verkehr entlastet ist.

Rechte Seite:
Städtebaulicher Entwurf

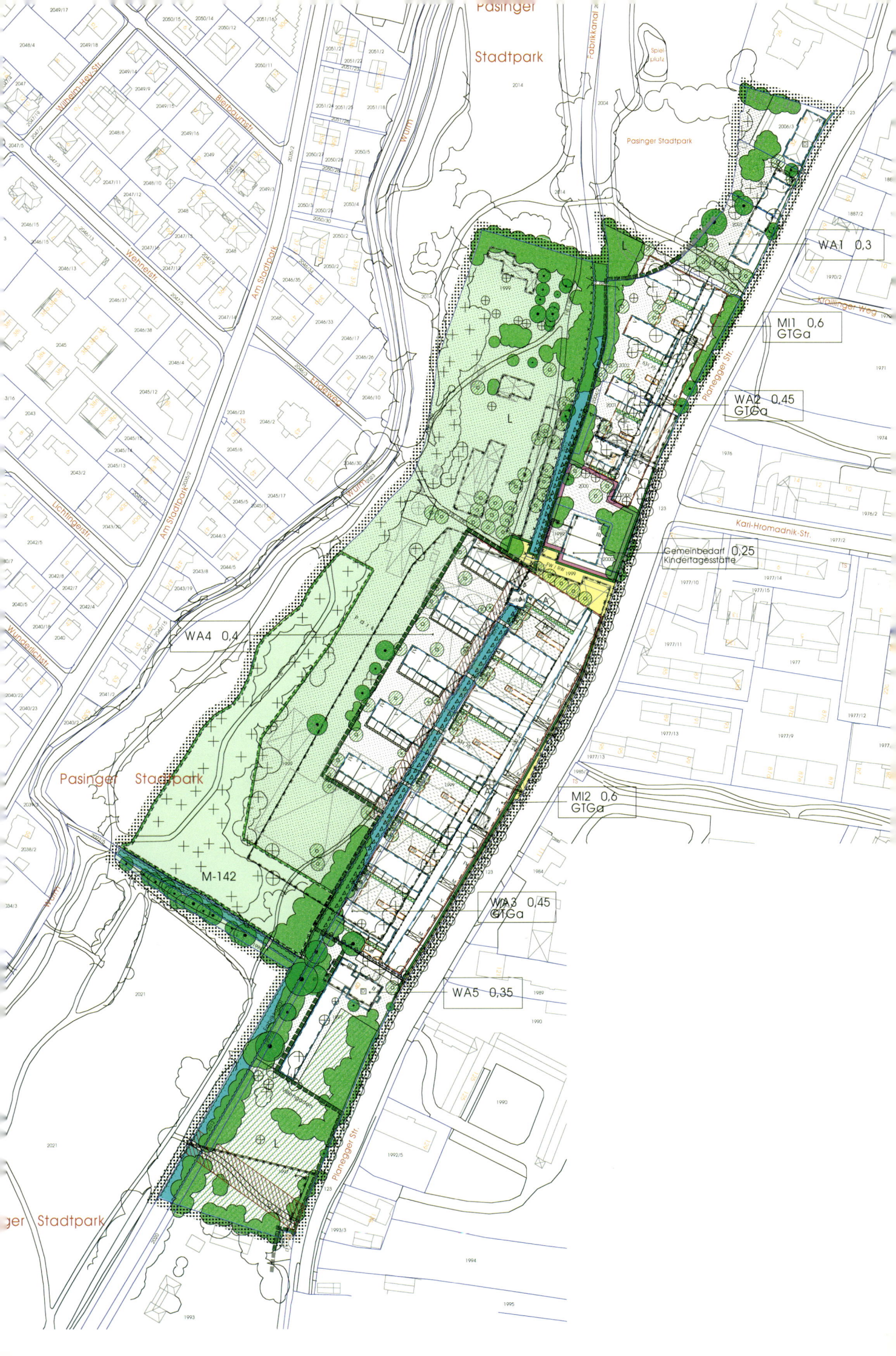

WA1 0,3

MI1 0,6
GTGa

WA2 0,45
GTGa

Gemeinbedarf 0,25
Kindertagesstätte

WA4 0,4

MI2 0,6
GTGa

WA3 0,45
GTGa

M-142

WA5 0,35

Pasinger   Stadtpark

Pasinger Stadtpark

Pasinger
Stadtpark

ger Stadtpark

Freiham

Städtebaulicher Entwurf: O.S.A. Ochs. Schmidhuber. Architekten, München
Bauherr: Landeshauptstadt München, Zweck-
verband Freiham

Lage: München-West
Größe: 350 Hektar
Wohneinheiten: circa 10 000
Baubeginn: 2005

Das Planungsgebiet liegt am westlichen Stadtrand zwischen Aubing und dem Autobahnring der A 99 und wird im Süden durch die A 96 und im Norden durch die Bahntrasse der S-Bahn begrenzt.

Mit seinen rund 350 Hektar ist das Areal Freiham flächenmäßig durchaus vergleichbar mit der Messestadt Riem. In den nächsten Jahren wird sich hier ein Stadtteil mit 10 000 Wohnungen, der entsprechenden Infrastruktur und circa 7500 Arbeitsplätzen entwickeln.

Die Landeshauptstadt München plant nördlich der Bodenseestraße vorrangig Wohngebiete, südlich werden in erster Linie Gewerbeflächen angesiedelt sein, darunter ein Stadtteilzentrum, Flächen für innovative Technologien, Fachmärkte, produzierendes Gewerbe, Ver- und Entsorgung. Die städtebauliche Planung für den Nordteil wird zu einem späteren Zeitpunkt erfolgen. Bislang wurde nur die Planung für den südlichen Teil der Öffentlichkeit vorge-

stellt. Der städtebauliche Entwurf von O.S.A. Ochs. Schmidhuber. Architekten, München, sieht folgendes Konzept vor: Der neue Stadtteil soll urban, modern, offen und flexibel sein. Durch die Lage an der Schnittstelle von Stadt und Landschaft kann der bewusste Kontrast von offenem Raum und kompaktem Volumen als prägnantes Element der Morphologie der Stadt eingesetzt werden.

Entlang der Nord-Süd-Achse zwischen Bodenseestraße und A 96 entwickeln sich die ost-west verlaufenden ›Bänder‹. Sie sind das wesentliche und essentiell strukturbildende Element in Freiham. Die ›Bänder‹ sind entweder Erschließungsstraßen oder Freiräume, S-Bahntrasse oder Baumdach. Jedes ›Band‹ entwickelt ein eigenes unverwechselbares Thema innerhalb eines Gesamtkonzepts und ordnet sich ein in ein Hierarchiesystem. Dies schafft Orientierung und dient der Adressbildung.

Der Stadtteil ist für motorisierte Verkehrsteilnehmer durch die oben erwähnten Autobahnen, die Bodenseestraße und das untergeordnete Straßennetz gut erreichbar. Der öffentliche Nahverkehr soll über einen neu geplanten S-Bahnhof Freiham im Stadtteilzentrum abgewickelt werden. Hier entsteht der zentrale Platz, der die Trennwirkung der Bahnlinie aufhebt, er verbindet Nord und Süd. Durch hohe Bauten an den Kopfenden wird über die S-Bahn hinweg ein Raum aufgespannt. Eine großzügige Fußgängerunterführung unter den Gleisen hindurch verbindet beide Seiten.

Den Namen verdankt der neue Stadtteil dem landwirtschaftlich genutzten Gut Freiham in Privatbesitz. Die umfängliche Anlage prägt mit Schloss, Hofmarkkirche aus dem 17. Jahrhundert und einer Allee den Landschaftsraum und bleibt von der Planung unberührt.

Luftbild

Blick von Süden

Zentrale Bahnflächen Hauptbahnhof-Laim-Pasing

Städtebaulicher Entwurf: Raupach und Schurk, München
Bauherren: u. a. Aurelis, Real Estate Management GmbH, Vivico Real Estate GmbH, Post Mfi, DB Immobilien

Bauzeit: ab 2003
Größe: 173 Hektar

Das Gebiet der »Zentralen Bahnflächen« erstreckt sich vom Hauptbahnhof München bis zum Bahnhof Pasing auf einer Länge von sieben Kilometern. Auf ehemaligen Flächen der Bahn und angrenzenden aufgelassenen Gewerbegebieten entstand ein neu zu beplanendes Gelände in der Größe von insgesamt 173 Hektar.

Ein zweistufiger Wettbewerb wurde ausgelobt, dessen Ergebnisse immer wieder öffentlich diskutiert und modifiziert wurden. Folgende wesentliche Punkte hat man schließlich festgelegt:

Die Stadt empfängt den Besucher vom Stadtrand an mit einer neuen repräsentativen Bebauung, die die Urbanität Münchens erlebbar macht. Die neuen verdichteten Gebiete entwickeln sich linear entlang der Bahn mit Unterzentren an den Verkehrsknotenpunkten der S-Bahnhöfe und der Brücken. Auf Hochhäuser wird im Hinblick auf die bisherige Stadtstruktur nahezu vollständig verzichtet. Bestehende Sichtachsen bleiben erhalten.

Nördlich der Bahnlinie wird entlang der Gleise ein bis zum Hauptbahnhof durchgehender Grünzug geschaffen. Die unterirdische Führung der Gleisanlagen ab der Friedenheimer Brücke macht es möglich, einen großen innerstädtischen Park anzulegen. Bisher voneinander getrennte Quartiere werden dadurch und durch die Anlage von Fuß- und Radwegen miteinander verbunden.

Durch den Wechsel von Grünflächen und einer stadtteilspezifisch ausgeprägten Stadtkante sollen die Stadtviertel zur Bahn hin sichtbar bleiben und der Gesamtraum eine stadtgestalterische Aufwertung erfahren. Die gesamte Maßnahme ist beispielhaft für die Erprobung neuer Strategien bei der inneren Entwicklung der Quartiere wie Dichte, Mischung und stadtverträgliche Verkehrsbewältigung.

Nach Festsetzung der grundsätzlichen Gestaltungskriterien wurde das Gesamtgebiet in fünf Bereiche aufgeteilt, die in verschiedenen aufeinander folgenden Zeitperioden realisiert werden:

- 1. Abschnitt: Arnulfpark ab 2003
- 2. Abschnitt: Laim und Pasing ab 2004
- 3. Abschnitt: Birketweg ab 2005
- 4. Abschnitt: Nymphenburg Süd ab 2006
- 5. Abschnitt: Paul-Gebhardt-Allee im Anschluss

Insgesamt sollen circa 7300 Wohnungen und 17500 Arbeitsplätze auf diesem riesigen Areal geschaffen werden. Für den gesamten Umstrukturierungsbereich gilt das Leitbild der Stadtentwicklungskonzeption »kompakt, urban, grün«, mit der Zielsetzung, eine moderne Stadtlandschaft zu entwickeln.

Computeranimation mit Arnulfpark im Vordergrund

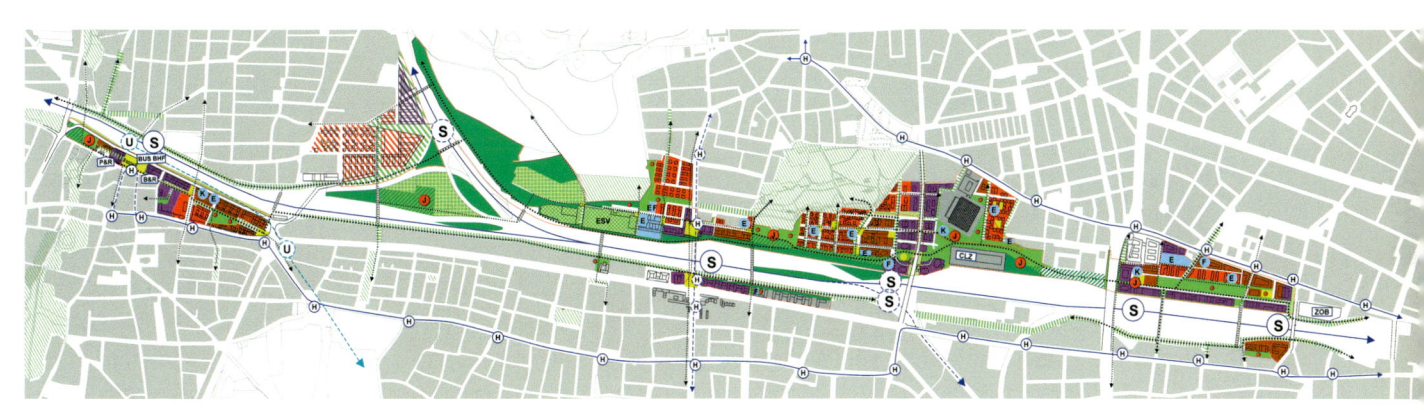

Zentrale Bahnflächen (Gesamtplan)

Zentrale Bahnflächen – Teilabschnitt Arnulfpark

Städtebaulicher Entwurf: Dubokovic-Kienzler, Darmstadt
Grundstückseigentümer: Vivico Real Estate GmbH, München; DaimlerChrysler; Landeshauptstadt München

Größe: 270 400 qm
Realisierung: circa ab 2003

Dieser Teil der Zentralen Bahnflächen Hauptbahnhof-Laim-Pasing schließt sich fast unmittelbar an den Hauptbahnhof an und wird unter der neuen Adresse »Arnulfpark« (ehemals Containerbahnhof) die Flächen von der Hackerbrücke bis zur Donnersberger Brücke zusammenfassen. Dies wird der erste zu realisierende Abschnitt des riesigen Gesamtvorhabens sein. Mit der Verlagerung des Containerbahnhofs wurden circa 20 Hektar nördlich der Bahnlinie für eine Neuplanung frei.

Auf dem Gelände der Vivico haben sich seit Auflassung des Containerbahnhofs verschiedene Gewerbe angesiedelt, ein Flohmarkt sowie kulturelle Einrichtungen. An der Donnersberger Brücke wurde auf dem Grundstück von DaimlerChrysler bereits die neue Niederlassung des Autoherstellers (siehe S. 144) verwirklicht.

Die Planungsziele sehen vor, hier ein eigenständiges neues Quartier zu entwickeln, in dessen Mitte der namensgebende »Arnulfpark« liegen wird. Das Areal soll in fünf Gebiete mit jeweils eigener Bebauungsstruktur unterteilt werden: Ein »Kopf« – ein circa vierzig Meter hohes Bürohaus – an der Hackerbrücke, Straßenrandbebauung mit Blockstrukturen an der Arnulfstraße, Wohnzeilen nördlich des Parks, Stadtkante im Süden des Parks mit niedriger Sockelzone und rhythmisierenden Aufbauten sowie ein »Kopf« an der Donnersberger Brücke mit Heizkraftwerk. Insgesamt wird ein einheitliches Bild angestrebt, indem der Bezug zu den städtebaulichen Strukturen mit berücksichtigt wird. Der »Arnulfpark« soll sich insgesamt als ein modernes Dienstleistungszentrum mit ruhigen Wohnungen am zentralen Park präsentieren. Die Gebäudegrößen orientieren sich an den Nachbarstadtteilen Maxvorstadt und Neuhausen. Ebenso soll eine Nutzungsmischung innerhalb der städtebaulichen Strukturen zwischen Arbeiten und Wohnen, Gemeinbedarf und Kultur gewährleistet sein. Insgesamt werden circa 1270 Wohnungen für circa 2540 Einwohner und 4850 Arbeitsplätze auf dem Areal entstehen. Dazu eine Grundschule und ein Hort, zwei Kindergärten und eine Kinderkrippe am Park und ein weiterer Kindergarten an der Grasserstraße. Der Park (500 mal 80 Meter) wird der Öffentlichkeit zugänglich sein. Eine Vernetzung mit den Stadtteilen jenseits der Bahnlinie wird durch zwei neue Brücken zum Westend geschaffen; entlang der Bahntrasse entstehen südlich und nördlich neue Fuß- und Radwege. Das historische Gebäude mit seinem Fabrikschlot an der Helmholtzstraße 2 wurde in die Denkmalliste aufgenommen und wird erhalten werden. Die beiden Hallen des ehemaligen Heizkraftwerks sollen einer kulturellen Nutzung zugeführt werden.

Städtebaulicher Entwurf

BEBAUUNGSPLAN MIT
GRÜNORDNUNG NR. 1873
DER LANDESHAUPTSTADT MÜNCHEN

BEREICH: ARNULFSTR., HACKERBRÜCKE,
BAHNLINIE HBF.–LAIM–PASING,
DONNERSBERGERBRÜCKE
(TEILÄND. DER BEB. PL. NRN.
1815 a UND 945)

REFERAT FÜR STADTPLANUNG UND BAUORDNUNG

Zentrale Bahnflächen – Teilabschnitt Birketweg

Architekten: Labfac Lin Finn Geipel Nicholas
Michelin, Paris / Berlin
Bauherr: Deutsche Bahn, Vivico Real Estate
GmbH, Deutsche Post, aurelis

Lage: Areal nördlich der Friedenheimer
Brücke / Wilhelm-Hale-Straße / Birketweg / Postareal
Größe: circa 50 Hektar
Bauzeit: voraussichtlich ab 2005

Mit der Verlagerung bisher von der Bahn genutzter Flächen nördlich der Friedenheimer Brücke beiderseits der Wilhelm-Hale-Straße am Birketweg und der Absicht der Post, ebenfalls Teile ihrer Nutzungen anderswo anzusiedeln, wird zwischen Arnulfstraße, Hirschgarten und den Bahnanlagen ein rund 50 Hektar großes Areal frei und kann überplant werden.

Wie in den anderen Abschnitten der Zentralen Bahnflächen vom Hauptbahnhof bis Pasing soll auch der Bereich »Birketweg« künftig ein eigenes Quartier bilden. Etwa in der Mitte des Areals liegt das denkmalgeschützte markante Gebäude des Post-Briefzentrums, das erhalten und integriert werden soll. Rund um die Wilhelm-Hale-Straße soll sich ein Viertel für circa 10 000 Einwohner sowie neue Arbeitsplätze entwickeln. Etwa ein Fünftel der Gesamtfläche soll für Grünflächen reserviert bleiben und der Hirschgarten erweitert werden. Ein neuer S-Bahn-Haltepunkt an der Friedenheimer Brücke wird geschaffen sowie ein City-Logistik-Center östlich der Wilhelm-Hale-Straße.

Das Büro Labfac, Paris / Berlin, erstellte ein großstädtisches Konzept für die Umgestaltung des Areals. Der Entwurf ist von drei wichtigen Merkmalen geprägt: klare Unterscheidung zwischen städtebaulichem Freiraum und kompaktem Stadtgebiet; Ausbildung differenzierter, aber in sich homogener Situationen mit spezifischen örtlichen Qualitäten; bewusste Einbindung bestehender Elemente in den neuen Kontext.

Das neue Stadtgebiet Birketweg ist in verschiedene, klar artikulierte Bereiche unterteilt – es entstehen gewissermaßen Unterbereiche, die ihre eigene Identität haben. Diese sind im Einzelnen: ein Hochhaus-Zirkel von insgesamt fünf Hochhäusern westlich und östlich der Friedenheimer Brücke; die bisher als reine Durchgangsstraße genutzte Wilhelm-Hale-Straße wird durch beiderseitige Bebauung zur Stadtstraße aufgewertet, an der vielfältige Aktivitäten angesiedelt sind; auf einem Teil der ehemaligen Bahn- und Gewerbeflächen entsteht ein grüner Korridor, der so genannte »Pionierpark« als »grüne Lunge« des neuen Quartiers; entlang des Parks ist eine Bebauung als Kammstruktur mit Öffnung nach Süden vorgesehen.

Als Quartierszentrum werden der zentrale Bereich des Birketwegs, die nördlichen Flanken der Wilhelm-Hale-Straße sowie die Südseite der Arnulfstraße auf dem Postareal zusammengefasst. Hier ist als Bebauung eine solide Blockstruktur vorgesehen. Im Übergriff über die Wilhelm-Hale-Straße wird das gesamte Areal zusammengebunden und löst das bisherige Auseinanderfallen des Gebietes in zwei Bereiche auf: Am Rand des Hirschgartens entsteht ein durchgrüntes Wohnquartier mit Familienhäusern; der Park geht so gewissermaßen visuell in die Gärten der Häuser über. Darüber hinaus schließt sich unmittelbar an die Paketposthalle ein ruhiges Wohnquartier mit Stadthäusern an.

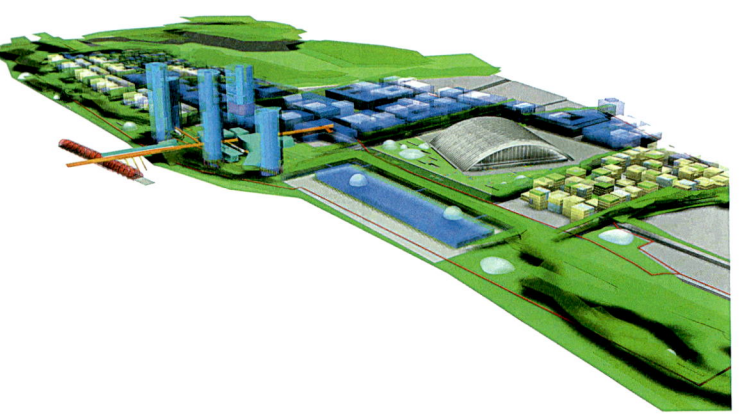

Strukturkonzept Birketweg, Blick auf das Planungsgebiet Süd-Ost

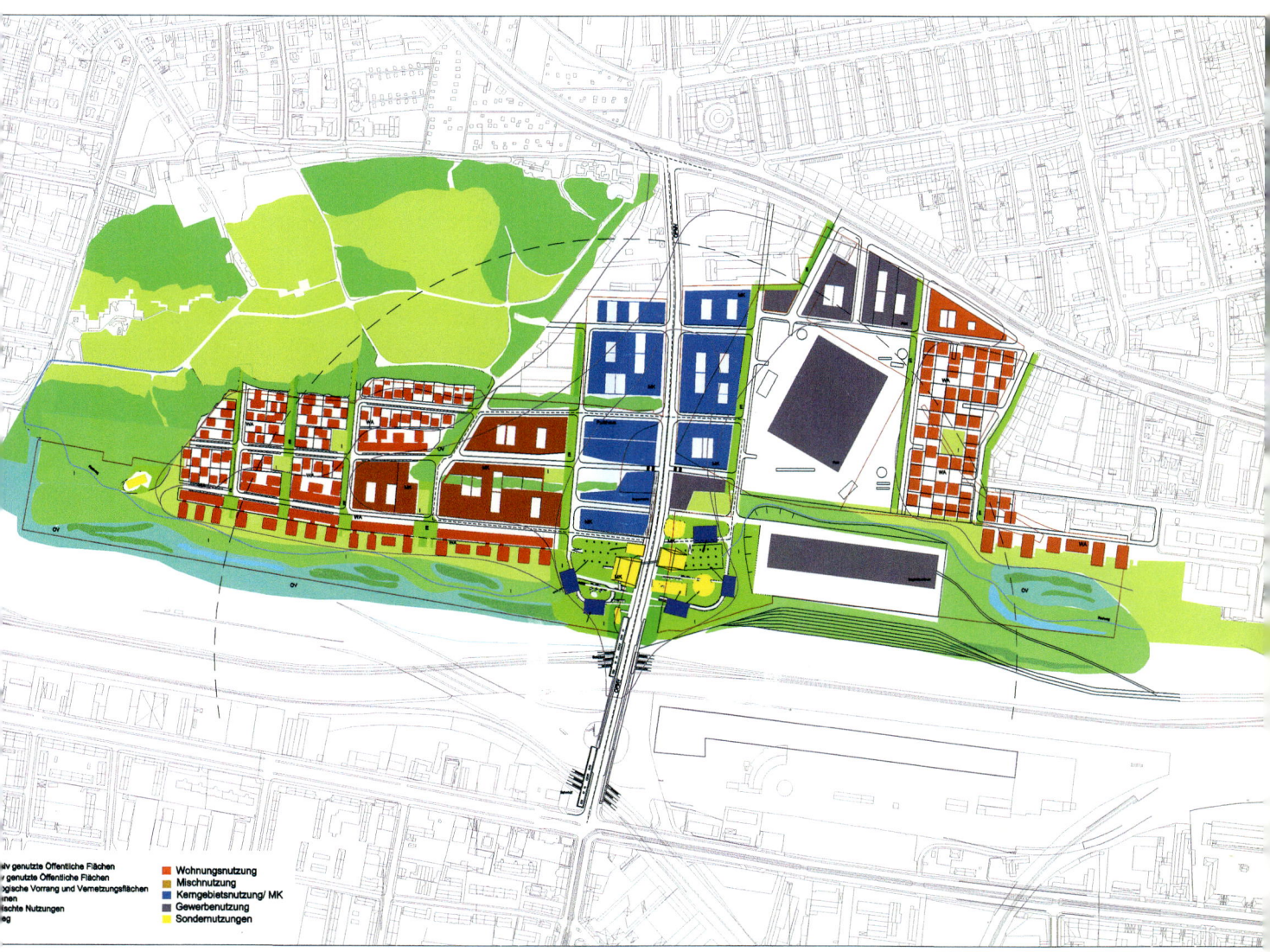

Lageplan

Zentrale Bahnflächen – Teilabschnitt Nymphenburg Süd

Architekten/Städtebaulicher Entwurf: Raupach
und Schurk, München
Bauherr: Vivico Real Estate GmbH, München

Lage: zwischen Nymphenburg und Laim
Fläche: 47 Hektar
Bauzeit: ab 2006

Auf dem Gelände des ehemaligen Stückgutbahnhofs München-Laim entsteht ein idyllisches Wohnquartier. Qualitätsvolles Wohnen zwischen Nymphenburger Park und Hirschgarten soll hier ermöglicht werden, ohne die Gebiete, die ohnehin schon stark frequentiert sind, durch den Straßenverkehr noch mehr zu belasten. Ab 2006 werden hier Wohnungen für 1460 Anwohner und circa 830 Arbeitsplätze neu entstehen. Zentrum des neuen Quartiers ist ein zentraler Platz auf der Nymphenburger Seite. Er ist umringt von Läden, sechsgeschossigen Büro- und Gewerbebauten und einem zwölfgeschossigen Hochhaus. Entlang der Wotanstraße setzt sich die dichte, sechsgeschossige Bebauung fort.

Zwischen Schlossmauer und Bahn liegt eine Grund- und Hauptschule mit Sporthalle und ein Sportzentrum des ESV München. Zusätzlich sind eine Kindertagesstätte, zwei Kindergärten und eine Kinderkrippe als weitere gemeinschaftliche Einrichtungen vorgesehen.

Nach Osten zwischen Wotanstraße und Hirschgarten hat man blockartige Wohnbauten geplant. Die neuen Wohngebiete werden von der Herta- und der Winfriedstraße her erschlossen.

Ein ost-westlich verlaufender Grünstreifen verbindet Hirschgarten und Nymphenburger Park und teilt das nördliche Wohnquartier ab. Hier entstehen, wie im Stadtteil Nymphenburg üblich, villenartige Punkthäuser direkt am Nymphenburger Park. Zudem wird ein dreißig Meter breiter Grünstreifen entlang der Bahnlinie, ein so genannter »Biotopkorridor«, freigehalten.

Zwei neue Stege in der Nähe des Pronnerplatzes über die Bahngleise hinweg bringen die Stadtteile Nymphenburg und Laim einander näher. Auch die »Laimer Röhre«, die noch unattraktive Bahnuntertunnelung, wird durch zwei neue Plätze an den Enden aufgewertet. Der Tunnel soll durch Röhren für Tram, Fußgänger und Räder zusätzlich erweitert werden. Ein natürlich belichteter unterirdischer Bahnhof mit Läden und Aufgängen zu den Bahnsteigen wird zur ästhetischen Aufwertung der Unterführung beitragen. Durch all diese Maßnahmen erhält der Haltepunkt Laim eine größere Bedeutung als bisher. Es ist an eine Verlagerung der Tramhaltestelle in die Tunnelmitte gedacht, um kurze Umsteigwege zu gewährleisten.

Ansicht von Nordosten

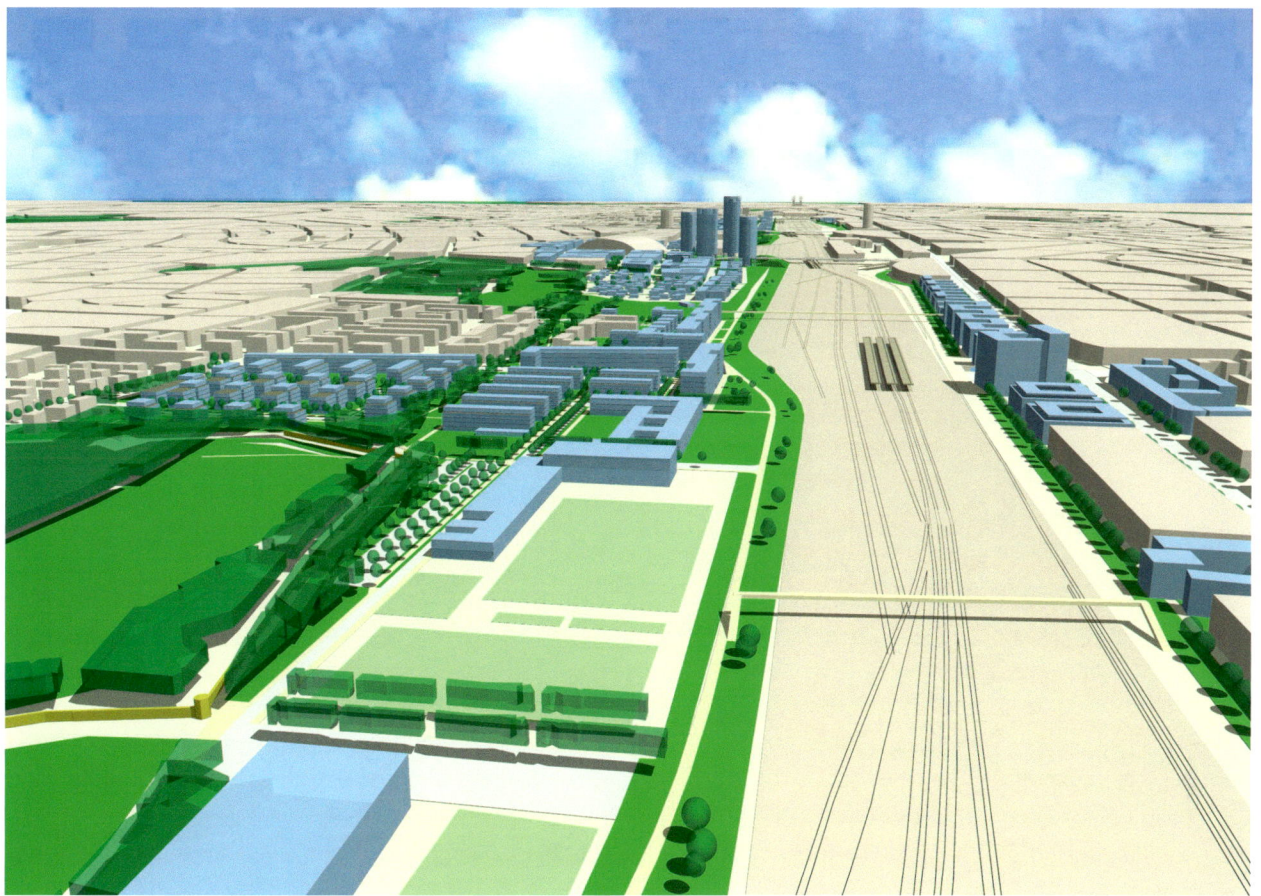

Ansicht von Westen über Bahntrasse

Ansicht von Nordwesten über den Nymphenberger Schlossplatz

Zentrale Bahnflächen – Teilabschnitt Laim

Städtebaulicher Entwurf: Planungsgemeinschaft
Zwischenräume, B. Henning, R. Näbauer,
M. Siedenburg-Landherr, München
Bauherrn: Vivico Real Estate GmbH, Hochtief und
andere

Größe: circa 4 Hektar
Bauzeit: ab 2004

In Laim sind westlich und östlich der Laimer Unterführung im Einzugsbereich der S-Bahn-Station neue Kerngebietsnutzungen vorgesehen, die den Laimer Bahnhofsplatz einfassen.

Da in den nächsten Jahren mit einem Umbau des Laimer Knotens nicht zu rechnen ist, mussten für die Nutzungsmöglichkeiten der Bahnflächen angemessene stadtgestalterische Lösungen gefunden werden.

Auf der Bahnseite entsteht ein Stadtplatz mit Büro- und Service-Zentrum. Ein Kaufhaus, Freizeit- und Kultureinrichtungen sowie eventuell eine Postfiliale am ÖPNV-Halt können Anziehungspunkte für die Gebiete nördlich und südlich der Bahn sein.

Alle vier Ecken des Laimer Bahnhofsplatzes werden mit Gebäuden räumlich gefasst. Eine Platzecke nimmt im Nordwesten der so genannte »Laimer Würfel« ein. Er wird aus der Flucht der Landsberger Straße herausgedreht und markiert so als wichtiger städtebaulicher Fixpunkt den Platz an der S-Bahn-Station und die Verbindung der Stadtteile Laim und Nymphenburg. Davor ist eine begrünte Eingangssituation zum Fußgängertunnel, der zur S-Bahn führt, vorgesehen. Hier entsteht Raum für einen Markt, für Taxistände, Tram- und Bushaltestellen.

Der »Laimer Würfel« selbst ist in den unteren Geschossen großflächig aufgeständert und durchlässig. Hier gibt es Verbindungen zu den oberen Ebenen. Die Baumassen organisieren sich in zwei L-förmigen Baukörpern um ein öffentliches Atrium (Architekten frick krüger nusser, München; Bauherr: HTP, München).

Der Nordost-Quadrant definiert entscheidend die Basis für den städtebaulichen Auftakt am Laimer S-Bahnhalt mit. Daher sollte er eine gut rhythmisierte, homogene Kante entlang der Landsberger Straße bilden. Eine mäandrierende Bauform mit abwechselnder Hofbildung zur Landsberger Straße nach Norden und in den straßenabgewandten Innenbereich nach Süden zur Veit-Stoß-Straße hin vermittelt zugleich räumliche Fassung und Offenheit zum Fuß- und Radweg entlang der Bahn.

Der Südwest-Quadrant wird von einem homogenen siebengeschossigen Blockrand gegen den Lärm abgeschirmt, um im Innenbereich Wohnungen und eine Kinderkrippe aufzunehmen.

Der Südost-Qadrant mit seiner zerfledderten Kante sollte langfristig beruhigt werden. Wie bei seinem Gegenüber kann hier eine sechs- bis siebengeschossige Platzkante geschaffen werden. Der Bau aus den 1960er und 1970er Jahren könnte bestehen bleiben und saniert werden.

Die Landsberger Straße bleibt in diesem Bereich weitgehend Stadteinfahrt, erhält jedoch einen Straßenraum mit klaren Kanten und ein baulich verdichtetes Dienstleistungs- und Gewerbeband im Norden.

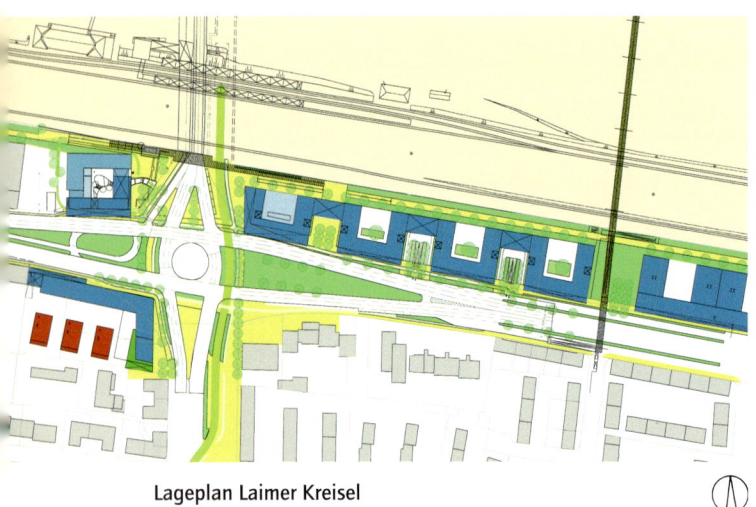

Lageplan Laimer Kreisel

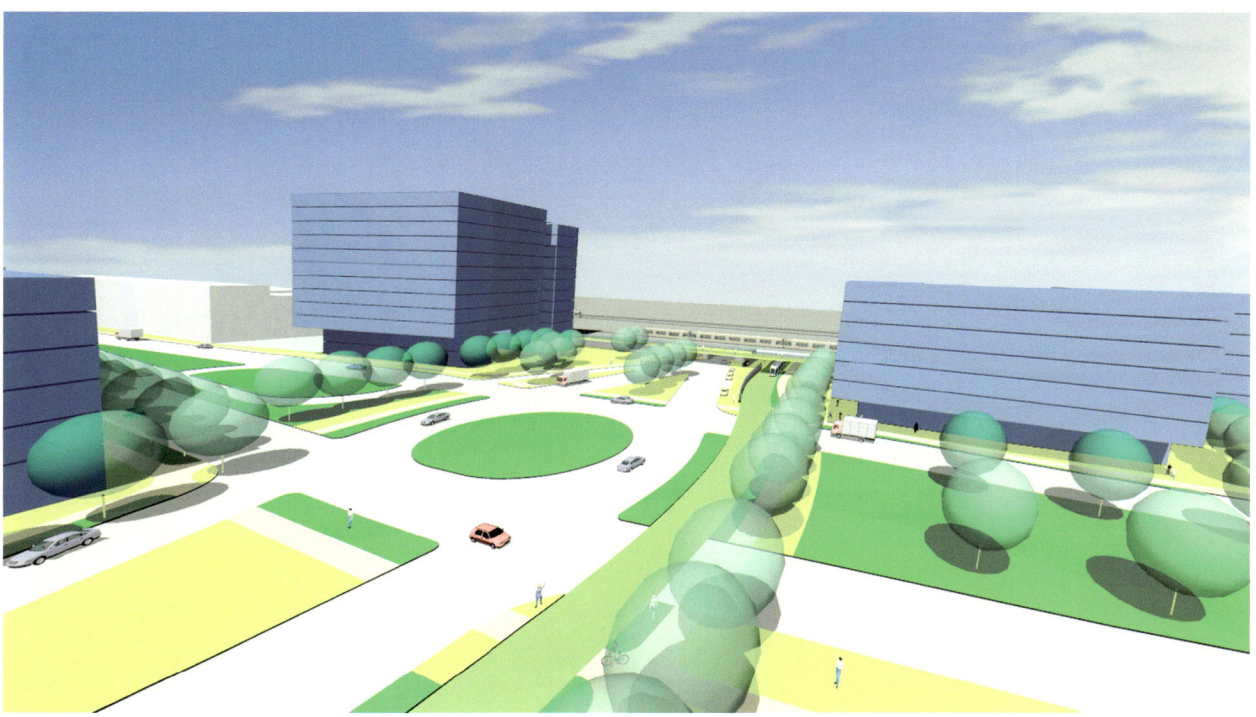

Blick Laimer Bahnhofsplatz von Süden

Panorama-Fotomontage Laimer Kreisel

Zentrale Bahnflächen – Teilabschnitt Pasing

Architekt: Planungsgemeinschaft Zwischenräume
+ Weihs + Gier, München
Haupteigentümer: aurelis, mfi, Vivico Real Estate
GmbH, München

Adresse: Zentrum Pasing und Bahnhofsareal
Bruttogeschossfläche: circa 165 000 qm
Bauzeit: 2005–2010

Mit Freiwerden der Bahnflächen wird das Pasinger Zentrum durch die Nordumfahrung Pasing (NUP) vom Durchgangsverkehr in der Landsberger Straße entlastet und erhält die Chance, sich durch neue Einzelhandels-, Büro-, Wohn-, Grün- und Infrastrukturflächen als Stadtteilzentrum zeitgemäß und attraktiv weiterzuentwickeln.

Zwischen »Am Knie« und Würm entlang der Stadtkante zur Bahn mit Nachbarbereichen sollen circa 165 000 qm neue Geschossflächen entstehen, davon 81 000 qm Wohn-, 30 000 qm Einzelhandels- und 54 000 qm (Büro-) Gewerbeflächen.

Dadurch, dass die Nordumfahrung schon »Am Knie« entlang der Bahnlinie geführt wird, integriert man das alte Stückgutgelände als attraktives Wohngebiet mit Gewerbe, Kita und öffentlichen Grünflächen in den Binnenbereich Pasings. Den Auftakt »Am Knie« bildet ein Bürohochhaus. Von hier verbindet eine dreireihige Allee, die so genannte »Promenade«, die einen Kilometer lange bauliche Entwicklung mit Fuß-, Radweg und Steg über die Offenbachstraße bis zum Würmgrünzug. Sie gliedert die hochverdichtete Bebauung der Stadtkante, schafft mit einer Folge attraktiver Freiräume das nötige Gegengewicht und sichert ent-

lang der »Bahnhofsmeile« mit Einkaufszentrum und entlang des Stückgutgeländes den öffentlichen Raum.

Damit die Nordumfahrung den Charakter einer bevölkerten Stadtstraße erhält, verzichtet man auf Mittelstreifen und Richtungskanäle zugunsten großzügiger Geh-, Rad- und Baumstreifen entlang der Stadtkante. Die Hochlage der Nordumfahrung zwischen dem Bahnhof Pasing und den Gleisanlagen trägt dazu bei, dass die Zugänge zu den unterirdischen Fußgänger- und Fahrradpassagen hin zum Empfangsgebäude leichter erreichbar sind. Ein Busbahnhof wird als Ergänzung in das Bahnhofsumfeld integriert. Mit Bus, Tram, U- und S-Bahn soll ein attraktiver Verknüpfungspunkt für Fußgänger und Radfahrer zum öffentlichen Personennahverkehr entstehen.

Eine transparente, schlanke Station für Reisebedarf und Bike & Ride auf Platzniveau ergänzt das Bahnhofsensemble südlich der NUP und vermittelt zu den unterirdischen Passagen. Die 2. Ebene (+1) der Station erweist sich als Terminal entlang der Straße für Taxi, Kiss & Ride, Reisebedarf. Er markiert den Bahnhof im Stadtbild, bevölkert die Nordumfahrung in Hochlage und bindet sie räumlich ein.

Modellansicht von Osten

Modellansicht Teilgebiet Pasing

Allianz-Arena

Architekten: Herzog & de Meuron, Basel
Landschaftsarchitekt: Günther Vogt, Zürich
Bauherr: Allianz-Arena München Stadion GmbH
Adresse/Lage: München-Fröttmaning
Rechtsberatung: Glock, Liphart, Probst, München
Bauzeit: 2002–2005

Gesamtfläche: 50,3 Hektar / Stadion: 27,4 Hektar
Gesamtnutzfläche: 171 000 qm/Plätze: 66 000
Maße: Länge 250 m/Breite 200 m/Höhe 50 m
Generalplaner: HVB Immobilien AG, München
Generalübernehmer: Alpine Bau Deutschland GmbH, München

Das Jahrhundertbauwerk von Günther Behnisch, das alte Olympiastadion, 1972 als sensationelle Zeltdach-Konstruktion erbaut, war plötzlich nicht mehr gut genug; bei geringeren Besucherzahlen kam bei Fußballspielen keine rechte Stimmung auf, bei schlechtem Wetter wurde die Hälfte der Zuschauer nass, und die Zuschauerränge durch störende Aschenbahnen waren zu weit vom Spielfeld entfernt. Um für die Fußballweltmeisterschaft 2006 einen repräsentativen Ort vorweisen zu können, wurde ein neues, größeres Stadion beschlossen, und zwar auf einem Areal in der Fröttmaninger Heide unweit der A 9 München–Nürnberg.

Acht interessante Entwürfe eines Inwestorenwettbewerbs waren in der Endausscheidung. Schließlich wurde der Entwurf von Herzog & de Meuron favorisiert, weil er viele Vorteile bot: Ganz entscheidend ist die Tatsache, dass hier eine dichte, begeisternde Fußballatmosphäre entstehen kann und das neue Stadion wandelbar ist – es hat die Eigenschaften eines Chamäleons. Da es zwei Herren

dienen muss, kann es sowohl die Farben des FC Bayern München als auch des TSV 1860 München annehmen: Rot-Weiß oder Blau-Weiß.

Die ›Haut‹ des Stadions ist aus einem weißen oder transparenten, 0,25 mm dünnen Kunststoffmaterial, das in verschiedenen Farben angestrahlt werden kann. Die Hülle setzt sich aus 2800 rautenförmigen, luftgefüllten Einzelsegmenten von je 32 qm Fläche zusammen. Die ›Fassade‹ besteht aus Licht: Je nachdem wer spielt, wird sie unterschiedlich illuminiert. Das Stadion wirkt dann in der Nacht wie ein Leuchtkörper mit doppelter Symbolkraft: nicht nur, dass er sich farblich den Anforderungen anpassen kann, er wird dadurch natürlich zu einem (Wahr-)Zeichen für München und den Fußball. Auch tagsüber ist das neue Stadion, wenn man von Norden kommend stadteinwärts fährt, eine ›Landmark‹, die schon von weitem sichtbar ist.

Das Stadion hat eine signifikante Form – respektlos wurde es kurz nachdem der Siegerentwurf der Öffentlichkeit präsentiert worden war bereits Schwimmreifen,

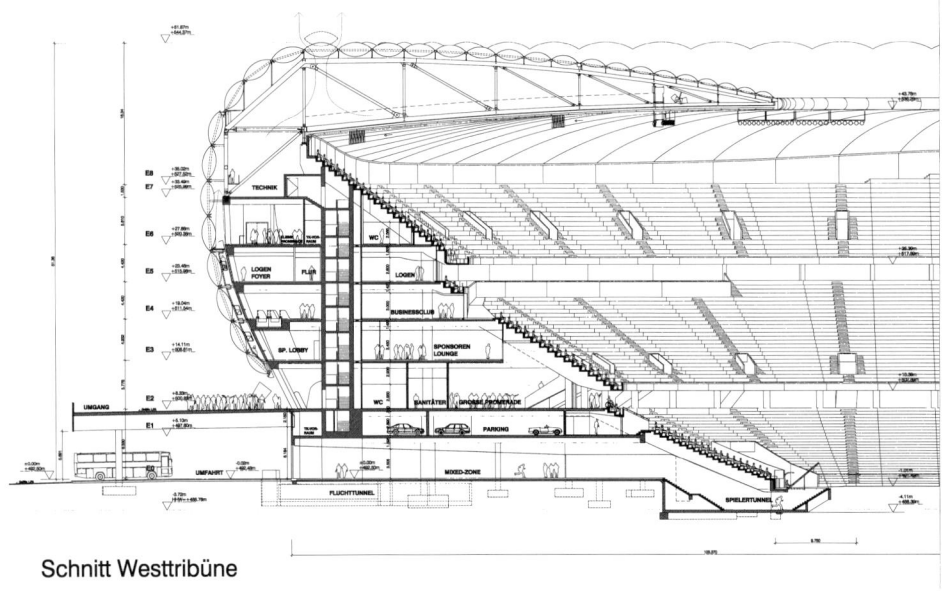

Schnitt Westtribüne

Nachtansicht

Schlauchboot oder Luftkissen genannt. In Wirklichkeit sind die Zuschauer hier von einer atemberaubenden Architektur umgeben, die ihre Ähnlichkeit mit einer antiken Arena gar nicht verbergen will. Auf die insgesamt sieben Geschosse verteilen sich Abteilungen für die Medien, die Logen, Business-Center, Catering, Räumlichkeiten für die Spieler, Büros für Verwaltung, Restaurants und Kioske.

Das Stadion ist ausschließlich auf Fußball ausgelegt. Jeder der drei Ränge ist so nah als möglich an das Spielfeld herangerückt. Die von unten nach oben steigende Höhe der Ränge schafft eine zusätzliche räumliche Verdichtung. »Wie in alten Shakespeare-Theatern rücken sie die Zu-

schauer in unglaubliche Nähe zum Spielgeschehen«, so Herzog & de Meuron.

Die »Esplanade« ist das Herzstück der landschaftsarchitektonischen Gestaltung des Geländes: Von der U-Bahnstation und der Park & Ride-Anlage Fröttmaning bis zum Stadion erstreckt sich eine leicht ansteigende Rampe – in Wahrheit handelt es sich um das begrünte Dach der 11,5 Meter hohen Parkgarage mit 9600 Stellplätzen. Die ›Rampe‹ ist 800 Meter lang und 140 Meter breit. Sie steigt langsam an und senkt sich zum Haupteingang wieder ab. Das Dach der Garage ist mit Pflanzen der umgebenden Fröttmaninger Heide bepflanzt, die von einem mäandrierenden asphaltierten Wegesystem durchzogen ist. Die einzelnen Wege entzerren die ›Massen‹ und führen immer wieder in so genannte, etwas tiefer liegende ›Canyons‹, in denen die Fanshops der beiden Vereine und die Kassen untergebracht sind. Das Beeindruckende an dieser Inszenierung wird sein, dass man sich langsam zu Fuß auf das feierlich erleuchtete Stadion zubewegt und die Vorfreude auf das Spiel so noch stärker wird. Die Zuschauer kommen direkt auf der Spielfeldebene an und können auf dem Umgang auf einer Länge von 700 Metern zu den einzelnen Eingängen gelangen. Die Hülle beginnt erst in dreieinhalb Meter Höhe und wird derzeit noch auf ihre Anfälligkeit bei Brand, Hitzeentwicklung oder Vandalismus geprüft.

Das Unglaublichste zum Schluss: Es ist die disziplinierteste und sauberste Baustelle, die man sich vorstellen kann – und man ist im Zeitplan! Das Stadion wird wie vorgesehen pünktlich für die ›Probesaison‹ 2005 eröffnet werden.

Bildnachweis

Seite 13 HPP Hentrich – Petschnigg & Partner KG; K+P Koch – Drohn – Schneider – Voigt, München

Seite 14 Achatz Architekten; **Seite 15** Planungsreferat ∕ Böer

Seite 16–19 Gewers Kühn und Kühn, Berlin

Seite 20–21 Wandel Hoefer Lorch, Saarbrücken

Seite 22–23 Stefan A. Schumer Architekten

Seite 24 Staab Architekten, Berlin; **Seite 25** Dirk Laubner, Berlin

Seite 26–27 Dohle + Lohse Architekten, Braunschweig

Seite 28 und 29 oben Jens Weber; **Seite 29 unten** Stephan Braunfels Architekten Berlin ∕ München

Seite 30 ∕ 31 unten Sauerbruch Hutton Architekten, Berlin; **Seite 31 oben** Lepkowski Studios, Berlin

Seite 32 COOPHIMMELB($_L$)AU, Wien; **Seite 33** Gerald Zugmann ∕ www.zugmann.com

Seite 34–35 Auer + Weber + Architekten, München

Seite 36–37 Drescher und Kubina, München

Seite 38–39 Planungsreferat ∕ Böer

Seite 40–41 Hild und K, München

Seite 42–43 Auer + Weber + Architekten, München

Seite 44 Architekturbüro von Seidlein, München; **Seite 45** Simone Rosenberg Fotografie, München

Seite 46–47 Hilmer & Sattler und Albrecht, München

Seite 48 Steidle + Partner, München; **Seite 49** Atelier Kumar

Seite 50–51, 52 links Herzog & de Meuron, Basel; **Seite 52 rechts, 53** Stefan Müller, Berlin

Seite 54 HVB-Immobilien, München; **Seite 55** Richie Müller, München

Seite 56–57 Bonfig, Max-Planck-Gesellschaft

Seite 58, 59 unten links Achim Bunz; **Seite 59 oben** Schultz-Brauns & Reinhart, München; **Seite 59 unten rechts** Ingrid Scheffler, München

Seite 60 LAI, Lanz Architekten und Ingenieure, München; **Seite 61** Investa Projektentwicklungs- und Verwaltungs GmbH, München

Seite 62 Hilmer & Sattler und Albrecht, München; **Seite 63** Stefan Müller, Berlin

Seite 64–65 Siemens AG, München

Seite 66–67 Zürich Gruppe ∕ Jörg Hempel

Seite 68 HPP Hentrich – Petschnigg & Partner KG; K+P Koch – Drohn – Schneider – Voigt, München; **Seite 69** Stefan Müller-Naumann, München

Seite 70 Architekturbüro von Seidlein, München; **Seite 71** Michael Heinrich, München

Seite 232–233 Martin Gebhardt, Vohenstrauß

Seite 234–235 Goergens + Miklautz, München

Seite 236–237 PRPM – Perret Reichert Pranschke
Maluche, München

Seite 239 Planungsgemeinschaft Zwischenräume,
München

Seite 240–241 O.S.A. Ochs.Schmidhuber.Architekten,
München

Seite 242–243 Raupach und Schurk, München

Seite 245–247 Planungsreferat München

Seite 248–249 Raupach und Schurk, München

Seite 250–253 Planungsgemeinschaft Zwischenräume,
München

Seite 254–256 Herzog & de Meuron, Basel

Seite 257 Bruchhaus/Lachenmann, München

Umschlag Florian Holzherr, München

Der Verlag dankt dem Referat für Stadtplanung und
Bauordnung der Landeshauptstadt München für seine
Unterstützung

Redaktion: Bettina Hüllen, Berlin
Bildredaktion: Bettina Hüllen, Katja Klier, Berlin
Gestaltungskonzept: Dorén + Köster, Berlin
Satz und Lithos: Mega-Satz-Service, Berlin
Druck und Bindung: Aumüller Druck KG, Regensburg

Printed in Germany
ISBN 3-89479-102-0

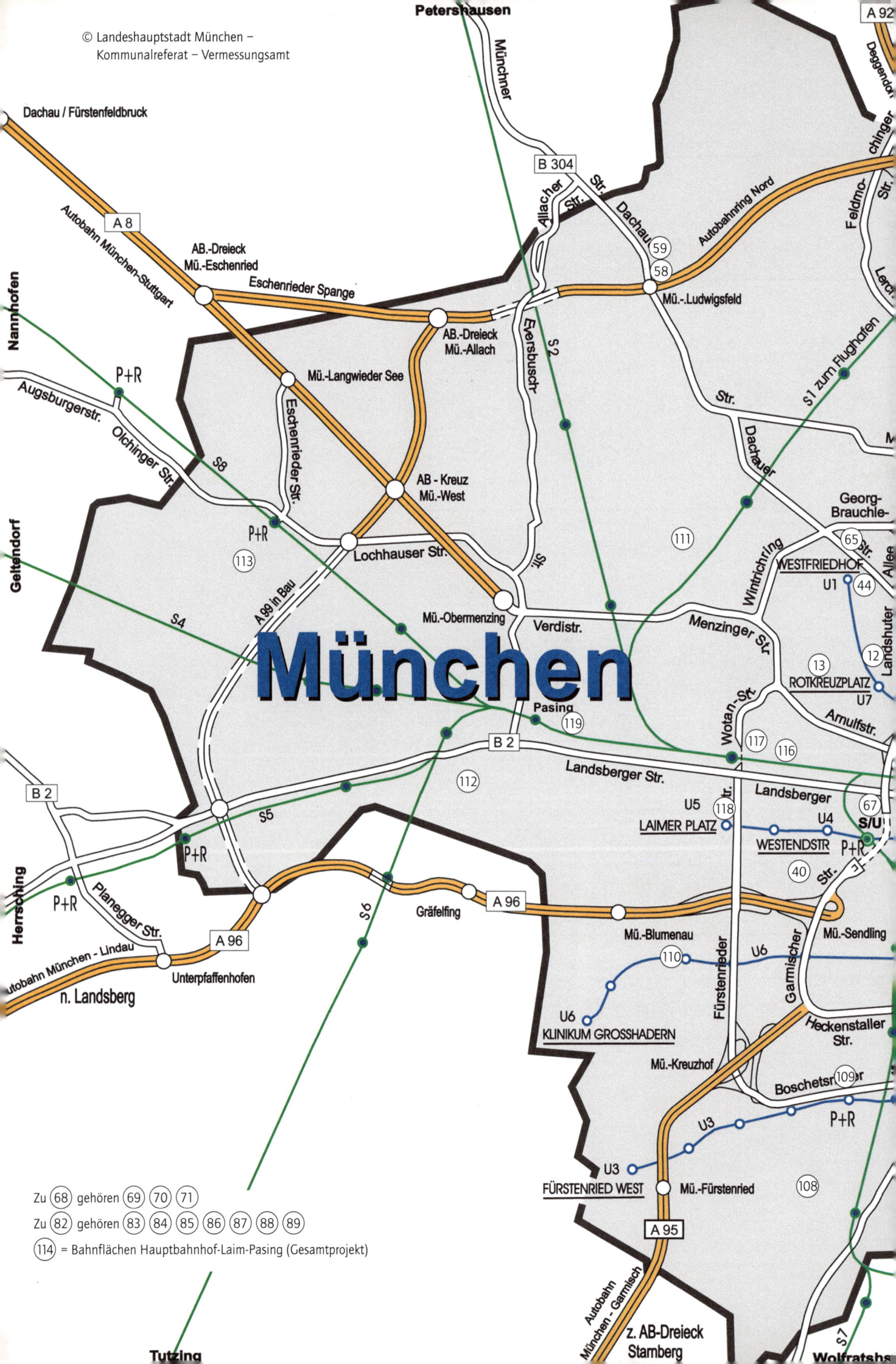

Petershausen

A 92

© Landeshauptstadt München –
Kommunalreferat – Vermessungsamt

Dachau / Fürstenfeldbruck

A 8

Autobahn München-Stuttgart

B 304

Münchner

Allacher Str.

Str.

Dachau

Autobahnring Nord

59
58

Mü.-Ludwigsfeld

AB.-Dreieck
Mü.-Eschenried

Eschenrieder Spange

Eversbusch

S2

S1 zum Flughafen

Deggendorf

chinger Str.

Feldmo-

Lerch-

Nannhofen

P+R

Augsburgerstr.

Olchinger Str.

AB.-Dreieck
Mü.-Allach

Mü.-Langwieder See

Eschenrieder Str.

S8

Str.

Dachauer

Str.

Georg-
Brauchle-

Geltendorf

P+R

113

S4

A 99 in Bau

AB - Kreuz
Mü.-West

Lochhauser Str.

Str.

111

Wintrichring

65

WESTFRIEDHOF

U1

44

Landshuter

Menzinger Str

Mü.-Obermenzing

Verdistr.

13

12

ROTKREUZPLATZ

U7

München

Pasing

119

Wotan-Str.

117

Arnulfstr.

116

B 2

B 2

112

Landsberger Str.

Landsberger

67

S/U

U5

Str.

LAIMER PLATZ

118

U4

WESTENDSTR

P+R

40

Str.

P+R

Herrsching

P+R

Planegger Str.

S5

A 96

Gräfelfing

A 96

Mü.-Blumenau

Fürstenrieder

U6

Garmischer

Mü.-Sendling

Autobahn München - Lindau

A 96

Unterpfaffenhofen

S6

110

Heckenstaller
Str.

n. Landsberg

U6

KLINIKUM GROSSHADERN

Mü.-Kreuzhof

Boschetsr

109

P+R

U3

Zu 68 gehören 69 70 71

Zu 82 gehören 83 84 85 86 87 88 89

114 = Bahnflächen Hauptbahnhof-Laim-Pasing (Gesamtprojekt)

FÜRSTENRIED WEST

U3

Mü.-Fürstenried

108

A 95

Autobahn
München - Garmisch

z. AB-Dreieck
Starnberg

Tutzing

Wolfratsh